本专著得到教育部人文社会科学研究一般项目《中国上市公司股权结构的动态调整机制及调整的经济后果》的资助（项目批准号：11YJA630114）

河南财经政法大学经管丛书

中国上市公司股权结构及其动态调整的理论与实证研究

The Theory and Empirical Research on Ownership Structure and Its Dynamic Adjustment of Listed Companies in China

万立全　著

经济管理出版社
ECONOMY & MANAGEMENT PUBLISHING HOUSE

前　言

中国过去几十年的经济改革虽然主题众多，但产权改革始终是经济改革的核心议题，未来经济改革的重大领域也将会围绕产权改革展开。作为产权改革的微观基础，股权改革对于产权改革的顺利推行具有重大意义。从一定意义上说，股权结构是公司治理问题的逻辑起点。广义上，股权结构包括股权的流通性结构和股权的持有者身份结构。狭义上，股权结构指公司中不同性质的股份或不同的持股主体所持有的股份在公司总股本中所占的比重，其含义包括公司的股份由哪些股东所持有和各股东所持有的股份占公司总股份的比重有多大即股权集中或分散的程度。我国政府和监管部门历来重视公司治理问题尤其是公司股权结构调整问题，制定了一系列相关法律并采取了相应措施。自中国证监会2002年颁布《公司治理准则》以来，尤其是2005年启动的股权分置改革的完成，股权流通性问题得到解决，公司治理逐渐走上规范发展之路。但是，公司中存在的"一股独大"、股权集中等股权结构不合理现象并没有得到根本解决。从2006年起，随着解禁期结束，越来越多的公司开始减持。从理论上说，减持行为应该是公司股权结构调整和优化的一次契机。但是，直至2012年底股市陷入低迷，舆论直指"大小非"减持。理论和实践的背离要求我们有必要厘清以下几个问题：①股权结构的动态调整机制是什么？包括股权结构调整成本的大小、调整收益的多少、调整速度的快慢、调整路径的选择及调整的影响因素等问题。②股权结构的动态调整对公司价值产生影响的内在机理是什么？股权结构的动态调整是否有助于企业价值的提高？③如何结合股权结构动态调整的理论和实践优化股权结构？这些问题正是本书研究的价值所在。

本书以最新的委托代理研究范式（即LLSV范式）为方法论基础，主要从国家实际控制人和非国家实际控制人的股权结构特征角度，探讨股权结构及其动态调整对公司的影响，并最终探讨对两类实际控制人的监管对策以及股权结构的优化路径。

本书共计十一章，分为理论分析、实证分析、对策研究和总结四大部分。其中第一章到第四章为理论分析部分，第五章到第九章为实证部分，第十章为对策研究部分，最后一章是本书的总结。

本书在如下几个方面有所创新：论述了马克思关于委托代理理论的基本原理；论述了实际控制人股权结构特征对上市公司价值的影响，探讨了新型国有资产监管体制的效率；构建了一个具有多层次、双向性、动态性特征的股权结构调整模型；阐述了分类监管的新理念，提出了完善国有资产出资人代表监管体系的新设想；从终极股东角度探讨全方位的上市公司股权结构的优化路径。

从理论上说，本书的研究成果有助于探讨如何系统构建股权结构的动态调整理论框架体系，完善有中国特色的公司治理理论，回答股权结构调整的动机、调整目标、调整模式等基础性理论问题；有助于深刻理解公司内外治理机制的互动作用，以寻求合适的公司治理模式，提高我国公司治理水平，从而为成熟资本市场和新兴市场公司治理模式的完善提供有益的参考。从现实意义上说，本书有助于企业建立股权结构的动态优化机制，即要求企业的最优股权结构随着经营环境及外部因素的变化而适时调整，并与企业发展战略相协调；有助于政府及监管部门加强对上市公司股权调整行为的监管，通过股权结构的动态调整有助于政府及监管部门深刻理解控股股东的行为动机，从而制定切实可行的措施解决我国公司治理中存在的诸如"一股独大"和"内部人控制"等问题，以促进资本市场的健康发展。

本书关于股权结构及其动态调整的研究是一种探索性质的研究，难免存在一些不足之处，恳请广大专家、学者和读者批评指正。

目 录

第一章 导论 1
　第一节 问题的提出 2
　第二节 研究思路与研究框架 6
　　一、研究思路 6
　　二、研究框架 7
　第三节 研究的主要创新与不足之处 10

第二章 文献综述 13
　第一节 股权结构形成与调整的影响因素 14
　　一、股权结构形成的影响因素 14
　　二、股权结构调整的影响因素 17
　　三、文献述评 19
　第二节 股权结构的公司治理效应 19
　　一、股权结构与公司价值关系 19
　　二、股权结构与公司负债关系 36
　　三、股权结构与控制权私人收益关系 37

第三章 理论基础与制度背景 49
　第一节 理论基础 49
　　一、委托代理理论 49
　　二、终极产权理论 62
　　三、市场择机理论 64
　第二节 制度背景与变迁 64
　　一、资本市场从股权分置到股权一致 65
　　二、国有资产管理体制从"五龙治水"到统一的国有资产出资人代表制度的建立 71
　　三、民营企业上市：直接上市和间接上市并存 80

· 1 ·

第四章 委托代理成本的模型分析 ………………………………… 83
第一节 B-M 范式下的委托代理成本 …………………………… 83
一、基本假定 ……………………………………………… 83
二、股东与经营者的代理成本 ……………………………… 83
第二节 LLSV 范式下的委托代理成本 …………………………… 85
一、所有权与控制权的分离 ………………………………… 85
二、实际控制人的代理成本 ………………………………… 90

第五章 实际控制人股权结构特征与公司价值关系实证研究 ……… 97
第一节 中国上市公司实际控制人股权结构特征分析 …………… 97
一、实际控制人类型的界定 ………………………………… 97
二、实际控制人股权结构特征分析 ………………………… 98
第二节 中国上市公司实际控制人股权结构特征与公司价值
关系分析 ……………………………………………… 101
一、研究假设 ……………………………………………… 101
二、研究设计 ……………………………………………… 103
三、实证检验 ……………………………………………… 106
第三节 创业板上市公司股权结构与公司价值案例分析 ………… 113
一、创业板简介 …………………………………………… 113
二、创业板上市公司特征 ………………………………… 114
三、案例分析——基于北陆药业与宝德股份的分析 ……… 119
第四节 本章结论 ………………………………………………… 132

第六章 我国上市公司股权结构动态调整的影响因素分析 ………… 133
第一节 理论分析与研究假设 …………………………………… 133
一、两权分离度对股权结构动态调整的影响 ……………… 133
二、终极股东控制权比例对股权结构动态调整的影响 …… 134
三、股票回报率对股权结构调整的影响 …………………… 135
四、股票回报率对股权稀释的影响 ………………………… 135
第二节 样本选择与模型设立 …………………………………… 135
一、样本选择 ……………………………………………… 135
二、变量设计 ……………………………………………… 136
三、模型设立 ……………………………………………… 138
第三节 实证分析 ………………………………………………… 139
一、描述性统计 …………………………………………… 139

二、相关性检验 …………………………………………… 141
　　三、实证检验 ……………………………………………… 142
第四节　本章结论 ……………………………………………… 146

第七章　控股股东减持的经济后果分析　147
第一节　引言 …………………………………………………… 147
第二节　研究假设 ……………………………………………… 147
第三节　研究设计 ……………………………………………… 149
　　一、样本选取 ……………………………………………… 149
　　二、变量定义 ……………………………………………… 150
第四节　实证检验 ……………………………………………… 151
　　一、描述性分析 …………………………………………… 151
　　二、多元回归分析 ………………………………………… 152
　　三、内生性检验 …………………………………………… 154
　　四、稳健性检验 …………………………………………… 156
第五节　本章结论 ……………………………………………… 156

第八章　实际控制人股权结构特征与公司负债水平研究　159
第一节　引言 …………………………………………………… 159
第二节　理论分析与研究假设 ………………………………… 160
第三节　研究设计 ……………………………………………… 164
　　一、变量定义 ……………………………………………… 164
　　二、样本选择 ……………………………………………… 166
第四节　实证检验 ……………………………………………… 166
　　一、描述性分析 …………………………………………… 166
　　二、多元回归分析 ………………………………………… 168
　　三、稳健性检验 …………………………………………… 170
第五节　本章结论 ……………………………………………… 170

第九章　实际控制人股权特征与控制权私人收益研究　173
第一节　控制权私人收益的定性分析与计量方法改进 ……… 173
　　一、控制权私人收益的定性分析 ………………………… 173
　　二、控制权私人收益的计量方法改进 …………………… 177
第二节　中国上市公司控制权私人收益的计量及影响因素分析 … 179
　　一、研究假设 ……………………………………………… 179
　　二、研究设计 ……………………………………………… 180

三、实证分析 …………………………………………… 184
　　第三节　本章结论 ………………………………………… 187
第十章　我国上市公司股权结构的优化路径 ………………… 189
　　第一节　后股权分置时代对实际控制人监管的新思路 … 189
　　　一、后股权分置时代实际控制人的不当行为 ………… 190
　　　二、后股权分置时代对实际控制人的监管思路 ……… 196
　　第二节　我国上市公司股权结构的优化路径选择 ……… 209
　　　一、上市公司股权结构的动态调整机制 ……………… 210
　　　二、外部优化路径 ……………………………………… 212
　　　三、内部优化路径 ……………………………………… 214
第十一章　主要结论、研究不足和未来研究方向 …………… 217
　　第一节　主要结论与启示 ………………………………… 217
　　第二节　未来研究方向 …………………………………… 222
参考文献 ………………………………………………………… 223
后　　记 ………………………………………………………… 241

第一章 导　论

2005年4月29日，中国证券监督管理委员会（简称证监会）发布《关于上市公司股权分置改革试点有关问题的通知》，正式启动股权分置改革试点工作，拉开了解决我国上市公司非流通股流通问题的序幕。到2008年，股权分置改革已经进行了三年有余，据统计，截止到2007年末，有1259家公司完成了股改过程，加上股改前即为全流通的"老八股"和2006年后IPO的公司，共计1518家，占所有上市公司的96.63%。可以说，股权分置现象已经不是影响我国证券市场发展的主要问题。

随着上市公司限售股的逐步解禁，越来越多的上市公司开始减持股份。根据中国证券登记结算有限责任公司的统计，从2006年6月"三一重工"开始减持到2009年末，沪深两市"大小非"累计减持412.92亿股。近年来，参与减持的公司越来越多，似乎减持是一个不可逆转的趋势。从理论上说，减持行为应该是公司股权结构调整和优化的一次契机。但是，2011年底股市陷入低迷，舆论直指"大小非"减持。

在股改阶段，我国学者对股权分置改革的研究主要集中在股改对价方案，探讨对价的影响因素、股改的时机、股改的市场反应等问题，并未涉及股权分置改革后实际控制人的股权结构对公司造成的影响和上市公司的代理问题。那么，股改后我国上市公司的代理冲突是否有所缓解？实际控制人的股权结构对公司造成什么样的影响？有何新的特点？相关的研究还不是很多，基于此，本著作以委托代理理论的最新研究成果为基础，以股权分置改革后的我国上市公司为研究对象，探讨后股权分置时代上市公司股权结构及其动态调整的理论与实证问题，并探讨我国上市公司股权结构的优化路径等问题。

本章首先分析本书的研究背景并提出本书所要研究的主要课题，其次阐述本书的研究思路、研究的主要内容，最后指出本书的主要创新与不足之处。

第一节　问题的提出

股权结构是公司治理结构的重要组成部分，对公司的经营激励、收购兼并、代理权竞争、监督等公司治理机制均有较大的影响。因此，良好的股权结构是公司治理的基础。

通常，股权结构指公司中不同性质的股份或不同的持股主体所持有的股份在公司总股本中所占的比重。其含义可概括为两个方面：一是公司的股份由哪些股东所持有；二是各股东所持有的股份占公司总股份的比重有多大。前者说明股份持有者的性质，后者说明股权集中或分散的程度。简言之，股权结构是指股权集中度和股权性质。但股权结构远非简单的股权比例关系，它实质上反映了各个资本要素所有者之间契约关系的制度安排，与公司治理结构、企业价值和一个国家的制度环境和宏观经济运行之间存在内在联系。不同国家的企业在不同时期股权结构不同，同一国家不同行业的企业股权结构也不同，甚至同一行业不同企业的股权结构差别也很大。因此，企业股权结构的研究至少包括三个方面：①企业如何根据各种内外环境因素确定一个最优的股权比例，即最优股权结构选择及其影响因素；②在实际的股权比例不是最优的情况下，企业如何根据各种内外环境因素调整其实际股权比例达到最优状态，即企业股权结构调整及其影响因素；③股权结构调整的经济后果，主要是指股权结构的调整是否有利于公司价值的提高。这三个问题相互联系、相互补充，研究企业股权结构的调整，首先要明确企业是否存在最优股权结构，最优股权结构的选择是企业进行股权结构调整的前提和基础，股权结构调整是对企业最优股权结构选择的检验，最后还要分析股权结构的动态调整行为的经济后果。

在经济学上，经济模型可以分为静态模型和动态模型，与静态模型联系的是静态分析方法和比较静态分析方法，与动态模型联系的是动态分析方法。目前，关于股权结构影响因素的实证研究主要采用静态模型和静态分析方法。但是，股权结构具有动态属性：①内因说（Demsetz 和 Lehn，1985；Holderness 和 Sheehan，1988；Thomsen 和 Pedersen，1998；McGuckin 和 Nguyen，2001；等等）认为，股权结构是竞争性选择的内在结果，是股权投资者权衡收益并在资本市场交易的结果，股权的集中（分散）取决于股东基于自身利益最大化的考虑所采取的行动。②替代假说（La Porta 等，1998、2000）认为，公司的股权结构取决于一国的法律体系对投资者的保护力度,在法律对投资者保护较差的情况下,股权集中成为法律保护的替代机制。③政治假说(Mark J. Roe,2004)认为,社会民主主义社会的代理成本要比非社会民主主义社会的代理成本高得多。在社会民主主义社会,政治压力会促使不受约束的管理者与雇员实行更多的联合,使管理者与公众股东保持一致的激励和控制策略较为薄弱,从而导致控制代理成本的手段(如股东价值准则、激励薪酬、敌意收购和代理权竞争)难以实行。于是,股东不得不寻求其他的控制手段:通过控制所有权结构来直接控制公司。

由于股权结构具有动态属性,公司对最优股权结构的选择实际上是个动态过程,因此应该在动态框架内进行分析。随着计量经济学在动态面板数据方面的发展,可以采用面板数据的方法研究股权结构的调整。由于国外公司的股权结构调整较少,动态模型在财务上的应用主要是关注资本结构的动态调整,形成了资本结构的动态调整理论。该理论框架体系的文献主要集中在三个方面:①验证动态股权结构理论;②研究基于动态模型的资本结构决定因素;③考察资本结构的动态调整速度及其影响因素。

但是,我国资本市场不同于西方国家,其中国特色是:①"股权融资偏好"的检验;②理论和实践中对"一股独大"的反思与改进;③国企改革策略的推进;④市场化程度的改善。这些因素均导致我国上市公司的股权结构在不断地调整。

基于此,本书基于动态理论,在我国特殊的制度背景下,利用上市公司近十几年来的数据,采用比较分析和实证分析的方法,对上市公司股权结构动态调整的影响因素以及调整的经济后果进行实证分析。此外,本书分析我国上市公司股权结构的特点,比较我国上市公司和国外上市公司在股权结构方面的差异,并提出治理和优化我国上市公司股权结构的路径,希望对规范当前我国资本市场正在发生的"大小非"减持现象作出贡献。

股权分置改革的初衷是通过将非流通股份逐步转换为流通股份,引导上市公司的非流通股股东特别是公司的大股东与公司的流通股东利益趋于一致,从而达到改善公司的微观治理结构的目的,同时激活公司的控制权市场来提升资本市场的运作效率,因此,股权分置改革从根本上说是公司治理改革。股权分置改革后控股股东乃至实际控制人面临的环境发生变化,其行为取向亦相应变更,使其对所控制公司的价值影响有所变动。那么,后股权分置时代,实际控制人对上市公司具有哪些重要影响?

股权分置改革虽然解决了非流通股的流通问题,但是,从股权集中度上看,实际控制人仍然掌握着对上市公司的控制权,且仍然会对公司治理发挥重要作用。因此，研究实际控制人对上市公司的影响问题与考察上市公司的股权结构对公司治理的影响密切相关。在 La Porta 等（1997、1999、2000、2002）的系列研究之前，占主导性的观点认为，公司治理所涉及的委托代理问题主要是管理者与外部股东及债权人之间的代理问题，即由 Berle 和 Means（1932）所开创的研究范式，这种范式产生的背景是所有权广泛分散的公司治理结构，以美国、英国、日本的资本市场为代表。然而，La Porta 等（1997、1999、2000、2002），Claessens 等（2000、2002）等的一系列研究表明，在世界上大多数国家，委托代理冲突主要表现为控制性股东与广大中小股东的代理问题。

与此相对应，我国学者在 2003 年以前研究股权结构对上市公司价值影响的文献主要集中在国有股、法人股或第一大股东对公司价值的影响，没有追溯到控制性股东（也称为实际控制人）。这固然受研究方法的局限，也与资料获取的难易程度有关。从 2003 年以后，这种状况有所改变，2001 年 8 月，中国证监会发布了《公开发行证券的公司信息披露内容与格式准则第 2 号〈年度报告的内容与格式〉》，要求上市公司在年度报告中按照控股股东的披露内容披露实际控制人的情况，该规定首次提出对实际控制人的披露要求，但具体披露内容不是很明确，很多公司并没有在 2001 年、2002 年的年度报告中披露实际控制人的股权情况，实际的披露情况与证监会的要求存在很大差距。证监会 2004 年修订的年度报告准则中要求上市公司以方框图的形式披露公司与实际控制人的产权和控制关系。此规定有助于投资者了解从控股股东到实际控制人的所有权、控制权及其他相关信息，可以说，我国上市公司相对规范的实际控制人披露从 2004 年年报开始。2007 年修订的年度报告准则进一步明确"实际控制人应披露到自然人、国有资产管理部门，或者股东之间达成某种协议或安排的其他机构或自然人，包括以信托方式形成实际控制的情况"，并要求同时以方框图和文字的形式披露公司与实际控制人的产权与控制关系。证监会对信息披露准则的修订提高了上市公司信息披露的透明度，使得投资者可以准确了解上市公司与实际控制人之间的产权与控制关系，同时为研究实际控制人提供了数据。因此，2003 年以后，关于实际控制人的代理问题有了部分研究，如刘芍佳等（2003），赖建清、吴世农（2005），叶勇（2005），王鹏、周黎安（2006），苏启林、朱文（2003），谷祺等（2006），王鹏（2008）等。这些实证研究中所用数据大多为 2003 年或 2004 年的资料，皆为股改前数据，尚缺乏股改后的数据支持。而同时期有关股改的文献主要集中在股改对价的合理性等方面，并未涉及股改后公司治理的改善与否问题。同时，仔细研究上市公司 2007 年度所发布的年度报告发现，上市公司所披露的实际控制人情况仍然有不完善之处。现在，股改已经三年有余，有必要在全流通的背景下研究实际控制人的股权结构对上市公司价值的影响。基于此，本书选择后股权分置时代实际控制人股权结构特征与上市公司价值的关系以及实际控制人与控制权私人收益的关系作为研究的切入点，分析实际控制人对上市公司的影响，从而剖析后股权分置时代实际控制人与中小股东的代理成本的大小问题，并提出对实际控制人的监管思路。

La Porta 等（1999、2000、2002），Claessens 等（2000、2002）的研究表明，在西欧、东亚国家（地区），控制性股东主要通过三种手段实现所有权与控制权的分离，其中金字塔结构是最为普遍的手段。近年来，随着越来越多的民营企业上市及上市公司的股权由国有向民营部分转移，我国上市公司中金字塔控股结构和交叉持股的所有权结构日益增多，如"德隆系"、"复星系"、"横店系"、"万向系"等。事实上，目前，我国有相当部分的上市公司由政府尤其是各级国资委所控制，而国资委或通过集团公司控股，或通过国有资产中介经营公司控股，并没有直接控股。因此，国家控制的上市公司也呈现出金字塔控股的特点。也就是说，无论是国家控制公司还是非国家控制公司，金字塔控股和交叉持股都是非常普遍的现象。那么，我国上市公司的所有权与控制权的分离有多大？这种分离对公司价值造成什么影响？是激励效应还是壁垒效应？拟或两者兼而有之，从上市公司到实际控制人的控制链的长短对公司价值是否有影响？这些问题是本书研究的一个重要问题。

从 2003 年起，我国建立了以国有资产出资人代表为主导的新型国有资产监管体制。作为一种新型的国有资产监管体制，国有资产监督管理委员会（以下简称国资委）主导下的上市公司与其他政府部门主导下的上市公司以及非国家控制的上市公司之间价值是否有差别？如果有，通过对这种绩效差别的比较是否能够间接为新型国有资产监管体制的效率提供证据？基于以上考虑，本书试图对国资委控制下的上市公司价值与其他政府部门控制下的上市公司价值以及非国家控制公司的价值进行对比，以说明新型国有资产监管体制的效率。

从 Grossman 和 Hart（1988）提出控制权私人收益的概念开始，国外学者对控制权私人收益进行了广泛的研究，基本的结论是，在国外成熟的控制权市场中，股权转让过程中的股权转让溢价表明控制权私人收益的广泛存在。我国的控制权市场尚不成熟，涉及的股权转让对象大多是非流通股或者说是国有股，而国有股协议转让的基础是每股净资产。但是，从 2005 开始，这种情况有所改变，2005 年 6 月 29 日发布的《股份有限公司国有股股东行使股权行为规范意见》第 17 条规定："转让股份的价格必须依据公司的每股净资产值、净资产收益率、实际投资价值（投资回报率）、近期市场价格以及合理的市盈率等因素来确定，但不得低于每股净资产值。"2007年6月30日发布的《国有股东转让所持上市公司股份管理暂行办法》第24条规定:"国有股东协议转让上市公司股份的价格应当以上市公司股份转让信息公告日前30个交易日的每日加权平均价格的算术平均值确定,但不得低于该算术平均值的90%。"这些规定意味着,国有股转让价格将改变以每股净资产为基础的定价机制。那么,我们有必要研究:在后股权分置时代控制权私人收益是增加还是减少?其影响因素是什么?不同类型的实际控制人攫取私人收益的动机和能力是否存在差异?对这些问题的探讨能够说明在后股权分置时代我国国有资产重组中的新特点。因此,后股权分置时代上市公司控制权私人收益的计量及影响因素是本书研究的另一重要问题。

资本市场的健康发展离不开有效的监管,那么对上市公司的实际控制人应该如何监管?在后股权分置时代,实际控制人与上市公司的关系发生诸多变化,对于民营企业等非国家控制的实际控制人和国家控制公司的实际控制人而言,由于他们在国民经济中的地位、作用、比重不同,他们对中小股东利益侵占的动机、行为也有所差异,那么,对他们的监管政策是否应该有所不同?特别是,国家控制公司的实际控制人本身也是监管者,如何加强对监管者的监管?因此,如何区别两类实际控制人进行监管是本书探讨的另一重要问题。

针对以上问题,本书在借鉴国内外文献的基础上,结合我国上市公司的实际,运用经济学和财务学的相关理论,采用定性分析与定量分析相结合的方法,系统地对以下几个问题进行阐述:①后股权分置时代实际控制人的股权结构特征对公司价值的影响以及新型国有资产监管体制的效率;②我国上市公司股权结构动态调整的影响因素;③我国上市公司股权结构动态调整对公司价值的影响;④实际控制人股权结构特征与公司负债水平;⑤实际控制人的控制权私人收益在股权分置改革前后的变化及影响因素;⑥后股权分置时代对上市公司实际控制人的监管对策以及我国上市公司股权结构的优化路径。

第二节 研究思路与研究框架

一、研究思路

首先,本书在对国内外股权结构形成与调整的影响因素以及股权结构的公司治理效应研究文献综述的基础上,以委托代理理论、终极产权理论和市场择机理论为理论基础,从分析马克思主义的委托代理理论和西方的委托代理论入手,回顾我国资本市场的股权制度安排、国有资产监管体制以及民营企业上市制度的变迁过程,说明在后股权分置时代,实际控制人与中小股东的代理关系发生重大变化,并且在我国具有代表性的国家控制公司和非国家控制公司均表现出股权集中的金字塔结构的特点。实际上,LLSV范式是B-M范式的发展与深化,该范式使代理问题的研究不仅局限于直接控股股东或第一大股东,而是深入到上市公司背后的实际控制人。因此,本书将研究范式定位于LLSV范式的研究。其次,本书对B-M范式和LLSV范式的委托代理成本进行模型分析以说明LLSV范式下的代理成本高于B-M范式下的代理成本。再次,本书重点以我国股权分置改革后的上市公司数据为基础,分析实际控制人的股权结构特征对上市公司价值的影响以及新型国有资产监管体制的效率,引入公司治理环境变量说明其对控制权私人收益的影响;并分析我国上市公司股权结构动态调整的影响因素以及股权结构动态调整的公司治理效应。最后,根据实证分析结论阐述后股权分置时代实际控制人的若干不当行为,并提出"区别对待,分类监管"的监管思路以加强对实际控制人的监管,在此基础上提出我国上市公司股权结构的优化路径。

二、研究框架

本书共分为十一章,各章的主要内容如下:

第一章为导论,主要对本书进行简要介绍,具体包括研究背景与问题的提出、研究思路、研究的主要内容以及创新与不足之处。

第二章为文献综述,主要包括股权结构形成与调整的影响因素和股权结构的公司治理效应综述。股权结构的公司治理效应主要包括股权结构与公司价值的关系、股权结构与公司负债水平的关系等内容。股权结构与公司价值的关系部分重点分析B-M范式和LLSV范式下委托代理关系,在B-M范式下的委托代理关系综述中,综述委托代理理论下的资本结构理论以及在所有权广泛分散下的股权结构与公司绩效的关系。在LLSV范式下的委托代理关系综述中,主要综述股权集中下控制性股东的所有权特征与公司价值的关系以及控制性股东与控制权私人收益的关系。

第三章为本书的理论基础和制度背景。该章把委托代理理论、终极产权理论和市场择机理论等作为该章的理论基础,在分析马克思的"三权分离"理论的基础上论述马克思的委托代理理论,并基于契约观论述西方的委托代理理论。在制度背景部分,主要阐述我国资本市场从股权分置到股权一致的变迁、国有资产管理体制从"五龙治水"到统一的国有资产出资人代表制度的建立、民营企业直接上市和间接上市并存的上市制度安排。

第四章利用模型分析B-M范式和LLSV范式下的委托代理成本，对于B-M范式下股东与经营者之间的委托代理成本用无差异曲线加以分析，对于LLSV范式下控制性股东与中小股东的委托代理成本，首先分析控制性股东分离公司的所有权与控制权的三种手段，并分别从投资项目的非效率选择、控制权转让的非效率选择、投资政策和企业规模的非效率选择、公司价值的"壁垒效应"四个方面论述控制性股东给中小股东带来的代理成本。

第五章论述我国上市公司实际控制人股权结构特征与上市公司价值的关系，该章在对实际控制人含义进行再界定的基础上，分析实际控制人的所有权、控制权、所有权与控制权的分离、控制链、实际控制人类型五个方面的特征，并检验这些实际控制人特征对上市公司的"激励效应"、"壁垒效应"、"放权"假说和新型国有资产管理体制的效率。

第六章分析我国上市公司股权结构动态调整的影响因素，该章从终极股东的角度出发，结合我国的制度背景重点分析了两权分离、控制权比例、股票回报率以及股票波动率对终极股东股权结构动态调整的影响。在此基础上，选取A股上市公司作为研究样本，构建股权结构的调整模型，分析控制权与现金流权的两权分离、控制权比例、股票回报率和股票波动率对股权结构调整的影响。

第七章实证分析控股股东减持的经济后果，该章以深交所上市公司大小非减持为例，实证研究控股股东减持对公司价值的影响。

第八章分析实际控制人股权结构特征与公司负债水平，该章以我国635家非金融公司2004~2009年平衡面板数据为样本，应用GLS方法分析实际控制人股权结构特征对公司负债的影响，研究控制权、所有权和控制权的分离程度、实际控制人属性对公司负债的影响。

第九章讨论实际控制人股权特征与控制权私人收益的关系。该章在归纳关于控制权私人收益观点的基础上，从控制性股东监督行为的二重性入手，通过剖析控制性股东治理效应的两面性，指出控制权私人收益可以分为控制权正常收益与控制权超额收益两种。此外，对控制权私人收益的计量公式加以改进，并引入公司治理环境变量，实证分析实际控制人的属性、公司治理环境和股权分置改革对控制权私人收益的影响。

第十章论述我国上市公司股权结构的优化路径。首先提出后股权分置时代对实际控制人监管的新思路，该章在前面章节分析的基础上，指出后股权分置时代实际控制人与上市公司关系的变化以及实际控制人的若干不当行为，然后针对不同类型的实际控制人在国家经济中的地位、作用、比重的差异，提出"区别对待，分类监管"的监管思路，尤其重点论述了国资委的约束与激励机制的构建。最后提出我国上市公司股权结构的优化路径。具体来说，股权结构的优化要以市场化选择为原则，以股权多元化和股权均衡为方向，适当降低终极股东的持股比例，增加机构投资者的持股比重，并区别对待不同性质控股公司渐进优化，同时完善外部公司治理机制，包括修订相关法律制度、完善资本市场与经理人市场等。

第十一章为全书总结，包括研究结论与启示、研究的局限性及未来进一步研究的方向。

全书的框架结构如图1-1所示。

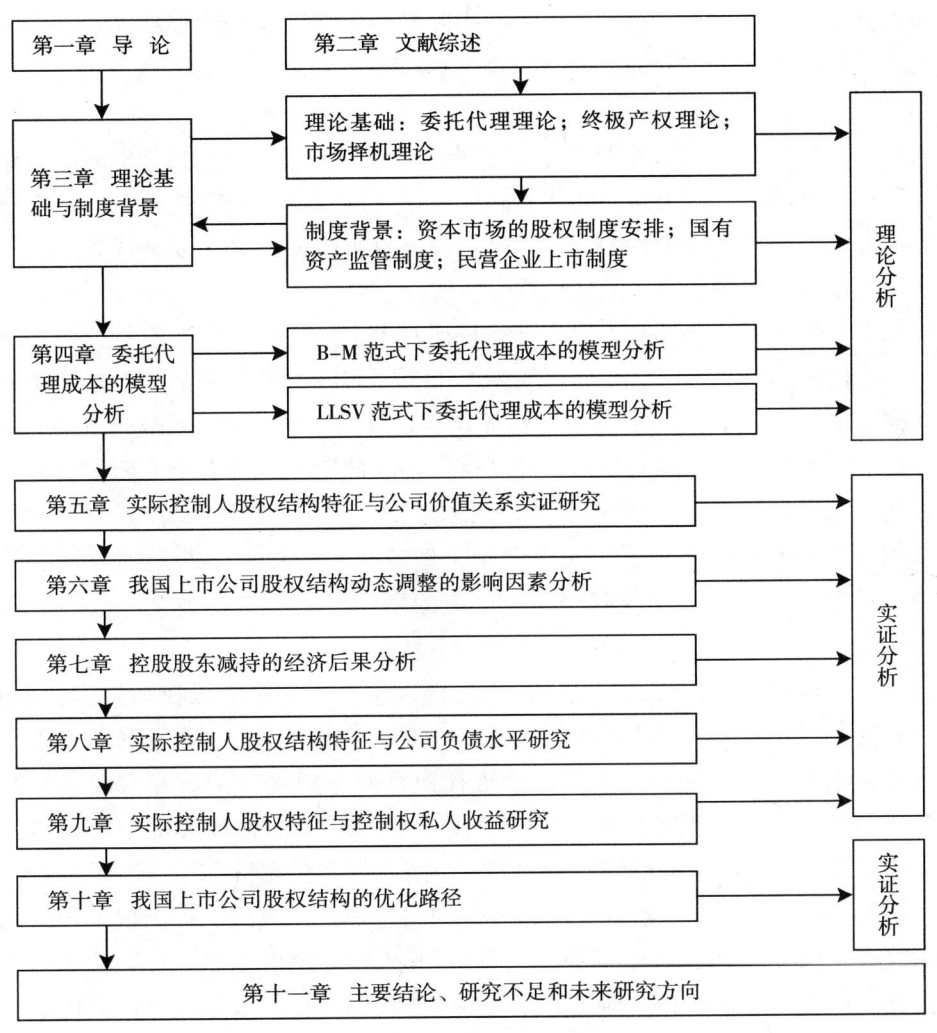

图1-1 本书结构示意图

第三节 研究的主要创新与不足之处

我国上市公司股权结构及其动态调整的理论与实证研究是一个全新且极具复杂的课题,由于该课题尚处于研究的初始阶段,大大增加了该领域研究的难度。当然,这也为本书的创新留下了较大的空间。为此,本书在借鉴国内外相关文献的基础上,结合我国上市公司的实际,运用经济学和财务学的相关理论,对实际控制人股权结构特征与公司价值关系、实际控制人特征与控制权私人收益的关系以及对实际控制人的监管进行研究。本书的改进与创新之处主要体现在如下几个方面:

第一,论述了马克思关于委托代理理论的基本原理。应用马克思的经典论述剖析委托代理理论,指出财产的所有权、占用使用权与监督管理经营权的三权分离理论是西方委托代理理论的理论基础,在马克思主义看来,委托代理关系的产生是大规模分工和协作生产的必然规律。

第二,论述了实际控制人股权结构特征对上市公司价值的影响,分析了新型国有资产监管体制的效率。在研究我国上市公司实际控制人特征与上市公司价值关系时,对实际控制人的类型进行再界定,从实际控制人对上市公司的所有权、控制权、所有权与控制权的分离、控制链、实际控制人类型五个方面剖析实际控制人对上市公司的"激励效应"、"壁垒效应",通过比较国资委控制的上市公司与非国资委控制的国家控制公司的公司价值差异,间接说明新型国有资产监管体制的效率,并说明国家控制公司控制链的增加是政府解决政企不分问题的一种手段。

第三,构建了一个具有多层次、双向性、动态性特征的股权结构调整模型。现有研究大多只考虑区域特征和行业特征,本书考虑公司治理因素和制度因素设计股权结构动态调整模型。多层次表现在模型考虑微观、中观和宏观层次的因素,双向性表现在模型考虑宏观经济环境对股权结构的直接决定作用和间接影响,动态性表现在模型考虑的因素随着"时间"和"公司特征"变化而变化。

第四,探讨了控制权私人收益的两分法理论观点,改进了控制权私人收益的计量公式。在研究实际控制人特征与控制权私人收益的关系时,在综述国内外关于控制权私人收益文献的基础上,把国内外对控制权私人收益的定性分析归纳为两种相互冲突的观点,并从控制性股东监督行为的二重性入手,通过剖析控制性

第一章 导 论

股东的治理效应的两面性指出,可以将控制权私人收益分为控制权正常收益与控制权超额收益两类。在实证分析部分,改进了控制权私人收益的计量公式,引入公司治理环境变量,实证分析实际控制人的属性、上市公司所处地区的治理环境以及股权分置改革对控制权私人收益的影响。

第五,阐述了分类监管的新理念,提出了完善国有资产出资人代表监管体系的新设想。在论述后股权分置时代对实际控制人监管的思路时,针对两类实际控制人在国民经济中的不同的地位、作用和比重,提出"区别对待,分类监管"的监管思路。即国家控制的实际控制人的监管问题关键是规范其机构建设,并完善其激励机制;而对于非国家控制的实际控制人,主要是抑制其关联交易等侵占中小股东的行为。在构建国资委的监督机制时,提出从外部监督和内部监督两个方面入手构建监督国资委的体系,并提出机构设想,即剥离国资委的行政监督职能,整合各种监督资源,在人民代表大会下面设立国资委;在内部监督机构上,设想在国资委现有管理职能机构之外将原有国资委内部行使监督职能的部门集中起来成立国有资产监管局。在激励机制方面,建立以物质激励为导向的激励框架体系,并提出递延津贴的构想。

第六,从终极股东角度探讨全方位的上市公司股权结构的优化路径。本书根据股权结构动态调整机制理论,提出股权结构的内部优化路径和外部优化路径。从终极股东角度,针对国有公司和非国有公司的不同股权特征提出有针对性的股权结构优化路径,并针对当前国有和非国有大股东的减持提出绝对量减持、相对量减持和限制性减持等具体策略。

本书的不足之处主要有以下几个方面:

第一,在方法论上,未能引入博弈论的相关知识进行分析。实际上,在股改中以及股改后,实际控制人与中小股东的博弈过程都不会停止。在后股权分置时代,实际控制人与中小股东的博弈是否会影响到他们的代理成本呢?本书并未涉及。

第二,关于公司治理环境变量的替代变量的选择。公司治理环境的考虑因素很多,有法律方面的,也有非法律方面的。在法律方面,有立法方面的因素,也有执法方面的因素。本书在选择公司治理环境变量的替代变量时未能综合考虑这些因素,这可能会影响到本书的实证分析结论。

第二章 文献综述

研究股权结构及其动态调整起源于对公司治理的考察,尤其与研究股权结构对公司价值的影响有关。股权结构(ownership structure)是指公司中不同性质的股份或不同的持股主体所持有的股份在公司总股本中所占的比重。其含义可概括为两个方面:一是公司的股份由哪些股东所持有;二是各股东所持有的股份占公司总股份的比重有多大。前者是说明股份持有者的性质,后者是说明股权集中或分散的程度。股权结构是公司治理结构的重要组成部分,它对公司的经营激励、收购兼并、代理权竞争、监督等公司治理机制均有着较大的影响。对于中国的上市公司来说,在股权分置改革以前还存在流通股与非流通股之分。

早期关于股权结构与公司价值关系的研究深受 Berle 和 Means (1932) 的影响,他们认为,公司中的代理问题主要是股东与经营者、股东与债权人的代理冲突。从 20 世纪 80 年代开始,国外学者发现,在世界上大多数国家,公司代理问题中更具有代表性的是控制性股东与中小股东的代理冲突,以 La Porta、Lopez-de-Silanes、Shleifer 和 Vishny (以下简称 LLSV) 为代表的关于控制性股东与中小股东的代理冲突研究逐渐成为公司治理研究的前沿问题。当然,在股权的流通性上,国外资本市场中不存在流通股和非流通股的区分,因此,流通股股东与非流通股股东的利益冲突并未成为国外学者的研究课题。但是,国外关于股东与经营者、控制性股东与中小股东的代理冲突的研究仍然为本书研究后股权分置时代我国上市公司实际控制人的代理成本问题,进而提出对实际控制人的监管建议提供了大量的文献参考。

第一节　股权结构形成与调整的影响因素

一、股权结构形成的影响因素

（一）国外文献

该类研究起源于股权内生性假说，该假说与股权外生性假说类似，承认公司中代理问题的存在，但它认为：公司的股权结构并不是一个外生变量，而是经济、法律、政治和文化等因素共同作用的内生结果，它更多地依赖人类社会"自发的秩序。

1. 经济因素影响论

针对经济层面的大部分文献都认为，控股股东必须在投资多样化与获取控制权收益之间进行权衡，而股权结构就是最终权衡的结果，在权衡的过程中，控股股东要考虑到各种成本和收益，最后选择一个可以使公司价值最大化的股权结构。Leland 和 Pyle（1977）提出了信息不对称情况下的公司质量的信号模型，在该模型中，他们发现对公司价值的预期决定了当期的股权结构，而并非是股权结构影响了未来公司的价值。Kole（1996）、Agrawal 和 Knoeber（1996）研究了公司价值对公司股权结构的影响，他们都采用实证的方法，最终都得出相同的结论，认为股权结构是根据公司的价值进行调整的。Demsetz 和 Lehn（1985）认为，股权分散虽然会降低公司价值，但是分散股权有助于扩大公司的规模，进而对价值最大化产生积极影响，他们指出股权结构不会对公司的盈利能力造成影响，并用实证进行了验证。他们还发现，公司的规模与股权集中度存在负相关关系：规模越大的公司，其股权集中度越低；行业管制比较强的公司，其股权集中度也越低；利润波动的强度与公司股权集中度呈正相关关系；高管人员存在在职消费偏好的公司，股东会倾向于提高股权集中度以加强对管理人员的监督。Admati 等（1994）认为，市场即使在投资组合没有实现最优化的情况下仍能达到均衡，这种均衡是公司的控股股东在权衡分散投资所获得的收益与实现集中控股获得的控制权收益的过程中达到的。也就是说，控股股东面临着进退两难的境地：集中股权以防止管理层的道德风险，或者分散投资以降低投资风险。Demsetz（1964）、Fan（2000）都对并购进行了研究，最后得出结论，认为股权集中度比较高可能是产权界外效应内部化的结果。McGuckin、Robert H.和 Sang V. Nguyen（2001）从劳动力市场角度进行了研究，最后发现劳动力市场对股权集中度的形成起了非常重要的作用。Holderness 和 Sheehan（1988）、McGuckin 和 Nguyen（2001）认为，公司资产的风险程度、所处行业、公司业绩等公司特征决定股权的集中或分散程度，股权结构是公司在市场竞争中进行最优选择的结果，是股东在权衡了自己的成本与收益后在资本市场进行交易的结果，股权的集中或分散程度取决于股东在争取个人利益最大化的过程中所采取的行动，是股东建立在理性思考的基础上自然选择的结果。Jensen 和 Meckling（1976）基于代理成本的视角，对影响股权集中度的主要因素进行了分析研究，认为管理者和股东之间代理成本的存在，使得公司具有较高的股权集中度以监督管理层的行为。Thomsen 和 Pedersen（1998）提出了股权结构的市场结构决定理论，认为市场结构决定着企业的股权结构，公司的特征、公司的类型以及公司行业都会影响公司的股权集中度。

2. 法律因素影响论

Shleifer 和 Vishny（1997）的调查发现，美国、日本与德国的公司治理制度与世界上其他国家有着很明显的不同，这要归因于这三个国家有着比较完善的法律保障制度和投资者保护制度。Shleifer 等（1997）发现，对投资者法律保护薄弱的国家，公司的股权集中度往往比较高。LLSV（1999）对世界上 27 个发达国家大公司的股权结构进行了研究，最后发现只有投资者保护比较好的国家，其公司的股权结构才可能比较分散。La Porta（1998、2000、2002）认为，公司的股权结构与国家法律体系对投资者的保护程度有明显的负相关关系，在法律对投资者保护较差的情况下，股权集中成为法律保护的替代机制，因此在对投资者保护比较弱的地区，股权集中度比较高；在对投资者保护比较强的国家，股权则呈现出分散的趋势。

3. 政治因素影响论

Roe 认为社会民主主义影响了欧洲大陆公司的股权结构。它的研究发现，尽管股权分散使得股东和管理者之间的代理冲突严重，但是在美国，股权分散的大众公司依然占据主导地位，这使得股东与管理者之间的冲突成为美国公司治理的重点。但是在欧洲大陆等发达国家，因为受到社会民主主义的影响，管理层有稳定就业的压力，考虑利润最大化，这种政治环境也会约束经理人的行为，以免使他们偏离股东的利益而单纯追求个人利益。他还认为，美国公众公司兴起是因为缺乏社会民主主义的政治环境。Pagano Volpin（2005）也认为，政治因素是导致欧洲大陆国家公司股权结构集中的关键，他们认为，完善的法律保护也不一定能使公司的股权分散。Morck 和 Nakamura（1999）认为，日本"二战"前的家族企业和"二战"后的交叉持股公司形成的一个重要原因是出于政治上的寻租需要，因此寻租行为的需要使得公司的股权集中度比较高，股权结构是对一系列失败制度进行理性反应的结果。

4. 文化因素影响论

Stulz 和 Williamson（2003）从文化视角分析各国股权结构的差异，他们认为宗教文化在投资者保护方面比法律法规更有效，从而影响公司的股权集中度。

5. 其他因素影响论

Cheffins、Rajan 和 Zingales、Franks 等、Roe 等从历史视角出发分析，认为普通法和股权结构与金融发展之间的正相关关系仅是 20 世纪之交出现的现象，在 20 世纪上半叶，它们之间不存在正相关关系。

（二）国内文献

国内文献主要从经济因素角度分析股权结构（股权集中度）的影响因素，而且基本都是实证研究。朱武祥和宋勇（2001）通过对 20 家竞争比较激烈的家电类上市公司进行实证研究，最后结果表明股权结构与公司价值之间没有明显的相关关系，他认为股权结构是企业基于竞争和控制权收购压力而进行的商业化选择，而且随着环境的变化随时进行调整，但是实证并没有对这一描述进行验证。冯根福等（2002）研究了我国上市公司股权集中度的影响因素，结果发现较好的公司业绩会导致较高的股权集中度。李涛（2002）的研究指出，公司上市前，国有股占上市公司的比例取决于政府面对的逆向选择问题，由于信息的不对称性，外部投资者可能会将国有企业上市视为一种业绩较差的信号，从而不愿意支付较高的股价，最终政府只能选择较差的公司上市。因此，上市前糟糕的公司业绩往往会使国有股权拥有比较高的比例；但在公司上市后，国有股权的比重取决于公司利润最大化的过程，此时较差的公司业绩反而导致国有股权的比重比较低。陈信元等（2004）提出产权的界外效应影响股权结构的命题。林长泉（2004）发现，公司总股本规模与上市公司股权集中度呈正相关关系，资产负债率和公司经营风险对沪市上市公司股权集中度呈负相关关系，而公司的行业特征则与股权的集中度没有显著的相关关系。刘志远和毛淑珍（2004）基于终极股东的角度，分析了终极控制人和控股大股东性质、控制链长度、地区的市场化程度以及上市公司的业绩、规模、风险及所属行业等因素对股权结构的影响，结果发现：就终极控制人性质而言，实际控制人为国有性质的上市公司，其股权集中度要明显高于终极控制人为民营所控制的上市公司；就控制层级而言，他们认为民营控制的上市公司的股权集中度与控制层级正相关，这是因为在我国法律制度薄弱和市场规范不健全的情况下，民营上市公司的控制人更倾向于通过较长的控制层级来隐藏自己侵犯中小股东利益和逃避政府监管的动机，但是在政府控制的上市公司中，股权集中度则与控制层级呈先上升后下降的倒"U"形关系，这说明政府为了行政干预会选择较少层级的控制方式，为了放权则会选择较长的控制方式；地区市场化程度与股权集中度呈正相关关系，但国有集团控制的上市公司不显著；公司规模、风险和公司业绩与股权集中度都有正相关关系，但这可能是由国家控制的上市公司所导致的；另外，较低负债比率的公司，其股权集中度越高。

另外也有一些学者从其他方面研究了股权结构的影响因素。王红领等（2001）认为，政府之所以放弃国有企业的产权，主要是源于政府的财政压力，并非是为了提高国有企业的效率。许年行和吴世农（2006）认为，IPO发行制度的演变、对中小投资者的法律保护不够、政府严格的国有股权转让管理、非国有控制的上市公司在不丧失控制权的条件下减少控股比例以获取更大的个人利益均可能导致股权集中度的下降。郑国坚和魏明海（2006）认为，控股股东与上市公司IPO前业务关联度、组织形式以及产权性质等特征形成的内部资本市场是上市公司IPO股权结构形成的主要影响因素。张远等分析了文化距离、合营期限等与我国大陆地区股权结构的关系，最后发现文化距离、合营期限以及投资规模都对股权集中度有正向相关关系。侯宇、王玉涛（2010）基于控制权转移研究了投资者保护与股权集中度之间的关系，得出了与LLSV（1998）完全相反的结果，认为在我国特殊的背景下，投资者保护与股权集中度之间可能呈正相关关系，提高对投资者的法律保护程度、加强对大股东的监管对我国证券市场的发展有重要意义。

二、股权结构调整的影响因素

（一）国外文献

国外关于股权结构调整的文献主要集中在分析股权结构调整的方向，Jeffrey和Mark指出美、英和日、德公司股权结构的形式趋同和功能趋同趋势。Helwege等（2007）、Foley和Greenwood（2010）、Marcelo Donell等（2011）则分析了股权结构调整的影响因素。

（二）国内文献

国内关于股权结构调整的研究主要集中在关于"大小非"减持的分析方面，

"大小非"减持是中国所特有的现象,目前文献主要集中两个方面:"大小非"减持的动因和经济后果。关于动因,楼瑛和姚铮指出,公司的财务业绩越差,大股东减持比例越大。黄志忠等(2009)分析了我国股权分置改革后大股东减持的动因,并通过建立大股东减持的模型对大股东的减持动因进行了实证检验,结果发现法律对投资者的保护越弱,大股东越有可能为了降低掏空成本而减持股份;业绩越差,说明大股东对公司的掏空越严重,大股东越有可能减持股份;风险越大,大股东越有可能为了躲避风险而选择减持股份。但是黄志忠同时也指出,公司的业绩差以及大股东躲避风险都是因为其对公司的掏空行为所致,因此,大股东对上市公司的掏空行为是其选择减持的主要原因。俞红海、徐龙斌构造了一个关于控股股东减持的动态模型,通过控股股东进行股份减持决策模型的建立,他们发现控股股东的减持幅度与其现金流权水平具有正相关关系,而与股票市场平均投资回报则呈负相关关系。黄志忠、周炜、谢文丽(2010)认为公司业绩较差以及大股东掏空严重是导致大股东选择减持的重要因素。巴曙松、朱元倩、郑弘以及张大勇都基于 TobinQ 理论研究了大股东减持与 TobinQ 值之间的关系,结果他们发现 TobinQ 值越大的公司越容易被大股东减持。张大勇、傅利平通过实证研究发现,上市公司的估值水平越高,其控股股东减持的动力就越强烈,控股股东的持股比例与其减持比例具有正相关关系。袁渊(2010)研究了公司的治理水平、市场择机以及公司业绩等因素对大股东减持的影响,指出公司的治理水平越高,表明公司的未来价值更高,大股东减持解禁股的成本也越大,因此更不愿意减持,当公司的市盈率和市净率越高时,说明公司越有可能被高估,大股东越倾向于减持股份,公司盈利水平特别是现金收益水平越高,大股东越可能减持,并以 2006 年 8 月 26 日到 2008 年 3 月 31 日之间完成股改的上市公司为样本进行了实证检验,最后发现实证结果与预期一致。朱茶芬等(2010)对股权分置改革后我国非流通解禁股减持的动因进行了分析,并以 2008 年 2 月 29 日前大股东减持的数据为基础,实证检验了公司业绩、未来前景以及波动性对大股东减持的影响,结果发现业绩较差、估值较高的公司减持的力度更大,而高波动性则会带来轻度减持,而且他们还指出,中央控制的上市公司减持力度更轻,而民营上市公司减持力度更强。

关于经济后果,蔡宁和魏明海(2009)发现我国证券市场存在以配合减持为目的的盈余管理行为。吴育辉和吴世农(2010)证实了大股东特别是控股股东,通过操控上市公司的重大信息披露掏空中小股东的利益。

三、文献述评

第一，现有文献对股权结构影响因素的研究主要是静态分析和比较静态分析，缺乏对股权结构影响因素的动态分析，尤其是缺乏对终极股东股权结构动态调整机制的系统研究，从而不能揭示股权结构动态调整的本质。现实中，影响股权结构的因素很多，既有法律规范、国家政策等宏观方面的因素，也有行业特征、企业规模等微观方面的因素。随着这些因素的变化，股权结构也会随之进行调整。因此，股权结构具有动态属性，仅仅从静态角度研究股权结构的影响因素并不能从本质上把握股权结构变动的实质，而且单纯从外部环境来研究对股权结构产生影响的因素，也不能解释在同一国家、同一地区、外部环境差别不大时为什么还是有很多企业选择不同的股权结构。

第二，大多数有关股权集中度影响因素的文献都是针对整个公司层面的，没有具体研究股权结构特征本身对股权结构的影响，尤其缺乏基于终极股东角度的研究。实际上，公司的第一大股东或者控股股东很多时候仅仅是终极股东在上市公司的一个代言人，只有找出终极股东，才能发现影响股权结构变动更深层次的原因。基于此，本书在下文中建立股权结构调整的动态模型，从终极股东的角度对我国上市公司股权结构的动态调整进行实证检验。

第二节 股权结构的公司治理效应

一、股权结构与公司价值关系

（一）B-M 范式下股权结构与公司价值关系

Berle 和 Means 范式产生的背景为所有权广泛分散的公司治理结构，以美国、英国、日本的资本市场为代表，委托代理关系主要表现为股东与经营者、股东与债权人之间的关系。该范式形成了系统的理论，表现在现代财务的融资代理成本理论、股利政策的契约理论等方面。

Berle 和 Means 在《现代公司与私有财产》中第一次明确提出了"所有权与控制权分离"的观点。他们将股东在公司中有意义的表决权股份的比例界定为 20%，即当一家公司的普通股份额中若某个人或机构持有 20% 以上，则该股东就拥有了有意义的表决权股份。据此，他们把公司分为三类：①"少数控制型"。一家公司有持有20%以上普通股股份的股东，同时，其他股权很分散。②"私人控制型"。单个股东持有普通股份额达到80%以上。③"管理控制型"。不存在大比例股份。在此基础上，他们对全美最大200家公司进行统计调查，结果发现，管理控制型占44%，少数控制型占23%，私人控制型占6%。通过这些数据，他们认为近50%的大公司的实际控制权掌握在经理人员手中，并称这种现象为"所有权与控制权分离"，从而引起了企业史上的"经理革命"。当股东分散时，股东在公司的物质资本属"消极资本"，对公司的发展不再起重要作用，而对公司发展更为重要的是经理人员的"积极的"人力资本，这种积极的人力资本有自身的利益，从而导致股东与经理人员的矛盾。股东追求投资收益，存在短视现象；而经理人员从人力资本的角度考虑，更注重长远发展。

此后，所有权与控制权分离下的股东与经营者、股东与债权人的代理冲突成为公司治理研究的主流。其中，Jensen 和 Meckling 的理论最具有影响力，在理论史上，他们也被认为是委托代理理论的最早代表。Jensen 和 Meckling (1976) 在他们的经典性论文 *Theory of the Firm: Managerial Behaviour, Agency Costs, and Ownership Structure* 中将委托代理关系定义为：它是指这样的一种显明或隐含的契约，根据它，一个或多个行为主体指定、雇用另一些行为主体为其提供服务，与此同时授予后者一定的决策权利，并依据其提供服务的数量和质量支付相应的报酬。这种关系，实质上是一种非对称信息条件下所结成的契约关系。在契约当事人之间，由于相关信息和风险的分布均不对称，拥有不完全信息而必须承担风险的一方成了委托人，而拥有和支配更多信息但属于风险规避者的一方则是代理人。

基于代理成本问题的分析，Jenson 和 Meckling 开创性地对公司治理中管理层激励进行了思考，提出了资本结构的代理成本理论，即在现代企业中存在着股东与经营者、股东与债权人之间的代理冲突。股东与经营者之间的冲突是因为股东不能完全控制剩余收益，他们不能从企业的经营行为中获得全部利润，但是却要为这些行为承担所有的费用。股东与债权人之间的冲突是因为债务契约会刺激股东作出次优的投资决策：如果高风险的投资带来了高额的回报，那么股东会获得其中绝大部分的利润；如果投资失败，由于有限责任的存在，债权人将承担最终的后果。这种投资带来的后果就是债券价值的降低。他们认为，最优的资本结构是债务的代理成本等于债务的税收抵免收益时的企业资本结构。Jense 和 Meckling 的模型在委托代理框架下揭示了资本结构安排的一些规律，即资本结构影响公司价值，修正了MM定理的完美资本市场的假设，同时也从一个方面说明股权结构对公司价值具有影响,为后续学者研究股权结构与企业价值关系开辟了新视角。

资本结构影响公司价值从而对公司治理具有重要意义,而股权结构与资本结构密切相关。因此,研究股权结构对公司绩效的影响成为国内外学者研究的一个重要方面,研究的基本范式是分析股权结构的特征与公司绩效的关系,股权结构的特征主要表现在"质"和"量"两个方面。从"质"上来说,主要是指股权结构的构成,即各个不同性质的股东分别持有股份的多少;从"量"上来说,主要是指股权集中度的大小。因此,股权结构与公司绩效关系的研究主要是在内部人持股与公司治理效率、股权主体身份结构与公司治理效率等领域展开。

内部人持股与公司治理效率的国内外研究如下:

1. 国外研究

关于内部人持股在公司治理中的作用,国外学者提出利益一致(convergence of interest)假说和管理者壁垒效应(managerial entrenchment)假说。

第一,内部人持股对公司治理的利益一致假说。Jensen 和 Meckling(1976)指出,管理者存在机会主义行为,他们根据自己利益最大化的原则来分配企业资源,而这可能与外部股东的利益产生冲突,当管理者在企业的利益增加时,管理者就有可能使其利益与外部股东的利益协调一致。因此,当管理者的持股比例增加时,管理者的利益与外部股东的利益可能收敛于一点,从而使得管理者与外部股东之间的冲突得以解决。因此,当公司管理人员持有公司股份时,就如同给他们戴上了"金手铐",有助于防范管理人员的道德风险,将公司利益与个人利益紧紧地捆在一起。

第二,内部人持股对公司治理的壁垒效应假说。如果内部人的持股比例很高时,将可能对管理者产生反向激励效果。Baumlo(1959)认为,由于所有权与控制权的分离,可能诱使管理者聚焦于非价值最大化的项目,这些项目有利于企业销售的增长和规模的扩大,而不是企业盈利能力的提高。Fama 和 Jensen(1983)指出,当管理者拥有公司股票的重大比例,从而得到足够的投票权和影响力时,管理者可以满足他的非价值最大化目标而不会危及其职位与报酬,这些论据引发了管理者壁垒效应假设。管理者壁垒效应假设认为,过多的内部股权对公司业绩具有相当消极的影响。Jensen(1993)指出,管理者固守职位在内部股权处于较高的水平上发生是由于企业缺少完全独立于管理者的董事会造成的结果。

实证研究方面,国外大多综合考虑内部人持股的利益一致假设和管理者壁垒效应假设,认为内部人持股与公司价值之间存在非线性关系:Stulz(1988)建立了一个管理层持股比例与公司绩效关系的模型,模型证明,公司绩效先随着内部人持股的增加而增加,当内部人持股达到某一水平后反而开始下降。Morck 等(1988)对 1980 年《财富》500 家公司中的 371 家管理层持股比例的分段线性回归方法发现,管理层持股比例与企业价值之间存在非单调关系。具体来说,当管理层持股比例低于 5%或高于 25%时,管理层持股比例的增加会协调管理者与股东的利益,从而增加企业的价值,TobinQ 上升。当管理层持股比例位于 5%~25%之间时,管理层持股比例的增加将使管理者的壁垒效应更为严重,并较少遭受市场的监督,从而减少企业的价值。Wruck 的研究认为,当管理者持有企业的股份比例在 5%~25%时,美国企业的管理者存在壁垒效应。但用会计利润率衡量公司绩效时,此结果不成立。McConnell 和 Servaes(1990)对纽约证券交易所(NYSE)和美国证券交易所(AMEX)1976 年 1173 家样本公司和 1986 年 1093 家样本公司 TobinQ 与股权结构的实证分析表明:TobinQ 与内部股东持股比例之间具有曲线关系,即在内部股东持股比例达到 40%~50%以前,曲线向上倾斜,以后曲线缓慢向下倾斜;而且当用会计利润率衡量公司绩效时,结论依然成立。Holderness 等(1999)的研究结论支持 Morck 等提出的分段线性描述,他们的证据显示,1935~1995 年被选择的临界点没有改变。Hermalin 和 Weisbach(1991)研究了企业价值与内部股权之间的非线性关系,但临界点为 1%、5%和 20%。Cho(1998)利用《财富》500 家制造业公司的数据,得出了股权结构影响公司投资,进而影响公司价值的结论,他确定的临界点为 7%和 38%,即内部股东拥有股权在 0~7%、7%~38%以及 38%~100%三个区间时,公司价值分别随内部股东拥有股权比例的增加而增加、减少和增加①。Griffith 检验了 CEO 持股对公司绩效有重要影响这一假设,发现公司绩效是 CEO 持股的非单调函数。具体说来,当 CEO 持股比例为 0:15%时,Tobin Q 上升;当 CEO 持股比例上升到 50%时,TobinQ 下降;CEO 持股比例超过 50%时,Tobin Q 再上升。

但是也有一些研究指出,内部人持股比例与企业业绩不存在非线性关系。Lasfer 和 Faccio 的研究表明,内部人持股与公司价值之间不存在显著的统计关系。Himmelberg 等采用固定效应模型和工具变量控制各种可能无法观察的异质性,例如股东监督管理者的能力、无形资产和产品的市场竞争力,运用二次方程、分阶段线性回归方程的方法预测公司的绩效,研究发现管理层持股比例与资本/销售收入、研发费用/销售收入成反比,与广告费用/销售收入、净利润/销售收

---

① Cho(1998)同时又认为,所有权结构是在均衡中被内生地决定的,它取决于公司的外部和内部环境,如行业、投资机会、成长性、商业风险和信息不对称,所以公司的管理层股权和公司绩效之间不存在系统的关系。

入成正比。当控制这些变量并消除固定效应后,管理层持股并不显著影响公司的绩效①。

2. 国内研究

我国特殊的股权结构决定了内部人持股在公司治理中的作用及其对公司绩效的影响有别于国外的研究,大多数研究认为内部人持股与企业绩效基本无关。袁国良等以 1996 年和 1997 年年报为依据,随机抽取 100 家上市公司为样本,对这些公司高级管理层的持股比例与公司经营业绩的相关性进行了回归分析,结果表明:上市公司的经营业绩与公司管理层持股比例之间基本不相关,而且,即使非国家控股上市公司,高级管理人员持股比例与公司经营业绩的相关性也非常低。魏刚以 1999 年 4 月 30 日公布年报的 816 家 A 股上市公司为样本,用加权平均净资产收益率作为公司经营绩效变量,用高级管理人员的总体持股数量占公司总股本的比例作为持股变量进行实证分析,结果表明高级管理人员的持股数量与上市公司的经营绩效不存在显著的正相关关系。他们将原因解释为:①高级管理人员的持股比例偏低,不能产生有效的激励作用;②我国上市公司高级管理人员持股制度从一诞生就存在制度设计问题,表现在制度定位不明确和持股制度僵硬两个方面。

李增泉②根据 799 家上市公司所披露的 1998 年度经理人员的持股比例数据研究经理人员的持股比例与公司业绩(采用加权平均净资产收益率作为衡量标准)的关系,实证分析表明,从全部样本来看,持股比例与企业绩效之间不具有显著的相关关系。而对样本总体依据资产规模、行业、国家股比例和区域进行分组所做的分析表明:①对不同规模的企业、不同国家股权比例的企业,经理人员的持股比例与公司业绩之间均不存在相关关系;②在行业方面,建材和工程承包业、冶金业、化工业的企业经理人员的持股比例与企业绩效之间具有显著的线性相关性,其中,建材和工程承包行业的企业经理人员持股比例与企业绩效之间负相关,即持股比例越高,企业的净资产收益率越低;③在区域方面,华东、华南、华中地区企业的经理人员的持股比例与净资产收益率具有显著的线性相关性,说明区域因素影响了持股比例对经理人员的激励作用。

高明华以 1997 年 50 家上市公司③为样本,对管理层持股比例与公司绩效的

---

①这种观点实际上是内生性的观点,内生性的观点认为内部人的持股水平本身不是一个独立的外生变量,而是行业、规模、企业战略、治理结构乃至政治、文化、法律等诸多微观和宏观因素共同作用的均衡结果。

① 李增泉将高级管理人员仅仅界定为董事长和总经理。
③ 之所以只有 50 家是因为当时统计资料对管理层持股较少披露。

关系进行偏相关分析检验，结果表明管理层持股比例与公司绩效基本上不相关。胡国柳、蒋国洲通过对1997年12月31日以前在深沪两地上市的非金融类A股公司1998~2002年5个年度共计2923组观测值的实证分析发现，经理人员持股比例与上市公司业绩相关性不显著，既不支持关于经理人员持股比例在公司治理中作用的"利益收敛"假设，也不支持"管理者固守职位"假设。此外，经理人员持股比例对企业的财务业绩的影响是正向，但影响不显著，他们认为其原因可能是中国上市公司经理人员持股比例太低，如1998~2000年上市公司经理人员的持股比例平均不到0.1%，这种过低的持股比例不能对经理人员产生足够的激励作用，从而没有表现出对企业财务业绩产生显著影响的效果。经理人员持股比例对企业市场业绩的影响是负向的，但极不显著。这可能说明在中国证券市场上，外部投资者与经理人员之间存在一定程度的信息不对称，导致外部投资者预期管理人员持股比例越高，代理成本越高，从而低估企业价值，但同样由于上市公司经理人员持股比例太低，从而对投资者的估价影响不大。

不过，也有一些研究认为内部人持股与公司绩效正相关。刘国亮和王加胜（2000）以管理层持股比例、管理者年薪、职工是否持股为解释变量，对内部人持股与公司绩效（ROA、ROE、EPS）之间的相关关系进行了实证检验，结果表明内部人持股与公司绩效正相关。许承明和蹼卫东、张俊瑞等分别发现公司经营绩效与董事长、总经理的持股呈正相关关系。

更近的一些研究指出内部人持股与公司绩效的非线性关系。吴淑混研究表明，内部持股比例与公司绩效（总资产利润率）呈显著的倒"U"形关系。黄小花的研究认为管理层持股比例在0~4.41%的范围内与公司治理绩效正相关；在4.41%~32.88%时，关联程度还有所加强；大于32.88%时，则与公司治理绩效负相关。徐大伟等则发现当管理者持股比例在0~7.50%的范围内，上市公司经营绩效ROE值与管理层持股比例正相关，在7.50%~33.35%之间时表现负相关，大于33.35%又恢复为正相关。

（二）股权主体身份结构与公司治理效率

股权主体身份结构是指各种类别的股东所持股份在公司总股本中的比重。在我国，股份公司股本结构由以下一种或几种构成：国家股、法人股、外资股、职工股、社会公众股等。文献中一般不研究所有类型的股份，只是分析国有股①、法人股以及社会公众股在公司治理中的作用。

---

① 国有股包括国家股和国有法人股。

第二章 文献综述

1. 国有股在公司治理中的作用

关于国有股在公司治理中的作用，国内外学者提出"攫取之手"假设和"帮助之手"假设。

第一，"攫取之手"假设。"攫取之手"假设认为国有股对公司治理有消极作用。其主要的原因如下：①国有股股东目标的多重性。除了经济目标之外，作为国有股股东的政府还有政治目标，因而国有股会带来严重的政府行政干预，歪曲资源利用的最优化配置。②作为国有股股东代表的政府部门与上市公司之间委托代理关系的不规范性。按照现代企业理论，有效率的企业所有权安排应该是剩余索取权与剩余控制权相匹配，如果两者不统一，监督就缺乏动力，投票权也会变得"廉价"。政府部门的官员虽然在一定程度上拥有企业的实际控制权，但剩余索取权却归国家所有，他们缺乏足够的经济利益驱动去有效监督经营者，国家股权势必变为"廉价投票权"。因此，国有股容易导致上市公司"内部人控制"现象。何浚认为国有股在公司中所占比例越大，公司的内部人控制就越强。③国有股身份的复杂性。政府拥有行政权力，是市场规则的制定者和维护者，它们作为股东参与市场，既当裁判员又当运动员，会导致权力的滥用，破坏市场规则。

第二，"帮助之手"假设。由于混合所有制公司中的政府作为税收征集者，发挥着大股东的作用，可以监督公司管理人员，防止"内部人控制"现象。因此，国有股权带来的政府监督是在公司治理结构不完善、对管理人员缺乏有效外部监管机制情况下的次优选择。而且，国有股股东的引入可以保护公司免遭政府的恶意侵害。陈小悦、徐晓东（2001）指出，国有股比例的提高意味着获得政府保护、享受税收优惠的可能性上升。因此，"帮助之手"假设认为国有股股权可以帮助企业发展经营，即国有股对公司治理有积极作用。

关于实证研究，国外学者对于国有股在公司治理中的作用没有取得一致的结论。Boardman 和 Vining 发现西方国家的国有企业在民营化后，绩效有了显著提高，因此国有股股权不如非国有股股权有效率。La Porta 和 Florencio 发现墨西哥的国有企业在民营化后，主营业务收入在销售收入比重中显著上升，进而说明国有股权效率低下。Frydman 等以东欧的民营化企业为研究对象，发现在被民营化的公司中，国有股权对公司业绩有正面影响，而在没有被民营化的公司中有负面影响。通过对内蒙古民营化企业的研究，Anderson 等发现国有股是最有效率的一种股权类型。

国内的实证研究大多认为国有股与公司业绩负相关。许小年和王燕率先研究了我国上市公司股权所有者结构与公司业绩之间的关系。他们的实证分析结果表明，国家股所占比重对公司业绩（ROE，ROA）有负面影响。刘国亮和王加胜、杜莹、刘立国、胡国柳、蒋国洲都认为国家股比例与公司绩效负相关,只不过他们所使用的度量企业业绩的指标有所不同。Sun 和 Tong 发现,公司上市后,国家股对公司业绩存在负面影响。陈晓、江东则从行业的角度考察股权结构与公司绩效的关系,使用来自电子电器、商业和公司事业三个行业 1995 年底以前上市的公司在 1996~2000 年的数据进行实证分析,他们认为国有股负面影响的预期只在竞争性较强的电子电器行业中成立,在竞争性较弱的其他两个行业中则不成立。

也有一些学者指出国有股与公司业绩相关性不显著。陈小悦和徐晓东的实证结果显示国有股比例与公司绩效之间的相关关系不显著。高明华以 1997 年 375 家上市公司为样本,对国家股与净资产收益率和每股收益的关系进行偏相关分析检验,结果表明国家股比重与公司绩效不相关,在将国家股比重以 50%为界分组进行的独立样本的 T 检验同样表明国家股比重与公司绩效不相关。

另外一些研究指出国有股与公司业绩正相关。于东智所做的两两相关性检验的结果表明国家股与公司绩效呈弱正相关关系。其原因是,虽然国家股由于代理链条过长、所有者权能弱化等原因对公司绩效造成了负面效应,但由于政府对企业发展具有政策支持效用,上市公司通过国家股与政府维系良好的关系以及政府对国有资产监控力度加大等原因,使得国家股对绩效的正面作用超出了负面效应。

2. 法人股在公司治理中的作用

关于法人股在公司治理中的作用,学者们大多肯定其在公司治理中的积极监管作用。陈晓和江东认为,法人股虽不可在股市上流通,但可通过协议转让。法人进行股权投资的动机在于获得投资收益、跨行业经营以及实现规模经济等。上市公司的分红派息是其获得投资收益的主要途径,这也决定了法人股东不会以投机代替投资,而是倾向于长期投资。虽然难以通过在股票市场上自由转让股票影响股价而间接地影响公司经营,但他们将更有能力通过在股东大会上投票,在董事会中占有一席之地,直接参与公司决策。在国有股股东缺位严重,流通股东又难以参与企业管理的情况下,法人股大股东可能成为事实上的经营者和内部人①。杜莹、刘立国认为,法人股更具有"经济人"的人格化特征,有较强的监控动力。作为安定性股东,他们更有可能通过"用手投票"的方式积极地参与公司治理,从而对公司治理效率产生正面影响。

在实证研究方面,许小年和王燕的检验结果表明法人股比例与公司绩效正相

---

① 国有股股东缺位现象在各级国有资产管理委员会成立以后有一定程度的缓解。

关。张红军使用 TobinQ 度量公司绩效，发现法人股与 TobinQ 显著正相关。但是，他们进一步分析发现，TobinQ 和法人股东持股比例之间存在二次函数关系，二次曲线是"U"形而不是倒"U"形。即当法人股东的持股比例比较低时，公司价值随法人股东持股比例的增加而下降；当法人股东持股比例比较高时，公司价值随法人股东持股比例的增加而增加，当法人股东的持股比例大约为30%时，TobinQ 最小。于东智、杜莹、刘立国也都得出法人股与绩效指标正相关的结论。胡国柳、蒋国洲指出：法人股比例与上市公司业绩正相关，但对财务业绩及市场业绩影响的显著性存在差异，从而只能为有关法人股在公司治理中作用的"积极监管"假设提供有限的证据支持。法人股比例对公司财务业绩的正面影响不显著；而对公司市场业绩的正面影响是高度显著的。他们认为，中国上市公司的法人股东自身可能存在一定程度的代理难题，从而导致法人股东的经理人员没有足够的动机对其所投资的企业经理人员实施与其持股比例相称的监管努力，进而在公司治理中没有发挥其应有的积极监督作用；外部公众投资者可能认为法人股股东将在公司治理中发挥积极的监督作用，并预期法人股持股比例将与公司的财务业绩正相关，从而可能高估企业的价值。

另外一些学者认为，法人股与公司绩效之间的正向关系不明显或基本无关。刘国亮和王加胜认为法人股比重对公司绩效的影响虽不为负，但正面影响并不是很大。陈小悦和徐晓东的实证结果显示法人股比例与公司绩效之间的相关关系不显著。不过，他们在具体考察时间变化的影响后指出，虽然法人股对企业绩效的影响一直不显著，但却在不断地向显著方向发展。于东智指出对于法人股而言，尽管国有成分的存在可能使其最终的受益人不明确和产生一定程度的代理问题，但持股的法人股东可能出于对自身公司整体利益的考虑，而愿意在公司治理中发挥其大股东的"参政议政"作用，因此，法人股与公司绩效呈弱正相关关系，对公司绩效产生一定的正向作用。

3. 社会公众股在公司治理中的作用及效率

国内外学者普遍认为社会公众股在公司治理起消极监管作用。其原因如下：

第一，在对公司管理层或内部人的直接监管方面，社会公众股普遍存在着"搭便车"动机。Berle 和 Means 认为，公司股权越分散，股东"搭便车"（利用其他股东监督管理者的努力）的动机越强烈，原因在于，由于受到个人财富的限制，社会公众股一般只能持有上市公司股权的较少份额，当其积极监管时，获得的收益只能按其持股比例分享，而监管成本要由其个人全部承担。因此，他们要权衡监管的成本和收益，并就对管理者的监管与其他股东博弈，从而导致社会公众股东各自存在"搭便车"的动机。

第二，通过"用脚投票"代替"用手投票"。当社会公众股股东利益与管理者或大股东的利益发生冲突时，他们没有能力通过公司的内部治理机制对管理层或大股东实施直接的监督，只能通过"用脚投票"表达对公司管理层的不满，从而对管理层或大股东施加间接影响。

第三，大部分社会公众股股东以追求市场短期价差为目标，在这样的目标导向下，投资者的价值理念以短线买卖为主。于东智指出，在中国股票市场，分散的社会公众股股东主要对股票的短期利益（买卖价差）感兴趣，而对于参与公司治理的兴趣并不是很大。

第四，股权分置现象的存在。在我国股权分置改革前，上市公司的股本构成中国有股、法人股和社会公众股基本上是三分天下，由于国有股和法人股不能流通，经理人市场、资本市场及公司控制权市场发育十分缓慢，社会公众股股东难以利用"用脚投票"借助公司外部治理机制对公司内部人实施监督。

关于实证研究，国内大多数的实证研究表明社会公众股（流通股）与公司业绩负相关。许小年、王燕指出，流通股的比重与公司 MBR 有显著的负相关关系，而与以 ROA 和 ROE 衡量的公司业绩没有相关关系。陈小悦和徐晓东的实证结果表明：在公司治理对外部投资人利益缺乏保护的情况下，流通股比例与公司绩效负相关。于东智指出 A 股比例与绩效负相关。他认为，原因可能是由于我国上市公司股本结构中的可流通成分比例过小，导致了控制权市场的不完善，从而减弱了 A 股在公司治理中的作用，A 股股东既无信心也无耐心参与公司治理。

一些学者指出社会公众股（流通股）与公司业绩基本不相关或相关性不显著。高明华以 1997 年的 375 家和 1999 年的 473 家上市公司为样本，对流通股与 ROE 和 EPS 的关系进行了偏相关分析，结果表明流通股比重与公司绩效基本不相关。杜莹、刘立国认为流通股比例与企业绩效不存在显著相关性。

另外一些研究指出社会公众股（流通股）与公司业绩正相关。刘国亮和王加胜认为流通股与公司绩效正相关。胡国柳、蒋国洲指出社会公众股与公司市场业绩显著正相关，说明社会公众投资者认为公司流通股比例越高，企业的代理成本越小，从而高估企业的市场价值。在行业差异方面，陈晓、江东认为流通股对企业业业绩有正面影响的预期只在竞争性较强的电子电器行业成立，在竞争性相对较弱的其他两个行业则不成立。

可见，国内关于股权结构在公司治理中的作用的研究结果差异很大，甚至得出相反的结论。本书认为主要有以下原因：①受我国资本市场现状和公司制度安排的制约。我国资本市场尚处发展初期，规范化水平不高，股票发行制度、交易制度和市场监管制度还处在不断的演进与完善的过程之中，而任何一种制度的演变,都可能影响与股权结构和公司价值相关的变量,从而对股权结构与公司治理之间的关系产生影响使其表现出某种不确定性。从公司的制度安排看,我国上市公司的股权结构较发达国家的上市公司要复杂得多,且不同时期上市的公司的股权结构也有很大差别。由此,如果不同学者研究的是不同年度股权结构与公司价值之间的关系,则得出相异甚至矛盾的结论是很正常的事情。②样本选择和指标衡量的不同所致。由于经济景气、宏观政策环境、市场经营环境和政府监管部门监管力度的差异,不同时期上市的公司在治理结构和经营业绩方面的差别很大。一般说来,新上市的公司的业绩通常较好,而上市两三年或更长时间的公司的业绩可能会下滑。也就是说,上市时间是影响公司业绩的一个重要因素。在选择样本时,如果剔除上市时间短,经营业绩不稳定的公司,实证分析结果会更接近事实。因此,选取全部和选取部分上市公司做样本,得出的实证研究结论会大相径庭。从指标选择看,国内学者采用的衡量股权结构和公司价值的指标差异很大。比如,对国有股的分类与计量口径缺乏统一性,有的学者将国有股完全等同于国家股。衡量股权集中度和公司价值的指标差别更大。衡量股权集中度的指标有第一大股持股比例、前五大股东持股比例、前十大股东持股比例、赫芬达尔指数等多种;衡量公司价值的指标有每股收益、净资产收益率、总净资产收益率、市净率、主营业务利润率、TobinQ 等。由于所选择的指标不同,实证研究结论自然会存在差异甚至出现矛盾。③我国股权结构中关于法人股的分类越来越受到质疑。Tian 指出,法人股的分类标准是用来帮助管制股票交易行为的,并非真正是对投资者的分类。刘芍佳等指出法人股在讨论股权结构与公司绩效时实际上不是一个非常适用的概念,因为它没有资格成为中国上市公司的一个独立的终极控股主体。将国家控制的法人股作为一个独立的控股主体独立于国家之外的做法势必使许多从事股权结构对企业绩效影响的研究误入歧途。

总之,与股东和经理者之间的委托代理冲突相对应的常常是美国、英国、日本等分散的股权结构,由于缺乏控股股东对经理层的监管,所以小股东之间普遍存在着"搭便车"行为。在此背景下,公司治理的核心就是如何避免经理层损害股东的利益和保证经理层以股东利益最大化为经营目标,董事会制度、大股东治理是作为一种监管经理层的内部制度安排,而经理人市场、控制权市场、接管和代理权竞争等是作为监管管理层的外部制度安排,相比较而言,市场是最主要的约束力量。当然,美国、英国、日本等国家中完善的投资者保护体系也是规范公司治理、约束管理层的重要因素。

(三) LLSV 范式下股权结构与公司价值关系

众多的研究逐渐发现,世界范围内普遍存在的不是上述 B-M 范式股权结构,而是有着占据主导地位的控制性股东的股权结构,因此,研究股权集中下控制性股东与中小股东的代理问题方兴未艾。

LLSV 范式形成的背景为股权集中和存在着控制性股东,以东亚、西欧部分国家上市公司为代表,委托代理关系主要表现为控制性股东(实际控制人)与中小股东之间的关系。由于该范式发展时间较短,尚未形成系统的理论,只是形成诸如"侵占假说"、"激励效应"、"壁垒效应"、"替代效应"等结论。

Shleifer 和 Vishny 对 1980 年美国 500 家最大的工业企业 (Fortune500) 进行分析发现,在 456 家企业中,354 家企业至少有一位持股比例在 5% 以上的股东,只有 15 家企业的最大股东持股比例低于 3%,456 家企业的最大股东的平均持股比例为 15.4%,前五大股东的平均持股比例为 28.8%,规模较小的企业股权集中度更高。他们进一步分析了大股东的构成,表明有 149 家公司的大股东是在董事会设有代表的家族,90 家公司的大股东是养老金机构,117 家的大股东是金融企业,如银行、保险公司或投资基金等,最后 100 家公司的大股东是在企业中没有董事会席位但持有公司很大股份的家族。他们认为,大股东在约束经营者上能发挥重要作用,表现在:①监督管理层;②促进接管活动;③方便第三方的收购;④与在位的管理层进行非正式的谈判来实施变革。总之,由于大股东拥有足够多的权益,对他们来说,进行一些监督管理层的活动是值得的。只要接管和变革增加的利润足以抵补成本,他们就会努力进行接管和变革。

Shleifer 和 Vishny 从代理理论的角度研究公司治理机制,他们将研究视角扩展到美国、日本、德国等法律保护较好的国家以外的其他国家,如转型经济国家或一些欧洲大陆国家(如意大利)等缺少对投资者法律保护的国家,他们认为投资者的法律保护和所有权的集中是公司治理的两种机制。在世界上大部分国家,集中的所有权能降低代理成本,因此,公司治理主要由大股东来实施。但是,大股东也带来新的成本,即他们对其他投资者和利益相关者的侵占。他们的研究揭示了两类代理成本的存在,并认为后一类代理成本是大多数国家普遍的现象。

关于大股东与小股东代理问题研究的时间较短,目前尚未形成一套完整的体系。很多研究只是从不同的角度、运用不同的方法,在不同的国家或地区寻找大股东乃至实际控制人掠夺小股东的证据。从研究手段上来看,常用的方法是检验控制性股东的现金流量权 (cash flow rights)、投票权 (voting rights) 以及现金流量权、投票权之间的分离程度与企业的会计绩效和(或)市场价值之间的关系,从而间接为控制性股东掠夺小股东提供证据。这种方法被称为间接衡量法，该方法不直接分析控制性股东究竟采用什么手段转移其所控制的上市公司的资源，因为很多转移手段非常隐蔽，根本无法证实（如果容易证实的话，大股东也不敢明目张胆地转移公司的资源了）。之所以采用间接衡量法是因为这种方法具有很强的直觉，即控制性股东如果通过各种不易被证实的手段转移上市公司资源掠夺小股东，那么一定会表现在企业的经营业绩或者市场价值上。此外，这种方法数据收集相对容易。从研究角度看，可以从所有权与控制权的分离与企业价值的关系、股利政策、盈余管理、控制权转让等方面为控制性股东掠夺小股东提供间接证据。

控制性股东的所有权特征与企业价值关系的研究如下：

1. 国外文献

所有权特征是指控制性股东持有的上市公司的控制权与所有权的比例及分离程度。控制权是指投票权，即控制性股东依其持有的股份所代表的投票权比例，如对企业重大事项的投票决定权。所有权是指现金流量权，即控制性股东持有的股份所代表的在上市公司的利益关系，如参与上市公司利润分配的权利比例。在"一股一票"的原则下，如果控制性股东直接持有上市公司的股份，那么，投票权和现金流量权是合一的；如果控制性股东通过金字塔、交叉持股等方式间接持有上市公司的股份，那么，投票权与现金流量权会发生分离。在金字塔持股结构下，控制性股东位于金字塔顶端，上市公司位于金字塔最底层，两者之间还有许多中间公司，而这些中间公司在位于金字塔最顶层的控制性股东的控制之下，这样，控制性股东就通过这种层层控制关系控制位于金字塔最底层的上市公司，通过持有较少的股份达到控制上市公司的目的。在这种金字塔结构的企业集团中，最容易出现控制性股东掠夺小股东的现象。因为处于金字塔顶端的控股股东能够分离控制权和所有权，通过集团内各企业之间的关联交易转移上市公司资产。

最早研究控制性股东的两权分离与企业价值关系的是 La Porta、Lopez-de-Silanes 和 Shleifer（1999），此后 Claessens、Djankov 和 Lang（2000）；Claessens、Djankov、Fan 和 Lang（2002）；La Porta、Lopez-de-Silanes、Shleifer 和 Vishny（2002）以及 Faccio 和 Lang（2002）在实证研究中通过计算控制性股东的现金流量权与投票权的分离程度，并分析这种分离程度是否对企业价值具有负面影响，进而间接证明控制性股东是否通过分离所有权与控制权掠夺小股东。他们的开创性研究为控制性股东与小股东的代理问题的实证研究找到了一种合理的研究范式。此后，几乎所有关于控制性股东与小股东的代理问题的实证研究都采用这种研究范式进行分析。他们的研究主要从两个方面展开，首先分析上市公司的所有权特征,主要是计算控制性股东对所控制上市公司的所有权、控制权及分离度,其次分析控制性股东的治理效应,包括控制性股东的激励效应和壁垒效应。

La Porta 等分析了 27 个发达国家的 600 多家大公司的所有权结构。他们根据关联集团公司的公司链,寻找每家公司的最终控股股东,结果发现除少数几个投资者保护较好的国家外,大部分国家的公司股权都集中在控制性股东手中,而且控制性股东大多数是家族而不是金融机构或其他机构。控制性股东在上市公司中的控制权一般都超过其现金流量权。控制性股东通常通过金字塔结构控制上市公司,而较少应用多重股份(multiple classes of shares)和交叉持股结构(cross-share holdings)。由于其他股东无法有效地监督控制性股东行使控制权,因此,掌握企业控制权的控制性股东有很强的动机和权力推行有利于他们的战略,而这些战略有损于小股东利益。此外,他们还重点分析法律与投资者保护的关系,发现在投资者保护较好的普通法系国家所有权比较分散,而在投资者保护较差的国家所有权相当集中。他们还发现,大多数公司的高级管理者并不是像 Berle 和 Means 所说的由职业经理所控制,而是由控制性股东派出自己的代表或家族成员直接担任,这样,控制性股东和企业高级管理层既有权力也有动机掠夺小股东。

Claessens 等(2000)分析了东亚九个国家和地区的 2980 家上市公司的所有权与控制权及分离情况。研究发现,控制性股东通过运用金字塔结构和交叉持股方式分离所有权与控制权。在家族控制的公司和规模较小的公司,所有权与控制权分离程度特别大。同时,企业的管理层与控制性股东相分离的情况很少,约 60%公司的高级管理者是由控制性股东的成员担任,这说明控制性股东一方面通过金字塔结构和交叉持股方式分离所有权与控制权,另一方面通过派出自己的家族成员担任上市公司的高级管理者,达到强化对上市公司控制的目的。进一步分析发现,经济发展水平较高的国家,控制权的集中程度相对较低;发展水平较低的国家,少数几个大家族控制了大部分上市公司的资产。

Claessens 等进一步分析了东亚九个国家和地区上市公司的控制性股东掠夺小股东的问题,他们用所有权/控制权表示所有权与控制权的分离程度,并假设:当所有权与控制权的分离程度较高时,控制性股东有更多的机会通过集团内企业之间的关联交易掠夺小股东。理性的小股东意识到控制性股东有这种掠夺的风险,对企业的估价降低,只愿意为股票支付较低的价格,不愿意为公司提供更多的资金。因此,控制性股东对上市公司的控制越强,所有权与控制权的分离程度越大,企业的市场价值越低。实证研究发现:①企业的市场价值与控制性股东的现金流量权正相关,因此,控制性股东在企业中的所有权具有"激励效应"。②企业的市场价值与控制性股东的控制权负相关,当控制权超过所有权越多时,这种负相关关系越显著，因此，控制性股东的控制权对上市公司存在"壁垒效应"。③在东亚地区的上市公司中，控制性股东通过金字塔结构、交叉持股和多重股份分离所有权与控制权，进而达到掠夺小股东的目的，控制性股东掠夺小股东是东亚国家（地区）乃至世界上大多数国家上市公司主要的委托代理问题，这种代理问题会产生极大的社会成本，浪费很多有利可图的投资机会。

La Porta 等将 Jensen 和 Meckling 的利益一致性假设① 扩展到控制性股东中，他们建立了一个模型将控制性股东的这种激励效应和法律对小股东利益的保护进行模型化。他们假设：控制性股东的现金流量权越大，对小股东的掠夺越小，企业价值越大；法律对小股东权利的保护越好，对小股东的掠夺越小，企业价值越大。以 27 个发达国家前 20 家最大的企业共 539 个观察值为样本，对上述假设进行检验。实证研究的结果与理论模型一致，即投资者保护越弱，企业价值越低；控制性股东在上市公司的现金流量权越高，企业价值越高，特别是在投资者保护弱的国家，这种激励效应更显著。这个结果与 Claessens 等在东亚地区的研究结果基本相同。La Porta 等的研究结果除了间接地为控制性股东掠夺小股东提供了证据，还说明法律在限制控制性股东掠夺小股东方面具有重要作用，投资者的保护能够使企业获得更多的外部资金用于投资，进而促进金融市场的发展和经济增长，从这个角度说，他们的研究开辟了"法与金融学"研究的新领域。

Lemmon 和 Lins 研究了东南亚金融危机期间企业所有权结构对企业价值的影响。他们假定，东南亚金融危机对企业的投资机会具有负面影响，导致控制性股东有很强的动机掠夺小股东。他们对东亚八个国家的 800 家上市公司进行实证分析，结果发现，在东南亚金融危机期间，容易受到控制性股东掠夺的企业比其他企业的 TobinQ 多下降 12%，股票收益率多下降 9%。因此，在企业投资机会减少的时候，公司治理结构对于限制内部人掠夺小股东具有重要作用。

以上研究主要是比较在不同的国家，控制性股东与小股东的代理问题有何不同。受他们研究的启发，一些学者开始分析在一个国家的不同企业中控制性股东与小股东的代理问题。

Joh 以亚洲金融危机之前的 5829 家韩国公司为样本，分析所有权结构以及控制性股东与小股东之间的利益冲突问题。结果发现，即使持有较少的股权，控制性股东也会掠夺其所控制的公司资源。控制性股东的所有权越大，企业的赢利能力越强，这与 La Porta 等的结论一致，说明现金流量权具有激励效应；企业的所

---

① Jensen 和 Meckling（1976）指出，提高管理者在企业中的现金流量权有利于将管理者的利益与股东的利益一致起来。

有权与控制权的分离程度越大,其赢利能力越低,说明控制性股东通过分离所有权与控制权侵害小股东。控制性股东(特别是大型企业集团和上市公司的控制性股东)通过关联交易侵害小股东利益,韩国的公司治理制度没有很好地阻止控制性股东掠夺小股东,使得企业业绩长期恶化,大量业绩低下的企业长期占有社会资本,进一步导致资源无效配置、大量的贷款无法按时还本付息,破坏了金融部门的正常运转,进而引发金融危机。

Bertrand 等对印度的集团企业的分析发现,在企业集团内,控制性股东通过金字塔结构或交叉持股方式加强对上市公司的控制,大肆转移上市公司的资源。这些控制性股东仅以少量的资本就能够获得上市公司的大部分控制权,严重恶化控制性股东与小股东之间的利益冲突。

Yeh 等分析了台湾上市公司的最终控制权结构和控制性股东对小股东的掠夺程度。结果发现,控制性股东能够通过金字塔结构和交叉持股方式强化对上市公司的控制。控制性股东的现金流量权与企业价值正相关,他们以两种方法衡量控制性股东对小股东的掠夺程度:①控制性股东的现金流量权与所有权的分离程度;②控制性股东将其持有的股份抵押出去的程度。通过检验企业价值与控制性股东对小股东的掠夺程度的相关关系,他们发现控制性股东的现金流量权与控制权的分离程度越大,企业价值越小;控制性股东抵押出去的股份越多,企业价值越小。此外,他们认为,控制性股东常常通过复杂的金字塔结构和交叉持股方式逃避监管,所以加强控制性股东的信息披露,使投资者更清楚地了解上市公司实际控制人的相关信息,有利于减少控制性股东对小股东的掠夺。Volpin 研究了意大利上市公司的股权结构与高级管理层更换率及企业价值的关系,结果发现,如果控股股东同时也是公司的高级管理者,且企业的控制权仅掌握在一个股东手中,以及当控股股东拥有上市公司的所有权少于 50%时,控股股东对其他股东的掠夺最严重。

2. 国内文献

上述研究是在东亚和西欧资本市场全流通的背景下进行的,因此他们的结论并不一定完全适合中国的情况。况且中国 2/3 的上市公司的实际控制人是政府,与东亚、西欧的情形有很大差异。但是,中国在 2003 年以前关于实际控制人的研究并不是很多,其原因主要是缺少实际控制人的详细资料。2001 年 8 月,证监会发布了《公开发行证券的公司信息披露内容与格式准则第 2 号〈年度报告的内容与格式〉》,要求上市公司在年度报告中按照控股股东的披露内容披露实际控制人的情况,该规定首次提出对实际控制人的披露要求,但具体披露内容不是很明确,导致 2001 年、2002 年实际控制人的披露情况与证监会的预期存在很大差距,很多公司并没有在年度报告中披露实际控制人的股权情况。2004年修订的年度报告准则中要求上市公司以方框图的形式披露公司与实际控制人的产权和控制关系。此规定有助于投资者了解从控股股东到实际控制人的所有权、控制权及其他相关信息。可以说,我国上市公司相对规范的实际控制人的披露从2004年年报开始。2007年修订的年度报告准则则进一步明确实际控制人应披露到自然人、国有资产管理部门,或者股东之间达成某种协议或安排的其他机构或自然人,包括以信托方式形成实际控制的情况,并要求同时以方框图和文字的形式披露公司与实际控制人的产权与控制关系。可见,监管部门对实际控制人的认识在逐步深化,并更加关注实际控制人对公司可能带来的影响,加大了对披露实际控制人信息的要求。

证监会对信息披露准则的修订提高了上市公司信息披露的透明度,使得投资者可以准确了解上市公司与实际控制人之间的产权与控制关系,同时为实际控制人研究提供了数据。

刘芍佳等(2003)应用终极产权论对中国上市公司的控股主体进行分类,发现中国84%的上市公司最终仍由政府控制,而非政府控制的比例仅为16%,因此上市公司的股本结构仍然是国家主导型的。他们按照新的控股主体分类标准对不同的控股类型——如国家直接控股模式与国家间接控股模式等,进行了绩效筛选比较,发现中国上市公司的股权结构与公司绩效密切相关。但是,仔细研究其构造的2001年中国上市公司的股权结构图发现,刘芍佳等似乎并没有完全追溯到上市公司的最终的实际控制人。

赖建清、吴世农(2004)以沪深股市2002年上市公司为样本,从现金流量权与控制权的偏离程度、占据的董事席位比例与控股比例的偏离程度两个方面考察了上市公司最终控制人①与经营绩效之间的关系,他们认为最终控制人的现金流量权与控制权的偏离程度不影响公司绩效,其结论与国外的实证研究结论明显不一致。他们将不一致归因于中国资本市场的股权分置现象,并认为即使解决全流通问题之后,最终控制人占据过多董事席位的问题可能依然存在,分离现金流量权与控制权所导致的负面效应也可能替代股权分置效应,因此最终控制人侵害外部投资者利益的行为未必能够得到有效遏制。

叶勇(2005)以2003年深圳证券交易所和上海证券交易所上市的1260家上市公司为样本进行分类,通过追踪上市公司终极控制股东,发现终极控制股东拥有的控制权平均为43.67%,而其投入的现金流量权平均为39.33%,即控制股东

---

① 他们文中的最终控制人与本书的实际控制人的含义相同。

投入的现金流量权显著小于其获得的控制权,两者的比值为 0.89。在三种终极控制股东中,家族企业投入了相对较少的现金流量,却取得了相对较多的控制权,控制权和现金流量权的偏离达到了 49.16%。

王鹏、周黎安根据 2001~2004 年中国 A 股市场数据,研究了控股股东[①]的控制权和现金流权[②](即所有权)对公司绩效的影响,结果表明控股股东的控制权有负的"侵占效应",现金流权则有正的"激励效应";控制权的"侵占效应"强于现金流权的"激励效应";随着两者分离程度的增加,公司绩效将下降,并体现出递增的边际效应。

此外,部分学者单独研究控制性家族对上市公司价值的影响。苏启林、朱文以 2002 年在上海、深圳证券市场上公开交易的 128 家家族类上市公司为基础进行实证研究,发现中国资本市场上家族类上市公司中既存在所有权层面的控制权与现金流权分离所形成第一重代理关系,也存在家族企业主与家族/非家族雇员在管理层面形成的第二重代理关系。研究发现,前者对家族类上市公司价值具有负面影响,而后者则具有双面影响。谷祺等以 121 家家族上市公司为样本,对现金流权、控制权、现金流权与控制权的分离率以及影响公司价值的诸多因素进行细致的分析。结果表明,我国家族上市公司现金流权与控制权的分离率平均为 62%,分离程度在东亚地区最高。他们认为,我国家族上市公司价值与现金流权比例显著负相关,与控制权比例显著负相关,与独立董事人数占董事会比例、负债规模、净资产收益率不相关,与公司规模显著负相关;现金流权与控制权的分离率与公司规模显著负相关。

二、股权结构与公司负债关系

(一) 国外研究

Bebchuk 等认为,负债是一种解决公司治理问题的机制,所有权与控制权分离度高的公司具有较高的负债水平。Faccio 等指出,在欧洲和亚洲的上市公司中,债务制约效应存在差异。在欧洲,金字塔结构下债务制约效应明显,公司负债水平较低。在东亚,金字塔结构有利于控制性股东对公司的剥夺,公司负债水平较高。Himmelberg 等指出,控制性股东出于分散风险的考虑会选择较低的负债水平。Du 和 Dai 对东亚九个经济体上市公司的实证研究表明,在所有权和控制

[①] 该文中的控股股东是指实际控制人。
[②] 该文以及谷祺等 (2006) 文中的现金流权与本书的现金流量权含义相同。

权分离度大的公司，控制性股东往往提高公司债务水平。Nor 和 Ariffin 以马来西亚困境公司为研究对象的实证分析表明，源于金字塔持股的所有权和控制权的分离导致困境公司更高的债务水平。Chong 发现，在东亚八个经济体的上市公司中，所有权和控制权分离度高的公司使用更多的银行债务、更高比例的短期债务和更多的商业信用。Boubaker 对法国公司的实证分析表明，由于债务供给的限制，所有权和控制权分离度大的公司具有较低的债务水平。

（二）国内研究

韩亮亮、李凯的研究发现，在我国民营上市公司中，终极股东控制权一致性与总资产负债率、流动负债率显著正相关，终极股东控制权/现金流权偏离度与总资产负债率、流动负债率显著负相关。俞红海等认为，控股股东现金流权与过度债务融资显著负相关，法制环境的改善、政府干预减少能显著降低过度债务融资规模及过度长期债务融资。肖作平发现，终极控制股东的所有权和控制权分离度与债务水平显著负相关，政府干预与债务水平显著正相关，终极控制股东的所有权和控制权分离度与债务水平之间的负相关关系受政府干预的影响变弱。

（三）研究述评

上述文献关于所有权和控制权的分离度究竟如何影响公司负债水平以及影响的方向尚未取得一致结论。此外，上述研究大多只是单独考察控制性股东的所有权与控制权的分离如何影响公司资本结构选择，没有综合考虑控制性股东的股权结构对上市公司资本结构的影响，没有把制度视角（如投资者法律保护、政府干预等）纳入研究框架，没有系统分析实际控制人的股权结构特征如何影响公司负债水平。

三、股权结构与控制权私人收益关系

（一）国外关于控制权私人收益的研究

1. 控制权私人收益的含义与种类

控制权私人收益的概念最早由 Grossman 和 Hart 提出，他们指出：控制权私人收益是指控制性股东通过对控制权的占有和使用所获取的全部价值之和，包括关联交易、对公司机会的利用、利用内幕交易所获得的全部收益以及过度报酬和在职消费等。早在 1976 年，Jensen 和 Meckling 就提出"控制权是有价值的"思想，他们指出"享有所有权的经理会制定使他利益最大化的经营决策，这些经营决策不仅包括他从经营决策中获得的利益,而且包括他从他的企业家活动中得到的各种各样非金钱方面的效益,诸如办公室的职务任命……"。只不过他们所指的控制权价值主要是指经理人员的在职消费。

从1988年至今,西方学者对控制权私人收益的定义与种类做了许多相同或不同的界定。Aghion和Bolton认为控制权私人收益主要表现为一种"精神上"的价值(psychic value),如企业的高级管理者可以从指挥别人的行为中获得愉悦,大型企业的高级管理者能够得到社会的尊重和关注等。Holderness指出控制权私人收益可以是货币的,也可以是非货币的。Mueller指出控制权私人收益中非货币收益和货币收益同等重要,其中包括与掌握公司控制权相伴的社会地位、声誉等,特别是控制性股东是公司的建立者时非货币收益更为重要。

此外,一些学者从转移性的维度界定控制权私人收益。Bebchuk和Kahan指出,控制权私人收益是"任何为控制性股东所占有的并且不能为其他股东所分享的收益"。这一定义的立足点在于控制权私人收益不可以和其他股东分享,并且强调控制权私人收益通过转移(侵占)中小股东的利益来实现。Coffee指出,控制性股东转移收益而获得控制权私人收益的行为包括低价转移资产、过度报酬等。

Ehrhardt和Nowak对上述问题做了一个比较全面的综述,并从货币性和转移性两个维度把控制权私人收益分为四类,如表2-1所示。

表2-1　Ehrhardt和Nowak关于控制权私人收益所做的分类

	货币(隧道)性	非货币性
转移性高	1. 关联交易(self-dealing): 超额报酬;转移资源; 以任意价格转移资产; 廉价贷款和担保	3. 乐趣(amenities): 赢得世界的瞩目; 拥有奢侈的商品; 影响公众的观点
转移性低	2. 股权稀释(dilution): 内部交易;掠夺和压榨; 不公平的并购;低价股的发行	4. 声誉收益(repution): 社会威望;家族的相传; 关系的提升;个人关系

Dyck和Zingales从控制性股东与小股东的代理冲突的角度来定义控制权私人收益。他们认为,企业的资源和经营成果并不能为所有的股东按其拥有的股份等比例地分享,而常常被控股股东排他性地享有,这种为控股股东排他性地享有的收益就是控制权私人收益。

2. 控制权私人收益的计量

目前国外计量控制权私人收益的方法主要有三种,均采用间接的方式。正如

Dyck 和 Zingales 所说:"直接测量控制权私人收益是非常困难的,非货币性收益在本质上很难量化。此外,只有在非常困难或者不可能证实控股股东攫取公司资源来获得个人收益的行为时,控股股东才会这么做。如果控制权私人收益很容易度量,那么这些收益就不再是私人的,因为外部股东可以通过法律要求得到这些收益。"

（1）股权转让溢价法

该方法由 Barchay 和 Holderness 提出,其基本思想是:受让方在进行大宗股权交易时预期会有两种收益:①为所有股东享有的预期股利和现金流的收益;②为控制性股东所独享的私人收益。第一种收益由股票的市场价格反映,第二种收益由大宗股权交易价格反映。因此,当控制权发生转移时,受让方为获取控制权所支付的价格与控制权转移事件宣告后交易日的收盘价之间的差额就反映了控制权私人收益。其公式为:

$$PBC = \left(\frac{P_b - P_e}{P_e}\right) \times \frac{N_b}{N_e}$$

其中,PBC 表示控制权私人收益,P_b 表示获取控制权而支付的股票价格,P_e 表示宣布控制权转移后第二天的股票收盘价,N_b 表示大宗股权转让的股份数,N_e 表示公司发行在外的股份总数。此方法适用于测算发生大宗股权转让事件的公司控制权溢价水平。他们分析了 1978~1982 年纽约证券交易所和美国证券交易所发生的 63 项私下协议的大宗股权交易价格,发现交易价格明显高于消息被宣布后的市场价格,溢价平均值为 20%。由于这种方法简单实用,是实证研究中应用最多的方法。

实际上,这种方法主要是基于股权转让的市场反应,但是,在大宗股权转让的市场表现方面,有些研究结果发现有正的市场表现,有些研究结果则没有发现正的市场表现。Barclay 和 Holderness 证明了如果不考虑大宗股权交易买卖双方的交易价格,市场会对大宗股权转让有正的价格反映;而且,大宗股权交易发生后,新的大股东掠夺公司财富的威胁没有出现,这可能是因为大宗股权交易发生后,新的大股东的持股比例都超过了 50%,大股东没有更强的动机掠夺公司财富。但是,更近一些的研究发现,大宗股权转让并不一定有正的市场反应。Sudarsanam 发现,即使在大宗股权转让后没有发生企业接管活动,大宗股权转让的成本也远远大于好处。Banerjee 等发现,在法国,大宗股权交易没有产生超常表现,不过他们认为,买方的类型不同,大宗股权转让的价值效应也不同,这意味着,只有在一定的条件下（如买方的类型不同）,大宗股权转让才能够创造价值。他们甚至认为,如果大宗股权转让给控股公司,很有可能破坏企业价值。

Bethel 等的研究表明，在美国，金融或战略投资者购买大宗股权并没有明显的市场反应，只有积极股东（active shareholders）购买才有显著的正的市场表现，而这些积极股东通常收购绩效较差的公司股权，然后寻求重组手段，从而改善目标公司的绩效。此外，Keim 和 Madhavan 发现，在美国，市场对大宗股权交易的反应取决于交易是由买方还是卖方发起。如果是由买方发起的，宣告日前后的超常表现通常是正的，如果是卖方发起的，宣告日前后的超表现则通常是负的。而且，对于买方发起的大宗股权转让，不存在短期价格影响（即交易后超过一个月的 CAR）。而对于卖方发起的大宗股权交易，则存在短期价格影响，且显著为负。

Dyck 和 Zingales 对 Barchay 和 Holderness 的方法加以改进，他们引入谈判力系数 λ 修正控制权私人收益，并进行了国际比较。其公式为：

$$PBC = \lambda B_b + (1-\lambda)B_s - \alpha(1-\lambda)(Y_b - Y_s)$$

其中，λ 表示谈判力系数，B_b、B_s 表示由受让方或转让方取得的私人收益，α 表示转让的股权比例，Y_b、Y_s 表示由受让方或转让方所产生的证券收益。他们以 1990~2000 年 39 个国家 393 起大宗股权交易事件为例，发现控制权私人收益平均为 14%，其中日本最低为 –4%，巴西最高为 65%。

Atanasov 估计了保加利亚上市公司的大宗股权转让中的控制权私人收益，发现大宗股权转让价格竟然达到公开交易市场价格的 10 倍。他认为，大股东能够获得如此高的溢价是因为，保加利亚在大规模的私有化过程中，小股东的利益保护机制严重缺乏，使大股东可以肆无忌惮地侵害小股东利益。

Trojanowski 以波兰上市公司的大宗股权交易为样本，研究大宗股权转让对企业价值的影响后发现，在波兰大宗股权转让的溢价远远小于发达市场。这似乎与 Dyck 和 Zingales 的结论不太一致。他认为溢价水平低的原因是大股东榨取控制权私人收益的机会不仅决定于其持股规模，而且也决定于其他大股东在上市公司中的相对权力。此外，流动性成本（liquidity costs）对大宗股权转让的溢价水平具有负面影响；在公开交易市场自由流动的股票（free float）比例越大，大股东对小股东的掠夺越严重，因为自由流动的股票一般由小股东持有，大股东只要掌握相对较少的股权，就可以有效地攫取大部分控制权私人收益，而只需承担一小部分相关成本。

（2）投票权溢价法

该方法由 Lease 等提出，适用于测算具有差别投票权股票的公司控制权私人收益。他们的研究表明：当一个企业有两种发行在外的股票，两种股票别的权力都一样，仅在投票权上有所区别，则拥有较多投票权的股票通常比没有投票权或拥有较少投票权的股票存在一定的溢价。

这种方法需要具备一个最基本的条件，即同一家企业的股票具有相似或相同的股利支付权但具有不同的投票权。根据这些具有不同投票权股票之间的价格差，可以估计控制权私人收益。如果控制权是有价值的，那么企业的投票权（决定控制权的分配）也就有价值。不过，这种方法有很大的局限性，因为很多国家不允许发行双重性质的股票。此外，这种方法没有直接在控股股东与小股东的代理理论框架下分析问题。Zingales 开始从这个角度进行探索，他认为，在不考虑股利或流通性的情况下，投票权的价值等于有投票权的股票价格与没有投票权的股票价格之差，在竞争性的控制权市场中，外部有投票权的股东会获得那些仅仅属于控股股东所有的控制权私人收益。他所使用的公式为：

$$VP = \frac{P_v - P_{nv}}{P_{nv}}$$

其中，VP 表示控制权私人收益，P_v 表示有投票权的股票价格，P_{nv} 表示没有投票权的股票价格。他以米兰证券交易所为例，发现 1987~1990 年意大利上市公司具有较高投票权的股票相对于没有投票权的股票有高达 82% 的溢价。Zingales 发现，美国上市公司的投票权股票相对于没有投票权股票，可以取得大约 3.02% 的控制权溢价收益。Nenova 研究了 1997 年 18 个国家的 661 家发行双重投票权的企业，发现控制权私人收益在各个国家差别较大，芬兰最低约为 0，南非最高几乎达到 50%。各国普遍存在的较高的投票权溢价证明了控股股东能够从其控制权中攫取控制权私人收益，而这些收益并不能为小股东分享。在新兴市场，Chung 和 Kim 发现韩国大公司的控制权私人收益约为企业股权价值的 10%。

（3）控股股权交易与非控股股权交易差价法

该方法由 Hanouna 等提出，他们认为：控制性股权交易价格和小额股权交易价格的差额能够衡量控制权价值。该方法适用于测算同时发生控制性股权交易和小额股权交易的公司控制权私人收益的价值。其公式为：

$$V = \frac{[(P/B)_e - (P/B)_m]}{(P/B)_m} \times 100\%$$

其中，V 表示控制权私人收益，$(P/B)_e$ 表示单宗控制权交易每股价格与标的公司每股净资产的比率，$(P/B)_m$ 表示单宗小额股权交易每股价格与标的公司每股净资产的比率，$(P/B)_m$、$(P/B)_e$ 表示股权溢价。Hanouna 等对西方七国在 1986~2000 年发生的 9566 宗收购案例进行分析，根据产业类别和交易时间将控制性股权交易和小额股权交易进行配对，发现控制性股权交易价格平均比小额股权交易价格高出 18%。

3. 控制权私人收益的影响因素

尽管计量控制权私人收益有不同的方法，但在分析其影响因素时，大多数文献从三个方面进行论述。

一是公司治理水平层面。从公司治理水平层面上研究影响控制权私人收益水平的因素的文献比较多。Barchay 和 Holderness 认为控制权私人收益与公司规模、所有权结构和公司业绩成正比。Claessens 等基于九个东亚国家和地区的市场公开数据的实证研究发现控制权私人收益与控制权和所有权的分离程度正相关。Igor Filatotchev 和 Tomasz Mickiewicz 在分析债务融资影响控制性股东侵占决策进而影响控制权私人收益的因素时发现，控制权私人收益大小与所有权集中度、债务利息率负相关，与控制性股东出资额、项目折旧率正相关，债务融资对控制权私人收益的约束作用有限，并且当控制性股东通过关联交易给公司提供贷款时会激发侵占行为以提高控制权私人收益水平。

二是行业特征层面。Demsetz 利用美国公开数据就行业特征对控制权私人收益的影响进行研究，结果发现传媒业和娱乐行业的控制权私人收益普遍较高；而传统产业由于固定资产比例较高使得内部人转移资产比较困难，控制权私人收益较低。Dyck 和 Zingales 通过跨国比较研究发现批发业、金融业、运输业以及公共服务业比制造业拥有更高的控制权私人收益。

三是治理环境层面。考虑到各国经济制度的差异，一些文献尝试从治理环境角度考察各国控制权私人收益水平的差异并进行国际比较。从治理环境角度将控制权私人收益的影响因素与投资者保护的相关研究联系在一起。Zingales 在分析控制权私人收益的决定因素时指出，法律对小股东权利保护得越好，控制权私人收益越小，因此，加强对小股东的法律保护和司法体系的质量，可以在很大程度上减小控制权私人收益，有效地制约控股股东对小股东利益的侵害。La Porta 等通过对各国的法系研究指出处于民法系的国家，与处于普通法系的国家相比，对中小投资者的保护更为不力，控制权私人收益的水平也更高，大股东侵占行为更为普遍。Dyck 和 Zingales 的跨国比较研究表明，小股东的法律保护水平越高，司法体系越有效，控制权私人收益水平越低，这个结果支持了 La Porta 等关于法律及司法体系对小股东保护的重要性的结论；此外，新闻和其他传播媒体对大股东的信息披露、投资者受教育水平以及产品市场的竞争性等都有利于抑制控股股东攫取控制权私人收益。

4. 控制权私人收益的其他相关研究

控制权私人收益的其他相关研究比较广泛，主要集中在控制权私人收益实现的路径、控制权私人收益的外部影响和控制权私人收益大小的国际比较等方面。

(1) 控制权私人收益的实现路径

控制权私人收益的实现途径主要是指控制权私人收益中的货币收益的实现途径。总的来说，实现的途径包括两种：隧道挖掘（tunneling）和构建金字塔（pyramid）。La Porta 等将"隧道挖掘"定义为控制性股东从公司转移资产的行为。隧道挖掘包括两种形式：①控制性股东通过关联交易转移公司资产来提高自身收益的行为，包括违反法律的直接造假行为和法律没有明确规定的关联交易中的优势定价、在职消费以及占有公司机会等行为；②控制性股东不通过转移任何资产而通过稀释股票价值、冻结中小股东等歧视中小股东的行为来获取利益。这两种形式的隧道挖掘行为都成为控制性股东获得控制权私人收益的手段，这些手段侵害了中小股东的利益，而且这些行为并不能完全为法律所禁止。

此外，La Porta 等和 Claessens 等研究认为，通过构建金字塔形的控制结构可以实现所有权和控制权的分离，控制性股东便可以借助这种控制结构攫取控制权私人收益。Edwards 和 Weichenrieder 对德国市场的研究也发现在金字塔形的公司所有权结构下，控制性股东更加注重获得控制权私人收益，进而损害企业价值。

(2) 控制权私人收益的影响

控制权私人收益的独占性特征导致拥有控制权的一方在获得控制权私人收益的同时造成多方面的外部影响。这种影响不仅仅体现在对公司决策、投资者利益的影响上，而且推动了不完全契约理论的发展以及对控制权配置机制的认识。首先是对最优控制权配置的影响。Aghion 和 Bolton（1992）以及 Hart（1995、2001）以不完全契约理论为基础在研究最佳的控制权配置机制的问题中指出，由于企业可以产生可证实的货币收益（x），但企业家拥有不可证实且不可让渡的控制权私人收益（y），从而导致单纯追求货币收益的投资者与既追求货币收益又追求私人收益的企业家之间产生利益冲突。而解决这种冲突的关键在于如何有效配置控制权以实现总收益（x+y）的最大化。然而最佳的控制权配置方式受到控制权私人收益的影响，并且当控制权私人收益与社会总收益变化同方向时，将控制权配置给企业家是最佳的。

其次是对公司决策的影响。由于公司实际的决策制定者是控制性股东，那么追逐控制权私人收益必然影响公司的决策。Bebchunk 指出，当公司要面向公众时，公司最初所有者在决策是否保持对公司控制权的锁定时受到控制权私人收益大小的显著影响。当控制权私人收益很大时，控制权具有很高的价值，那么最初的所有者就会保持对公司的控制权。Doidge 等对外国公司决策到美国上市与控制权私人收益的关系进行研究时发现，由于美国证券市场管制和披露机制更加健全，当控制权私人收益很高时，这些公司不愿意到美国上市；并且，当公司在美国上市后，控制性股东所能获得的控制权私人收益水平明显下降。

最后是对其他利益相关者的影响。控制性股东为了维护既有的控制权私人收益，会选择对自身有利的融资方式和所有权结构，这势必会影响到其他利益主体的利益。从对投资者利益的影响来看，现有研究普遍认为控制权私人收益的存在降低了企业价值。Holderness 指出"控制权私人收益不一定降低小股东的权益"的观点是不对的，即便是非货币的控制权私人收益也最终导致小股东权益的降低。Ehrhardt 指出，任何不为小股东所分享的私人收益，无论是货币的还是非货币的，都会激励控制性股东做出偏离公司总价值最大化的决策。

（3）控制权私人收益大小的国际比较

Hanouna 等（2002）、Nenova（2003）、Dyck 和 Zingales（2004）都做了控制权私人收益的国际比较，总的结论是，发达国家或地区的控制权私人收益水平低于发展中国家（地区）。控制权私人收益的大小在一定程度上反映了一个国家的法律制度对投资者的保护程度，在投资者权益保护较好和信息披露制度严格的美国、英国等国家，控制权私有收益水平远远低于其他国家（地区）。

（二）我国学者关于控制权私人收益的研究

1. 关于控制权私人收益的性质

我国学者基本上对控制权私人收益持否定态度，认为控制权私人收益是控股股东对中小股东利益的侵占，是对公司的一种掏空行为，应该加以约束。唐宗明、蒋位认为控制权私人收益是大股东利用控制权为自己谋求的私利，也就是大股东对小股东进行侵害获得的收益。谭劲松将控制权私人收益分为合法收益和非法收益。合法收益包括控股股东每年获得的正常的现金股利和股权价值上升的收益以及控股股东转让其股权所获得的短期收益，也包括企业的发展战略、产业链的建立、市场份额的保证等长期收益。非法收益主要指利用内幕交易炒作被控制的上市公司股票以非法获利、以被控制的上市公司作为"圈钱机器"获取资金等。贾明等指出单一地认为控制权私人收益是某种形态的收益形式是不全面的，他们针对 Ehrhardt 和 Nowak 的分类提出修正的两维度划分，具体如表2-2所示：

表2-2 控制权私人收益的修正两维度划分

	货币收益（与资产转移相关）	非货币收益（与控制权转移相关）
转移	转移关联交易—过度报酬—资产转移	乐趣—影响公共选择—享受奢侈品
未转移	未转移利益稀释—内部交易—股价稀释	信誉—社会声誉—人际关系

与上述观点不同，也有一些学者认为控制权私人收益是对控制权成本的补偿。刘少波认为将控制权收益定性为大股东对中小股东利益侵害扭曲了大股东侵害的实质，导致了一系列无法解释的理论和现实问题。他提出控制权收益的三个悖论，针对这些悖论，他认为控制权收益是控制权成本的补偿，是控制权的风险溢价，它的实现载体是控制权作用于公司治理绩效改进所产生的增量收益，它与大股东侵害无关。他在重新界定控制权收益的基础上提出一个新的概念——超控制权收益，对传统的观点提出了挑战。

2. 控制权私人收益的计量公式

（1）累计异常收益率法

其基本思想为：在中国股票市场，一家上市公司被宣布为ST之后，该公司的控股股东为了保住壳资源往往会频繁运作，企图改善上市公司的财务状况，这些行为会反映到上涨的股价当中，累计异常收益率（CAR）能够很好地测量控制权私人收益。其公式为：

$$CAR_i = \sum (r_{i,t} - m_t)$$

其中，CAR_i 表示上市公司的累计异常收益率，$r_{i,t}$ 表示 i 公司被特殊监管后第 t 个月的股票回报率，m_t 表示第 t 个月的市场回报率。Bai 等认为这种方法与 Barclay 和 Holderness（1989）与 Nenova（2003）的方法一致。他们考察了 1998~2000 年中国证券市场被宣布为 ST 的 66 家公司股票的价格变动情况，发现 ST 公司 22 个月的平均累计异常收益率高达 29%。刘睿智、王向阳利用该方法用 ST 公告日后 1~24 个月的平均累计异常收益率测算出我国控制权私人收益的规模高达 56.73%，说明我国拥有控制权的大股东对其他股东的侵害非常严重。

（2）控股股权交易与非控股股权交易差价法

叶康涛通过分析我国上市公司非流通股转让交易中，控股股份与非控股股份在转让价格上的差异，对我国上市公司控制权的隐性收益进行定量分析。其所使用的公式为：

$$C/P_L = P_C/P_L - P_0/P_L$$

其中，C 表示控制权私有收益，P_C 表示控制性非流通股的转让价格，P_0 表示非控制性非流通股的转让价格，P_L 表示流通股价。

施东辉对 Hanouna、Sarin 和 Shapiro 提出的方法进行改进，他选取在一年内同时发生控制权交易和小额股权交易的上市公司，以小额股权交易价格作为基准价格，并在"一一配对"的基础上直接计算单个公司的控制权价值。其公式为：

$$V = [(P/B)_c - (P/B)_m]/(P/B)_m$$

其中，V 表示控制权价值，$(P/B)_c$ 表示控制权交易每股价格与标的公司每股净资产的比率，$(P/B)_m$ 表示小额股权交易每股价格与标的公司每股净资产的比率。

他们计算的结果均表明：我国上市公司控股股权交易相对于小额股权交易具有较高的溢价水平。

（3）股权转让溢价法

相比较累计异常收益率法和控股股权交易与非控股股权交易差价法而言，股权转让溢价法应用得更多。

唐宗明、蒋位是国内较早研究控制权私人收益的学者，他们认为每股净资产是被转让股份的每股价值，在应用 Barchay 和 Holderness 的公式时用每股净资产去代替宣布控制权转移后的股票价格，其公式是：

$$CP = \frac{P_A - P_B}{P_B} \times \frac{N}{S}$$

其中，CP 表示控制权的价值，P_A 表示大宗股权转让的每股交易价格，P_B 表示被转让股份的每股净资产，N 表示转让股数，S 表示企业总股数。其研究给后续研究很大启发，以后的研究均是试图寻找更好的改进公式。韩德宗、叶春华使用了类似的公式。

姚先国、汪炜认为每股净资产是一个即期财务指标，它并不包含对公司未来收益的预期。唐宗明、蒋位模型中没有对这种合理的收益预期加以扣除，可能夸大控制权收益，不能准确反映控制权溢价水平。基于此，其公式为：

$$CP = \frac{TP - NA}{NA} = EP$$

其中，CP 表示控制权私人收益，TP 表示存在控制权转移的大宗股权转让价格，NA 表示被转让股份的每股净资产，EP 表示投资者对目标企业增长率的合理预期。也就是说，用购并前三年的平均净资产收益率来反映对公司未来增长的预期。

唐宗明等考虑对具有控制权的股票转让溢价进行调整，用被转让公司的市值去调整总的转让溢价。其公式为：

$$PBC = \frac{n(P_A - P_B)}{n_1 P_M + n_2 P_B}$$

其中，n 表示转让股数，P_A 表示具有控制权的股票转让的每股交易价格；P_B 表示转让股份的每股净资产，n_1 表示该公司流通股股数，P_M 表示转让前一天被转让公司流通股收盘价，n_2 表示该公司的非流通股股数。

余明桂等（2006）则采用两个溢价公式：

$$\text{Prerium}_{\text{pershare}} = \frac{P_r - P_e}{P_e}$$

$$\text{Prerium}_{\text{total}} = \frac{\text{Total Prerium}}{\text{Net Asset}}$$

其中，$\text{Prerium}_{\text{pershare}}$ 表示每股净资产的溢价，P_r 表示协议转让的价格，P_e 表示转让前的每股净资产，$\text{Prerium}_{\text{total}}$ 表示转让溢价总值。

马磊、徐向艺在唐宗明和蒋位测度模型的基础上，扣除股份增持方对目标企业增长率的合理预期去测度控制权私有收益的溢价率。考虑到中国上市公司存续经营的时间较短，他们将投资者对目标企业增长率的合理预期定义为上市公司控制权转移前3年的平均净资产收益率（包括当年），其公式为：

$$PBC = \frac{P - N_P - C_F}{N_P} \times S_P$$

其中，P 表示转让价格，N_P 表示被转让股权的每股净资产，C_F 表示股份持有者根据所持股份比例可以获得的预期的正常现金流，S_P 表示交易的股份数占公司普通股总数的比率。

他们的计算结果均表明我国上市公司存在较高的控制权私人收益。

3. 控制权私人收益的影响因素研究

我国学者在分析控制权私人收益的影响因素时基本上是从公司治理水平层面分析的。归纳起来，主要有以下影响因素：①股权转让比例。股权转让比例包括转让后控制性股东持股比例能够衡量控制性股东对公司的控制能力，如果控股股东对公司具有较强的控制能力，那么其他中小股东则较难阻止其决策行为，控股股东将更容易、更大胆地攫取控制权私有收益。因此，控制权私人收益与股权转让比例成正比，这个结论基本上在所有的研究中都成立。②企业规模。唐宗明和蒋位、邓建平和曾勇认为，公司规模越大，则控制权私人收益越小。这可能是因为大公司更容易受到外界的关注，信息不对称的情况较少，控股股东受外界的监督更大，较难为自己谋取私利。马磊、徐向艺没有发现上市公司的规模和控制权私人收益之间的显著关系，她们认为对于在我国证券交易所上市的公司来说，不论是在深圳证券交易所上市，还是在上海证券交易所上市，市场信息披露准则是一致的，并没有对不同规模公司的信息披露作不同的规定，因此，规模大的公司接受来自各方面的监督会增多的假设前提并不存在。并且，中国上市公司及其大股东与政府关系密切，其侵占行为在很多情况下得到了政府的默许，监管部门实施监管的难度较大。③负债水平。唐宗明和蒋位（2002）、邓建平和曾勇（2004）、马磊和徐向艺认为，虽然公司负债的还本付息压力减少了公司可自由支配的现金流量，迫使控股股东不能将更多的现金投入到他们可以谋取私有收益的地方。但由于我国公司负债的约束程度不高，资产负债率与公司控制权收益之间没有显著的关联关系。④公司财务状况。唐宗明和蒋位（2002）、韩德宗和叶春华（2004）认为，如果转让公司经营状况不好，控股股东可以利用该上市公司原本不佳的财务状况作为掩饰，更方便地获取控制权收益。因此，公司净资产收益率越低，控制权私人收益越高。邓建平和曾勇则认为，公司未来盈利能力越强，价值越高，则股权转让溢价越高，控制权私人收益越高。⑤流通股比例。上市公司控股股东可以利用其掌握的控制权转移内幕消息，从二级市场上获取超常投机收益，流通股比例越小，操纵空间越大，控股股东借此机会的获利就越多。因此，控制权私人收益与流通股比例成反比。⑥公司现金存量。唐宗明和蒋位认为公司现金存量对控制权收益的影响不显著。施东晖则认为现金比率越高的公司控制权收益也越高。理由是如果公司持有太多的自由现金流量，控股股东将拥有更多的资源用于谋求私有收益，因此控制权私人收益也相应较大。

在行业特征方面，林朝南等指出我国上市公司的控制权私人收益同样具有行业特征，其大小与固定资产比重负相关，而与行业垄断程度正相关。

关于治理环境对控制权私人收益影响的研究很少，马磊、徐向艺指出我国现行的法律制度对中小投资者的保护程度比法国法系的国家对中小投资者的保护程度还要低，因此导致我国上市公司的控制权具有较高的私有收益。从时间序列上考察，2004年的控制权私有收益水平与2003年相比有所下降，说明我国的投资环境及对投资者的权益保护有了进一步的改善，但与西方发达市场国家相比，仍需在市场化程度和市场公开程度等方面加大改革力度。

4. 控制权私人收益的其他相关研究

控制权私人收益的其他相关研究主要是进行控制权私人收益水平的国际比较，基本的结论是：我国控制权私人收益比发达国家的控制权私人收益要高，与一些新兴国家相当。此外，Xueping Wu 和 Zheng Wang 对控制权私人收益水平对再融资方式选择的研究发现，当控制权私人收益水平很高时，控制性股东将选择配股方式来防止再融资后对控制权的稀释以维持对公司的控制并继续享有控制权私人收益。郝颖等指出，控制性股东为了维护既有的控制权私人收益，会选择对自身有利的融资方式和所有权结构，而这势必会影响到其他利益主体的利益，从而降低企业价值。

第三章 理论基础与制度背景

第一节 理论基础

一、委托代理理论

委托代理关系在经济生活中无处不在,无时不有。"委托人"和"代理人"是委托代理理论中两个最为基本的概念,这两个概念来自法学,在法律上,当当事人 A 授权当事人 B 代表 A 从事某种活动时,委托代理关系就发生了。但经济学中的委托代理关系的含义远远超过法学上所界定的委托代理关系。经济学上认为,委托代理关系存在于任何包含两人或两人以上的组织和合作努力中,只要一个人依赖于另一个人的行动,那么,委托代理关系就产生了,如股东与管理层、管理层与工人之间的关系。采取行动的一方为代理人,受影响的一方为委托人。如何在委托人与代理人之间进行利益分配及风险配置?如何使代理人尽心尽力地工作是委托代理理论所要探讨的主要课题。

(一)委托代理理论的不同观点

尽管现在提及委托代理理论,一般是指西方的委托代理理论,但是从马克思的《资本论》中引申出的三权分离理论无论是从提出的时间还是从理论揭示的内容来看,都是西方委托代理理论的基础。

1. 马克思主义经典学说与委托代理理论[①]

(1)马克思主义的三权分离理论

马克思在《资本论》中指出,随着社会分工的扩大和财产组织形式的变化,

[①] 本部分内容参考:李松森. 中央与地方国有资产产权关系研究 [M]. 北京:人民出版社,2006.

财产的所有权、占用使用权与监督管理经营权的分离是一种趋势。

其一，货币资本的所有权、占有使用权与监督管理经营权的分离。

马克思在研究生息资本时指出"生息资本却不是这样。它的独特性质也正在于此。要把自己的货币作为生息资本来增殖的货币所有者，把货币让渡给第三者，把它投入流通，使它成为一种作为资本的商品；不仅对他自己来说是作为资本，而且对别人来说也是作为资本；它不仅对把它让渡出去的人来说是资本，而且它一开始就是作为资本交给第三者的。这就是说，是作为这样一种价值，这种价值具有创造剩余价值、创造利润的使用价值；它在运动中保存自己，并在执行职能以后，流回到原来的支出者手中，在这里，也就是流回到货币所有者手中；因此，它不过暂时离开他，不过暂时由它的所有者占有变为执行职能的资本家占有。这就是说，它既不是被付出，也不是被卖出，而只是被贷出；它不过是在这样的条件下被转让：第一，它过一定时期流回到它的起点；第二，它作为已经实现的资本流回，流回时，已经实现它的能够生产剩余价值的那种使用价值。"①

在研究利息时，马克思指出："但借入者必须把它作为已经实现的资本，即作为价值加上剩余价值（利息）来偿还；而利息只能是他所实现尚未实现、即将实现的利润的一部分。"② 可见，为了获得货币资本的收益，货币资本的所有权与占有使用权是可以分离的。

在分析股份制企业的商业经理和企业经理工资收入时，马克思指出"商业经理和产业经理的管理工资，在工人的合作工厂和资本主义的股份企业中，都是完全同企业主收入分开的。在其他场合偶然出现的管理工资同企业主收入的分离，在这里则是经常的现象。在合作工厂中，监督劳动的对立性质消失了，因为经理由工人支付报酬，他不再代表资本而同工人相对立。与信用事业一起发展的股份企业，一般地说也有一种趋势，就是使这种管理劳动作为一种职能越来越同自有资本或借入资本的所有权相分离，这完全像司法职能和行政职能随着资产阶级社会的发展，同土地所有权相分离一样，而在封建时代，这些职能却是土地所有权的属性。但是一方面，因为执行职能的资本家同资本的单纯所有者即货币资本家相对立，并且随着信用的发展，这种货币资本本身取得了一种社会的性质，集中于银行，并且由银行贷出而不再是由它的直接所有者贷出；另一方面，因为那些不能在任何名义下，即不能用借贷也不能用别的方式占有资本的单纯的经理，执行着一切应由执行职能的资本家自己担任的现实职能，所以，留下来的只有管理人员，资本家则作为多余的人从生产过程中消失了。"③ 可见，对于货币资本所有

---

①②③ 马克思. 资本论（第三卷）（上）[M]. 北京：人民出版社，1975.

者来说，借贷资本的所有者实际上只是拥有货币资本的占有使用权，银行经理则是拥有货币资本管理经营权的主体。在企业中，企业主拥有货币资本的占有使用权，而企业的监督管理人员和经理则代表资本的占有使用者行使监督管理和经营职能，拥有监督管理经营权。因此，随着社会分工的扩大和财产组织形式的变化，资本的所有权、占有使用权和监督管理经营权实现了分离。

其二，土地财产的所有权与占有使用权、实际管理经营权的分离。

马克思指出："正如土地的资本主义耕种要以执行职能的资本和土地所有权的分离作为前提一样，这种耕种通常也排除土地所有者自己经营。"① 可见，土地财产的所有权、占有使用权、实际管理经营权是可以分离的。

其三，劳动力的所有权与使用权的分离。

马克思指出："劳动力所有者要把劳动力当作商品出卖，他就必须能够支配它，从而必须是自己的劳动能力、自己人身的自由的所有者。劳动力所有者和货币所有者在市场上相遇，彼此作为身份平等的商品所有者发生关系，所不同的只是一个是买者，一个是卖者，因此双方是在法律上平等的人。这种关系要保持下去，劳动力所有者就必须始终把劳动力只出卖一定时间，因为他要是把劳动力一下子全部卖光，他就出卖了自己，就从自由人变成奴隶，从商品所有者变成商品。他作为人，必须总是把自己的劳动力当作自己的财产，从而当作自己的商品。而要做到这一点，他必须始终让买者只是在一定期限内暂时支配他的劳动力，使用他的劳动力，也就是说，他在让渡自己的劳动力时不放弃自己对它的所有权。"可见，劳动力的所有权与使用支配权是可以分离的。

（2）马克思主义的三权分离理论与委托代理关系

马克思的三权分离理论揭示了委托代理关系的内在规定性。

其一，货币资本所有者与银行家之间的委托代理关系。

马克思认为，现代社会的货币资本所有者将货币资本的实际控制权交给银行家去行使，银行家虽然不是货币资本的所有者，不拥有货币资本的所有权，但是却拥有货币资本的实际控制权。这实际上形成了货币资本所有者与银行家之间的委托代理关系。在分析资本主义社会的利润分割时，马克思指出："随着大工业的发展，出现在市场上的货币资本，会越来越不由个别的资本家来代表，即越来越不由市场上现有资本的这个部分或那个部分的所有者来代表，而是越来越表现为一个集中的有组织的量，这个量和实际的生产完全不同，是受那些代表社会资本的银行家控制的。"② 此外，马克思还指出：货币只有在它是执行职能资本的时

---

①② 马克思. 资本论（第三卷）（上）[M]. 北京：人民出版社，1975.

候,才留在使用者手中。"只要资本到期流回,它就不再作为资本执行职能。"而作为不再执行职能的资本,它就必须再转移到货币资本所有者手中,因为货币资本所有者一直是它的法律上的所有者。因此,在资本主义社会,在货币资本所有者与银行家之间实际上形成了一种委托代理关系。即货币资本所有者并不直接控制其所有的货币资本,而是由银行家来控制这些货币资本,银行家实际上拥有这些货币资本的控制权。

其二,借贷资本家与职能资本家之间的委托代理关系。

货币资本所有者把货币资本让渡给商品生产者和经营者的实际上是让渡借贷资本的支配权,从而形成了借贷资本家和职能资本家之间的委托代理关系。马克思指出"要把自己的货币作为生息资本来增殖的货币所有者,把货币让渡给第三者,把它投入流通,使它成为一种作为资本的商品;不仅对他自己来说是作为资本,而且对别人来说也是作为资本;它不仅对把它让渡出去的人来说是资本,而且它一开始就是作为资本交给第三者的,这就是说,是作为这样一种价值,这种价值具有创造剩余价值、创造利润的使用价值"①。可见,货币资本所有者通过借贷资本家将货币资本所有权让渡给产业资本家的目的是获得货币资本的收益,即带来剩余价值。而借贷资本家将货币资本让渡给产业资本家去生产剩余价值,实际上就是在借贷资本家和产业资本家之间形成了一种委托代理关系,即产业资本家代表借贷资本家执行实际控制货币资本的权利。

其三,职能资本家与企业管理人员的委托代理关系。

马克思指出:"资本主义生产本身已经使那种完全同资本所有权分离的指挥劳动比比皆是。因此,这种指挥劳动就无须资本家亲自担任了。一个乐队的指挥不必就是乐队的乐器的所有者。"②监督劳动和指挥劳动是行使资本占有使用权的表现形式,是一种具体的代理管理经营权的行为。此外,马克思指出:"与信用事业一起发展的股份企业,一般地说也有一种趋势,就是使这种管理劳动作为一种职能越来越同自有资本或借入资本的所有权相分离。"③可见,借贷资本财产所有者对于货币资本财产所有者来说,实际上是拥有了货币资本财产的占有使用权,而银行家与企业经理是拥有货币资本财产管理经营权的主体;在企业中,拥有货币资本财产占有使用权的是企业主,而拥有企业监督管理经营权的是企业的管理人员。管理人员实际上是接受货币资本的占有使用者的委托,代表资本财产的占有使用者在行使监督管理和经营的职能。

对于借入资本的占有使用者(职能资本家)来说,也存在着借入资本占有使

---

①②③ 马克思. 资本论(第三卷)(上)[M]. 北京:人民出版社,1975.

用权与管理经营权的分离。企业的法人代表和决策层虽然拥有借入资本财产的占有使用权，但是，他不一定要亲自行使这个资本财产的管理经营权。他可以将这个资本财产的管理经营权委托给管理人员和经理去行使，而自己则依据借入资本的占有使用权获得企业主收入，管理人员则依据管理经营权获得年薪收入。因此，资本的所有权、占有使用权与管理经营权的分离是监督劳动和指挥劳动出现的根本原因，反映了职能资本家与管理人员之间的委托代理关系。

即使是用自有资本从事经营，也可以形成委托代理关系。表现在：自有资本财产的所有者拥有自有资本的所有权，而他同时又是职能资本家，拥有自有资本的占有使用权，但是，他可以将具体的监督管理经营权委托给管理人员去行使。他既可以依据资本所有权获得利息收入，又可以依据资本的占有使用权获得企业主收入。而管理人员则是受托执行具体管理职能的经营者，因此，他依据资本财产的管理经营权（或者也就是说依据他对自身的管理经验、管理才能、决策能力等无形资产的所有权），以年薪的形式参与企业利润的分配。

（3）马克思主义观下委托代理关系产生的根本原因

马克思认为，委托代理关系产生的根本原因是资本的所有权、占有使用权与管理经营权的分离，这是大规模分工和协作生产的必然规律。在分析资本主义工场手工业和机器大工业时，马克思既关注分工对于提高劳动者的技能和判断力的积极作用，也关注协作在资本主义生产方式中的作用。大规模的协作生产客观上要求监督劳动和指挥劳动的分离，而协作生产促进了资本主义生产方式的发展。正是资本主义的社会化大生产决定了多层次的委托代理关系。因为，企业的规模越大，委托代理关系的链条就越长，激励与监督就越重要。这在现代大型企业中表现得尤为明显。在以自有资本进行生产经营活动的场合，多层次的委托代理关系建立以后，所有者的权利主要表现为决定资本的投向与数量，依据所有权进行监督和获得股息收益。如果所有者以自有资本进行经营，他不仅是资金所有者还是占有使用者，拥有占有使用权，即还要执行资产收益、重大决策、选择经营者等职能。也就是说，在以自有资本进行生产经营活动的企业，所有者以资本所有者的身份掌握所有权并以股息形式获得所有权收益，同时以资本占有者的身份掌握控制权和以红利形式获得占有使用权收益。

在现代公司制企业中，所有者可以将所有者的权利委托给代理人去行使，如委派的股东代表，也可以将占有使用权委托给指定的董事长。但是，无论是所有者委派的股东代表，还是指定的董事长，都是所有者和占有使用者的代理人。所有者和占有使用者要对这些代理人实施有效的监督以防止代理人的欺诈或偷懒行为。也就是说，一方面要保证代理人能充分自主地进行企业重大决策和监督活动，另一方面又要使代理人行为本身受到应有的制衡和监督。而企业具体的生产经营活动和监督职能,则由占有使用者的代理人进一步委托给经理等管理人员去履行。

2. 西方契约观下的委托代理理论

西方经典的委托代理理论主要以 Berhold、Ross、Wilson、Heckerman、Alchian、Demsetz、Jensen 和 Mecking、Townsend 的企业产权理论为代表。

委托代理理论起源于对企业的观察,在他们看来,企业是一系列委托代理关系的总和,因此,委托代理理论与企业理论密切相关。根据 Jensen 和 Mecking (1976) 对委托代理关系的定义,委托代理关系可以视为一种契约关系。Jensen 和 Mecking 在 Theory of the Firm: Managerial Behaviour, Agency Costs, and Ownership Structure 中指出,他们吸收了代理理论、产权理论、融资理论的成果,并发展为一种有关企业所有权结构的理论。而该理论与所有权和控制权的分离密切相关。在所有权与控制权分离的企业制度下,出资人(委托人)委托经营者(代理人)经营企业,由于委托人与代理人之间利益目标取向的不一致,加上双方信息掌握的非对称分布,代理人往往做出有违委托人利益最大化的机会主义行为,出现道德风险与逆向选择现象。为减少代理人的机会主义行为,委托人必须设计出有激励与约束意义的契约安排,以抑制代理人的不良行为。委托代理关系又是一种复杂的函数关系,委托人一般事先确定一种报酬机制,激励代理人尽职尽责,代理人据此作出自己的行为选择,以实现自己的效用最大化。

委托代理理论通常分为规范和实证两类。规范的委托代理理论(normative principal agent approach)侧重如何构造委托人和代理人的契约关系,以对代理人在存在不确定性和不完全性监控的情况下作出使委托人效用最大化的选择提供适当的激励。实证的委托代理理论(positive principal agent approach)则假定这些规范问题已经解决,并给定只有股票和债券可以作为索取权发行,然后研究决定企业经营者、外部股权和债券持有者之间关系的均衡契约形式的要素和每一方面临的激励。规范的委托代理理论分析方法遵循传统的微观经济学,将重心放在有约束的个人效用函数最大化问题上,是数学化的、非经验导向的。而实证规范的委托代理理论分析方法主要是与"监督技术和以契约以及组织形式作担保的技术有关",这种分析方法没有任何明显的形式化微观基础,是非数学化的、经验导向的。①

委托代理理论主要包括以下几方面的内容。

---

① 埃里克·弗鲁博顿,鲁道夫·芮切特. 新制度经济学——一个交易费用分析范式 [M]. 上海:上海人民出版社,2006.

(1) 委托代理关系产生的原因

西方学者从行为人、制度与经济活动以及他们之间的相互关系出发，通过对新古典经济学的修正去研究委托代理问题。在一系列的基本假设，如经济人假设、有限理性假设、不完全信息假设、机会主义假设的基础上，他们认为委托代理关系产生的主要原因在于信息分布的不对称性、环境的不确定性以及契约的不完全性。

一是信息分布的不对称性。一般认为这是委托代理问题产生的最根本的原因。在市场交易中，买卖双方所掌握的信息是不同的。由于信息的不对称性是导致委托代理问题的关键，有人甚至将非对称信息下的经济问题概括为委托代理问题。在这种观点下，委托代理关系是指任何一种涉及非对称信息的交易，交易中有信息优势的一方为代理人，另一方为委托人。代理人对于自己的禀赋及行为，如能力、风险态度、努力程度、有无机会主义行为拥有更多的信息，而委托人则难以观察和掌握有关信息，即代理人的有关信息不能由委托人直接地观察到，因此，代理人容易做出有利于自己而不是有利于委托人的行为选择。

二是环境的不确定性。代理人的产出不仅受代理人的行为和努力程度的影响，而且取决于其他一些不可控的随机因素，委托人无法根据可观察到的产出来推断代理人的实际努力程度和行为选择。

三是契约的不完全性。签约的不完全是相对于契约的完全性而言的，早期的委托代理理论并未考虑契约的不完全性，他们认为契约是完全的。但实际上，现实中的契约关系都是不完全的。哈特（1995）指出契约不完备的原因有三个：①在复杂的、十分不可预测的世界中，人们很难想得太远，并为可能发生的各种情况多作出计划。②即使能够做出单个计划，缔约各方也很难就这些计划达成协议，如果他们很难找到一种共同的语言来描述这种情况和行为；对于这些，过去的经验也提供不了多大帮助。③即使各方可以对将来进行计划和协商，他们也很难用准确的语言将计划写下来。在契约不完全的情况下，委托代理双方不可能将所有状况下的所有权力、责任规定清楚，没有详细规定的那部分权力与责任必然影响代理人的行为选择，从而导致委托代理关系的产生。

(2) 委托代理成本问题

Jensen 和 Mecking（1976）将代理成本分为三类：①委托人的监督费用（monitoring expenditures），即委托人通过建立适当的激励机制并花费一定的成本去制约代理人的背离行为；②代理人的担保费用（bonding expenditures），即代理人用一定的财产作担保，保证其不会采取行动损害委托人的利益，或者保证如有损害则给予补偿；③剩余损失（residual loss），即使有委托人的监督和代理人的担保，代理人的行动与委托人的利益仍然会存在差异，从而造成委托人的利益受到损害，这种损失就是剩余损失。

从契约的观点来看，委托代理成本就是在制定、管理和实施契约时所发生的全部费用。其中，委托人的监督费用和代理人的担保费用是制定、管理和实施签约所发生的实际费用。剩余损失则是在契约最优但又不能完全执行时的机会成本。

公司制企业中股东与经营者之间的关系完全符合委托代理关系，所以，在所有权分散的现代企业中的所有权与控制权分离的问题最终都和代理问题有关。具体到企业的财务方面，表现为股东与经营者、股东与债权人的代理成本。

（3）委托代理收益问题

委托代理收益是指由分工和专业化的发展所带来的比较收益和规模收益之和，它来自于分工效果和规模效果。西方委托代理理论认为，委托代理关系能够建立是因为能为委托人和代理人带来预期的净收益，并且达到共赢的目的。这是作为一种制度安排的最关键的支持因素。

（4）委托代理的类型

尽管现实中的委托代理问题多种多样，但是从经济学的角度来看，委托代理问题可以区分为两种基本类型。第一种是道德风险引起的委托代理问题。道德风险是指代理人借事后的非对称信息、不确定性以及契约的不完全性而采取的不利于委托人的行为。即代理人利用委托人监督的困难而采取的不利于委托人的机会主义行为。在契约签订以后，委托人往往不能直接观测到代理人选择的行为，所能观测的只是代理人的不完全信息。因此，代理人就可能做出偏离委托人利益的行为而不被发现。一般来说，对于道德风险问题，关键是设计一个最优的激励契约使代理人选择委托人所希望的行为，使代理人在追求自身利益最大化的同时，实现委托人的效用最大化。第二种是逆向选择导致的委托代理问题。逆向选择是指代理人利用事前信息的非对称性等所进行的不利于委托人的决策选择。这里涉及事前的非对称性信息所造成的问题。对于逆向选择问题，由于委托人在签约时不知道代理人的类型，因此，对委托人来说核心问题是选择合适的契约与机制来获得代理人的私人信息，从而对代理人进行甄别。

（5）委托代理的解决

委托代理理论的核心问题是怎样保证代理者的行为与所有者的利益完全一致，这涉及激励问题。在这种情况下，委托代理问题也称为激励问题。委托方（所有者）倾向于激励代理方（经营者）按照委托方的利益行事。但由于怠工、在职消费、有害投资等的存在，代理方（经营者）的行为与所有者的利益常常是不同的。

解决的办法之一是使用所有权解决。这种办法主要是针对代理人的工作能力程度问题。该办法的要旨是企业的所有者把经营管理的一部分企业出售给经营者。当经营者作为所有者时，他将有适当的激励：如果他努力工作，将获得相应的回报；如果他冒很大的风险，既可能获得收益也可能承担损失。但正如斯蒂格利茨[①]指出，无论如何，大多数现代公司都不可能被分成适当的部分，使每一名管理者都成为所有者却仍然能够有效地运作。

解决的办法之二是使用激励性的报酬。也就是说，在代理人的报酬中包含反映委托人利益的激励。股票期权是一种广泛使用的激励高层管理人员的方法，这种方法主要是用于解决代理人的风险问题。

解决的办法之三是用监督解决。设计激励方案虽然有助于使代理人的利益与委托人的利益联系在一起，但是不能完全解决委托代理问题。此时，可考虑加强对代理人的监督，以抑制代理人的机会主义动机。阿尔钦（1972）指出，在团队生产过程中，一个人的活动和行为会影响到团队中其他人的生产力，产生团队成员的"偷懒"问题。在团队市场中，偷懒是团队成员的必然选择。解决团队成员"偷懒"的一种制度安排就是使团队内某些人的职能专业化，专门监督其他成员的绩效。巴泽尔（1997）[②]指出，在生产过程中，应赋予对总产出的贡献最难度量的人以剩余索取权，使其处于企业家的位置，雇用和监督其他成员。即让在阴影里干活的人监督在月亮底下干活的人。

此外，监督者也需要监督，那么，谁来监督监督者呢？阿尔钦与德姆塞茨（1972）指出，赋予监督者以剩余索取权，即让其获得总产出扣除所有固定要素报酬之后的剩余收益，会使得监督者的偷懒行为变得对自己不利，从而赋予监督者最充分的监督激励，实现激励相容[③]使团队成员的努力与团队的生产率相互促进。Jensen 和 Meckling（1976）指出，通过适当的激励报酬体系，如通过部分支付本公司的股票的办法将经营者的收入与公司的绩效相联系，享有所有权的经营者会乐于花费资源向外界股东保证限制他们的偷懒行为。格罗斯曼、哈特、莫尔（1995）在不完全契约理论的基础上，对企业的产权结构做了新的解释，他们引入剩余控制权的概念，并认为剩余控制权是企业所有权的本质，剩余控制权的配置与激励和效率密不可分。由于存在专用性投资导致的"套牢"问题，剩余控制

---

① 斯蒂格利茨.经济学（第二版）（上）[M].北京：中国人民大学出版社，1996.
② 巴泽尔.产权的经济分析 [M].上海：上海人民出版社，1997.
③ 直观地说，激励相容是指代理人干得好要比干得差时获得更多的收入，这样才有上进的动力。

权影响当事人事后讨价还价的地位，从而影响事前的投资决策。特别地，剩余控制权对购买方来说是一种收益，对另一方来说是一种损失，这就不可避免地造成激励机制上的扭曲。因此，一种有效率的所有权安排必须是购买者激励上的收益能够弥补售出者激励上的损失。一般来说，投入专用性资产的一方应取得剩余控制权，这样也会赋予它较充分的监督激励。对经营者来说，看得见的工资和奖金等收益往往是微不足道的，而看不见的来自剩余控制权的私人收益却是十分可观的。因此，经营者拥有一定程度的剩余控制权是监督激励的需要。

（二）委托代理关系形成的条件

形成委托代理关系的基本条件如下：

第一，委托人与代理人双方一般应具有谈判、订立契约的行为能力。委托人必须具备的第一个条件是能作为签约的一方来谈判、签约并履行契约中的相关规定。如果委托人不具备谈判、签约与履约的行为能力，就不能成为真正的委托人，也就难以实现其财产的保值增值。同样地，代理人也必须具备谈判、签约与履约的行为能力，他必须能够同委托人讨价还价，并在许多可供选择的契约中选择一种行为，既能满足自身利益的要求，又能尽量满足委托人效用最大化的要求。

第二，委托人必须具有财产能力。委托人必须是财产的所有者或财产的代表者，他必须具有付酬能力，并拥有规定付酬方式和付酬数量的权利。在市场经济中，财产通常以资本的形式变现出来，资本是一种稀缺资源。

第三，代理人必须具有信息优势。代理人拥有的私人信息比委托人更多，代理人更了解市场行情，更熟悉企业的经营管理。因此，由代理人代理经营比委托人自己经营更能带来经营效率的提高和财富的增长。否则，就没有必要建立委托代理关系。当然，代理人在某些情况下，也需要有财产能力以取信于委托人。

第四，委托人与代理人都面临市场的不确定性风险。他们之间掌握的信息是非对称的。一方面，委托人不能直接观察到代理人的行为。另一方面，代理人不能完全控制选择的结果。因为，代理人行为的结果是一个随机变量，其分布状况取决于代理人的行为。委托人不能完全根据对代理人行为的观察结果来判断代理人的绩效。所以，在委托人建立和维护与代理人的委托代理关系的过程中，如何确立对委托代理双方都有利的契约，是委托代理关系的核心内容。

第五，委托代理双方在其中一方违反契约时，可自由退出契约关系。如果委托人或代理人都不能退出契约，而是被契约锁定（lock-in），那么这种委托代理关系是封闭的、非效率的。也就是说，没有有效退出机制的委托代理关系是不规范的、低效的、非经济的代理关系。

（三）委托代理关系的特征

1. 利益性

委托代理关系首先表现为一种经济利益关系。委托人先确定一种报酬机制，激励代理人尽心尽责，努力实现委托人的目标。代理人据此选择自己的行为，以求得自身效用的最大化。尽管委托人与代理人的目标函数不一致，但是，他们都是经济人，都以效用的最大化作为自己的追求目标。因此，他们之间的关系表现为经济利益关系。

2. 契约性

委托代理关系表现为一种契约关系，这种关系不是一种普通的合作关系，而是一种经济契约关系，不管这种契约关系是显性契约还是隐性契约。契约的概念来自法学，是指当事人之间关于权利和义务的承诺。经济学意义上的契约的范围更广，泛指所有具有经济利益的关系。签约可以根据不同的维度区分：显性与隐性，长期与短期，完全与不完全。显性契约是指有书面协议或法律协议的契约，它严格规定了委托人与代理人之间的协作关系和利益关系。隐性契约是指约定俗成的一些规则，包括书面或口头的心照不宣的规则。

3. 不完全性

完全契约是指契约全面地规定了当事人之间的权利与义务以及未来可能出现的情况。然而，签约不可能是完备的，正如哈特指出签约不完备的原因：第一，在复杂的、十分不可预测的世界中，人们很难想得太远，并为可能发生的各种情况多作出计划。第二，即使能够做出单个计划，如果他们很难找到一种共同的语言来描述这种情况和行为，缔约各方也很难就这些计划达成协议；对于这些，过去的经验也提供不了多大帮助。第三，即使各方可以对将来进行计划和协商，他们也很难用准确的语言将计划写下来。如果契约是完备的，那么这种契约关系反映的是一种市场关系，则不会存在委托代理关系。

4. 冲突性

委托人与代理人的目标往往是冲突的，代理人可能追求诸如豪华的办公条件等违背委托人利益的目标。如果两者的目标不发生冲突，即使委托人与代理人之间的信息存在不对称，委托人也不用担心代理人有诸如偷懒等机会主义行为。

5. 可操作性

作为委托代理关系的契约必须具有可操作性，这样代理人才可能按照委托人的意志行事。否则，代理人将无所适从。或者，代理人违背委托人的意愿，产生

"内部人控制现象",损害委托人的利益,而委托人拿代理人毫无办法,因为这是签约的不可操作性所引起的。要满足契约可操作性的要求,一方面在契约中要尽量将内容规定得简单明了、具体翔实;另一方面,委托人与代理人需要在讨价还价中达成签约,此举便于双方尤其是代理人全面了解契约。

(四)我国国有资产委托代理关系分析——委托代理所有权

西方的委托代理关系主要是建立在私人产权基础之上,然而我国国有资产委托代理关系是建立在公共产权基础之上,两者表现出不同的特点。《新帕尔格雷夫经济学词典》指出:"产权是一个社会的强制实施的选择一种经济品的使用的权利。"产权是一组权利,它包括使用权、收益权、转让权。产权可以分为私人产权和公共产权两类。私有产权是将某种财产的相关权利分配给一个特定的人,因此具有排他性的特点。而公共产权是公共的、共享的,在个人之间是不可分的,不具有排他性。正是由于公共产权是公共的,每一个人在根本上并不拥有完整产权,也不是独立的产权主体,公共范畴(国家、集体等)才是公共产权的主体。

国有资产,从性质上看是全国人民所有的资产。国有资产的全民所有属性在我国的法律中得到确认。2008年10月28日通过的《中华人民共和国企业国有资产法》第三条指出:"国有资产属于国家所有即全民所有。国务院代表国家行使国有资产所有权。"国有资产的产权属于国家或全民所有,因此具有在个人之间不可分、无排他性、交易成本大、外部性强等特点。

虽然国有资产属于全体人民所有,但是,不可能让每个人都直接参与全民财产的经营和管理,否则,必然产生严重的委托代理成本,降低国有资产经营管理的效率。因此,必然要求一个客观主体行使对这些财产的管理经营权,国家是充当这个客观主体的天然代表。然而,国家是一个抽象的范畴,任何一个国家的运行都是由其政府来承担的,政府成为全民所有制财产代理人的逻辑选择。由于政府是由不同的职能部门组成的,必然要对国有资产的所有者权能继续进行委托。过去,我国实行的"统一所有,分级管理"的国有资产管理体制抑制了国有企业资产经营的活力;2003年以后,随着我国政府行政管理体制的改革,国有资产管理体制形成"统一所有,分级代表"的制度,形成了统一的国有资产监管部门。而国有资产监管部门又通过国有资产经营中介公司继续间接委托或直接对国家出资企业实行委托经营。因此,国有资产的营运不能直接由全国人民来进行,而是采用多层次委托代理关系。这一多层次的委托代理关系具体表现为:①全国人民委托各级人民代表大会代理进行管理;②各级人民代表大会委托各级政府代理进行管理；③各级政府委托国有资产管理部门[①] 代理进行管理；④国有资产管理部门委托国有资产中介经营公司代理进行管理；⑤国有资产中介经营公司通过参加股东大会委托所出资企业的董事会与经理层进行营运。

上述五个层次的委托代理关系如图 3-1 所示。

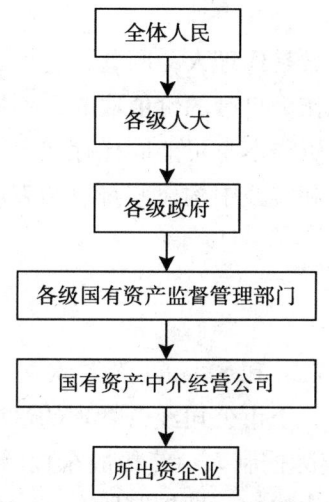

图 3-1 国有资产委托代理关系

从五个层次的委托代理关系可以看出，建立在公共产权上的国有资产的委托代理关系具有多层次的特点：全国人民是委托代理链条的起点，所出资企业董事会与经理是委托代理链条的终点。作为起点的全国人民是单一的委托人，作为终点的所出资企业董事会与经理是单一的代理人，而作为委托代理链条中间环节的各级人民代表大会、各级政府、各级国有资产监督管理部门和国有资产中介经营公司则具有双重身份。从下一环节看它是委托人，从上一环节看它是代理人。

国资委在委托代理链条中扮演非常重要的角色，它既是初始委托人的代理人，又是最终代理人的委托人。

更深层次地，从国有资产监督管理部门的角度来看，国有资产监督管理委员会（简称国资委）并不是真正的国有资产所有者，而是真正的所有者——全体人民的代理人，它行使的是委托代理的所有权。也就是说，在国有产权制度下，除存在所有者与经营者之间的经营权的委托代理关系外，还存在真正的所有者——

---

① 现阶段国有资产管理部门表现为各级国资委。

全国人民与国资委之间的所有权的委托代理关系,即国资委实际上行使的是委托代理所有权。这种所有权的委托代理关系兼有行政性委托和资本性委托的特点,各级政府对国有资产监督管理部门的委托与政府的组织制度和组织形式改革相关联,可称之为行政性质的委托①。而国有资产监督管理部门对国有资产中介经营公司或国家出资企业的委托是出于履行出资人职能的考虑,以资本为纽带,可称之为资本性质的委托。

由于国资委既是委托人又是代理人,因此,它可能对出资人利益的关切度不够,不以出资人收益最大化作为自己的价值取向,不像真正的出资人那样关心自己的利益。作为代理人,国资委本身可能同样存在道德风险、逆向选择、短期行为等现象。所以,从理论上和实践中构建监督(约束)与激励国资委工作人员的机制是十分必要的。

二、终极产权理论

La Porta、Lopez-de-Silanes 和 Shleifer 等首次提出终极产权理论。终极产权理论是指在股权集中背景下,上市公司经营管理的最终决策者不是直接控股的大股东,而是大股东背后的实际控制人(终极股东)。终极控制股东通过金字塔形股权结构、交叉持股、优先表决权(即控制股东在上市公司股东大会或董事会中进行表决时有优先权)或由控制股东直接委派管理层来负责公司日常经营决策活动(即公司的高管属于实际控制人的社会资本范畴)等各种方法来掌控或扩大对上市公司的实际控制权;他们还提出了终极控制股东的控制权以及现金流权,他们指出,在终极股东控制上市公司的几种方式中,金字塔形控股结构在上市公司中应用最为普遍,而这种结构会导致终极控制人对上市公司的现金流权和控制权发生偏离,即终极控制股东对金字塔形股权结构的底端公司的控制权一般都会超过其相应的现金流权(以较低的现金流投入来获取较高的控制权比例),这就使得终极股东对公司所承担的义务和风险远远低于其对上市公司支配的权利,从而激发终极控制股东谋取控制权私利和侵占中小股东利益的冲动,产生了终极股东和中小股东两者之间的代理冲突,这就是终极控制股东控制与侵占中小股东利益的原动力所在。

---

① 行政性委托的表现形式是国有企业的管理人员由主管部门任命,属国家干部,不从公司领取报酬。有学者称为管理层的"零报酬"现象。

（一）终极控制权与终极股东的掏空行为

终极控制权是指终极股东能够对上市公司形成控制的表决权。当终极股东可获得的潜在控制权私人收益超过其现金流权带来的好处时，终极股东往往会出现掏空动机。终极控制权具有很强的"堑壕效应"，终极股东的终极控制权越大，其掏空能力和动机越强。现金流权是终极股东按照其持股比例享有的剩余索取权，它是终极股东实际投入公司资源所应得的回报，现金流权越大，终极股东对公司进行掏空的成本也越高，对抑制终极股东的掏空行为有着"堑壕防御效应"。Morck 等指出，终极控制权使得终极股东能够保持自己的稳定地位而获取"堑壕效应"，而金字塔结构则使终极股东获得了与其现金流不匹配的控制权，使它可以获得稳定的控制地位却不需要拥有相应的现金流权，因此更有动机对上市公司进行掏空。两权分离度越大，控制权与现金流权的不匹配程度越大，终极股东的掏空动机越发强烈。

（二）现金流权与终极股东的支撑行为

现金流权是终极股东可以从上市公司持有的股权比例中收取的股息红利。与终极控制权不同，现金流权具有很强的激励效应。现金流权越大，管理层的机会主义行为对其造成的损失也越大，终极股东越有动力去监督管理层，提高公司的经营业绩，而且随着现金流权的提高，终极股东对公司进行掏空的代价越来越高，从而限制了终极股东的掏空行为，转而对公司进行支持，从而提高公司价值。

（三）终极股东类型与终极股东行为

在我国，金字塔形股权结构在国有上市公司和民营上市公司中都普遍存在，但是它们的产生原因、动机是不相同的，因此要加以区别对待。民营上市公司的终极股东一般都是家族或者自然人，家族或者个人通过血缘等非契约的方式组建成金字塔的控制模式，对上市公司实施控制。在家族或者个人控制的上市公司中，终极股东一般直接派人参与公司的经营管理，不存在所有权与经营权的分离，有效解决了管理层和股东之间的代理关系，但同时存在终极股东对中小股东利益的侵占。实际上，终极股东对上市公司的作用是两方面的，既有掏空公司、攫取控制权私利的一面，又有对上市公司进行支撑的动机。陈晓红等在对金字塔控制结构进行理论研究的基础上，利用我国 A 股市场 2003~2005 年的研究数据进行了实证研究，最后发现在家族企业中，控制权比例累计超过 68.75%时，控制性家族具有监督管理者的动机，此时与其他股东的利益趋于一致，主要体现为对上市公司的支撑行为；当累计控制权比例小于68.75%时，则很可能掏空上市公司。在国家控制的上市公司中，终极股东在公司治理中的作用往往结论不一。一方面，很多文献都指出政府对上市公司具有"攫取之手"的负作用。他们认为政府具有多重功能，承担了税收、就业等多重目标，政府往往为了实现其政治目标而忽略了效率，而且由于政府代表国家行使出资人职责，存在着"所有者缺位"的问题，导致"内部人控制"问题严重。政府部门和官员虽然拥有实际控制权，但是不拥有现金流权，因此会对上市公司有强烈的掏空动机。另一方面，有文献也指出，政府具有"帮助之手"，他们认为政府的存在可以加强对管理层的监督，而且国有股股东的注入可以保护公司免受政府侵害。

三、市场择机理论

市场择机理论在近年的文献中受到广泛关注。市场择机理论认为，公司往往在股价被高估时发行股票或者抛售股份，而在股价被低估时则回购股票或者购入股份。在股票被高估时抛售股份或者发行股票可以使大股东获取资本利得。大股东是理性的，其行为动机受到个人效用最大化的支配，因此，当大股东选择增减股票时，必然选择能使个人利益最大化的市场时机。在不完全有效的资本市场中，由于信息的不对称性，大股东往往具有信息优势。大股东往往利用掌握的信息优势，在股价被高估时选择减持或者发行股票稀释自己的股权，从而获得较高的资本利得，降低持股的风险，以牺牲新股东的代价来获取个人的额外收益，特别是当市场对公司估值出现偏差时，大股东因为拥有信息优势，更容易理解公司的实际价值，发现定价错误，并借此将风险转移给新股东。Modigliani和Miller认为，在非有效和分割的资本市场中，市场时机选择能够获取额外收益，因此，大股东在买卖股份时有市场时机的选择。Graham和Harvey的调查研究表明了市场择机的重要性，研究发现，股票价格被高估以及股票当前的市场表现是CFO们在股票发行时考虑的重要因素。Henderson、Jegadeesh和Weisbach的调查也发现，市场时机是发行证券时考虑的重要因素，公司在股票收益率高时更喜欢通过发行股票来融资。

第二节 制度背景与变迁

制度是人们为了协调各自的行为选择而人为设定的一些规则，其目的在于通过建立一个稳定结构（不一定有效）减少人们在互动关系中的不确定性。制度变迁是指从一种制度结构向另一种制度结构的过渡或转变，其实质是制度创新的过程，即一种更有效率的制度安排的创新过程，是制度主体通过创建新的制度安排获得利益的活动。与本书研究相关的制度主要涉及我国资本市场的股权制度安排、国有资产监管制度、民营企业上市制度，我国的制度变迁均是在由计划经济体制向市场经济体制转变的大背景下发生的，上述三种制度变迁分别表现出不同的特点与趋势。

一、资本市场从股权分置到股权一致

（一）股权分置改革的背景分析①

1. 股权分置现象的产生

股权分置现象导致股权分置问题的形成，股权分置问题构成股权分置改革的前提。

深圳是我国最早进行股份制试点的地区之一，1990年深圳市发布了《股票发行与交易管理暂行办法》，该办法规定："股票发行可分为公募发行和私募发行（由5名以上、49名以下的发起人即法人全额认购），私募发行的股票只能在法人之间进行转让，不得上市交易。"1990年12月，深圳证券交易所和上海证券交易所（以下简称深沪证券交易所）先后开业，可上市交易的股票主要限于公开发行的股票、私募发行的股票或发起人股份未能允许上市交易。但是，1990年深沪证券交易所设立时，管理层对上市公司股票是否全部流通并没有作出硬性的规定，上交所上市的"老八股"②就有股份全流通的公司。其后，基于不让国有资产流失的考虑，管理层对我国上市公司的股份作了国有股、法人股、职工内部股、公众股等的形式划分，并作出国有股、法人股不能上市流通和公众股上市流通的差异性制度安排。其结果是，公众股可以在深沪证券交易所上市流通，而国有股、法人股作为非流通股只能在场外市场协议转让，不能进入深沪证券交易所上市流通和交易。在这种背景下，我国资本市场表现出如下特点：一是发行股票

---

① 本部分内容参考了深圳证券交易所研究报告《股权分置改革的回顾与总结》（2006年12月）。
② 1990年12月上海证券交易所成立时，首批有8只股票挂牌交易，分别为延中实业（600601）、真空电子（600602）、飞乐音响（600651）、爱使股份（600652）、申华实业（600653）、飞乐股份600654）、豫园商场（600655）、浙江凤凰（600656）。由于上交所这8只股票成为新中国最早公开上市交易的一批股票，"老八股"之称由此而来。"老八股"现在已经更名的有广电电子（原真空电子）、华源制药（原浙江凤凰）、豫园商城（原豫园商场）、方正科技（原延中实业）、申华控股（原申华实业）。"老八股"为分析股权分置改革提供了资料。

的企业大多以中小企业为主,以减少争议;二是上市公司中公有股占很大比重,以保证证券市场的社会主义性质;三是证券市场基本上是一个区域性市场,试点仅限于上海、深圳两个地方。

1991年,为支持股份制试点,有关部门开始允许部分试点的股份制公司经批准后在深沪证券交易所公开发行新股融资。为了既解决试点股份制公司的资金困难,又不改变试点股份制企业的国有控股地位,有关部门作出了"股权分置"的制度安排:试点股份制公司经过批准面向社会公开发行的新增股票(称为社会公众股)可以通过证券交易所上市流通,而企业改为股份制时存量部分的股份(根据持有人类型分为国有股、法人股和内部职工股等)暂时不能上市流通。此后,这种股权分置制度被沿袭了下来。聂庆平(2005)指出我国法律名义上的和事实操作上的非流通股份主要有五种表现形式:①国家股,国有企业在经过增量股份制改造后成立股份有限公司,并对外发行25%以上的股份,原先留存的国有股份不可流通,且处于绝对控股地位;②国有法人股,由不同的国有控股公司或法人机构出资组建而成的股份公司,在公开发行股票后,原先国有法人持有的股份不可流通;③发起人股,民营企业或者集体所有制下打着集体企业的旗号但实际上是个人以法人名义组建的私人企业,在公开发行股票后,其发起人股份也是不可流通的;④转配股,企业上市后要不断地进行增资扩股,在增资扩股的过程中,不可流通的部分相应地增资配股,这部分增持的股份也不可流通;⑤外资股,在中外合资企业或国有企业改制后变成B股或H股的公司中,外方股东所持有的那部分股份在股份制改革的初期通常也是不可流通的。但对于B股公司,后来经贸部和中国证监会规定,发起人的股份可以在持有一定的年限后适当进行转让或流通。而对于H股股东所持有的H股股份,在全球配售部分是可流通的,但是大股东的股份能不能卖,用什么形式卖,还没有明确的法律文件规定,所以在某种意义上讲,这部分股份也是不可流通。

2. 股权分置制度安排的历史根源

股权分置现象极具中国特色,其产生有着深刻的历史根源。可以说,在当时的政治、经济、意识形态和法律环境下,股权分置现象是我国资本市场发展初期的一种选择性制度安排。

第一,股权分置与我国当时的经济体制相适应。我国资本市场是在计划经济体制向市场经济体制转变的过程中建立起来的,当时我国公有制占统治地位,计划经济体制占主导地位,在此环境下有关资本市场的制度安排不可能超越当时的经济体制。而以公有制为主体的计划经济体制强调的是维护国有经济的主导地位,为了避免国有股、法人股上市流通后可能落入非公有制经济主体手中,有必要限制其上市流通。

第二，股权分置与当时的资本市场发展状况相适应。在计划经济向市场经济转型的初期，人们对资本市场的认识存在着巨大分歧，不仅在我国要不要设立资本市场上有重大分歧，而且在资本市场姓"资"、姓"社"方面争论不休。理论界和政府部门对国有股、法人股上市流通可能产生的问题缺乏全面认识和准确判断，资本市场作为改革开放的产物，当时处于"摸着石头过河"的探索阶段。为维护上市公司上市前的国有或集体的主导地位，管理层对当时股份的流通范围和投资范围进行了限制。

第三，股权分置与当时的投资环境相适应。在当时的深沪资本市场中，相对于股票的供给，需求非常有限，想买股票、敢买股票和有钱买股票的人都为少数，国有股、法人股的上市流通也存在着事实上的困难。如果允许占有总股本约2/3比例的国有股、法人股上市流通，必将造成上市流通的股票供过于求，影响我国资本市场的发展。

3. 股权分置带来的问题

正如第二章指出的那样，随着我国经济体制改革的深入、社会主义市场经济体制的确立和资本市场的发展，股权分置现象逐步演变成为制约我国资本市场发展的根本性制度问题，已成为我国资本市场规范、健康发展的根本性制度障碍。因此，无论从增强资本市场的融资功能、投资功能和优化上市公司的治理结构来看，还是从资本市场发展和对外开放来看，推行股权分置改革都势在必行。

(二) 股权分置改革的演进过程

股权分置改革的实施过程大致可分为四个阶段：试点阶段、全面启动阶段、攻坚阶段和基本完成阶段。

1. 试点阶段

2005年4月29日，中国证监会发布《关于上市公司股权分置改革试点有关问题的通知》，正式启动上市公司股改试点工作。在试点期间，中国证监会、国资委连续出台相关政策，引导、规范和推进股改：中国证监会发布《上市公司回购社会公众股份管理办法》、《关于上市公司控股股东增持流通股有关问题通知》等相关文件，中国证监会和国资委联合出台《关于股权分置改革试点工作的意见》，国资委发布《关于国有控股上市公司股权分置改革的指导意见》；深沪证券交易所和中国证券登记结算公司联合发布《上市公司股权分置改革试点业务操作指引》，深沪证券交易所出台《权证管理暂行办法》；中国证券登记结算公司发布《上市权证登记结算业务实施细则》。这些股改规范性文件的出台，为做好股改试点工作发挥了重要的促进作用。截至 2005 年 8 月 22 日，共有 46 家上市公司进行了股改试点，试点分两批进行：2005 年 5 月 9 日，清华同方、三一重工、紫江企业、金牛能源 4 家公司开始股改第一批试点。2005 年 6 月 20 日，第二批 42 家上市公司股改试点启动，试点公司涵盖了大型中央企业、地方国有企业、民营企业和中小企业等不同类型和层面的企业，量大面广，股改试点方案呈现多样化，有的公司股改方式有所创新，为股改全面铺开积累了经验。到股改试点结束时，46 家股改公司中除清华同方外，其他 45 家公司的股改方案获得股东大会通过，实施股改。

2. 全面启动阶段

2005 年 8 月 23 日，经国务院批准，中国证监会、国资委等五部委联合发布了《关于上市公司股权分置改革的指导意见》，对股改的意义、指导思想、总体要求等提出了方向性意见，标志着股改全面启动。2005 年 9 月 4 日中国证监会发布了《上市公司股权分置改革办法》，2005 年 9 月 6 日深沪交易所分别发布了《上市公司股权分置改革业务操作指引》。2005 年 9 月 8 日和 17 日，国资委先后发布了《关于上市公司股权分置改革中国有股股权管理有关问题的通知》、《关于上市公司股权分置改革中国有股股权管理审核程序有关事项的通知》，为国有上市公司股改扫除了最后的政策阻碍。在各方协同推进下，股改进展顺利。2005 年 9 月 12 日上海汽车、民生银行等 40 家上市公司开始股改，标志着股改在经过为期 4 个月的试点后正式全面启动。2005 年 10 月 10 日上海永久和万科发布股改方案，成为最早进行股改的含 B 股上市公司；2005 年 10 月 17 日 ST 农化发布股改方案，成为首家启动股改的 ST 类公司；2005 年 10 月 17 日鞍钢新轧发布股改方案，成为首家启动股改的 A+H 股公司；2005 年 11 月 9 日 ST 吉纸公布股改方案，成为首家启动股改的暂停上市公司。2005 年 11 月 21 日中小企业板最后一家股改公司黔源电力股改方案在股东大会上表决通过，至此，中小企业板 50 家上市公司股改全部完成，成为我国资本市场第一个与国际市场接轨的"全流通板块"。截止到 2005 年 11 月 21 日，深沪证券交易所先后有 10 批共 203 家公司进行了股改。

3. 攻坚阶段

尽管股改全面铺开并且进展较为顺利，但也存在一些问题：一是占市值较大的国有控股上市公司的股改相对缓慢，影响了整个股改工作的进程；二是随着股改的不断推进，未股改公司中亏损、担保、占用资金等问题较多；三是一些地方政府或部门对股改采取观望态度，在推进本地区、本部门股改方面不作为；四是一些公司非流通股控股股东与流通股股东在股改对价上难以协商达成共识，股改方案未获股东大会通过的现象增多。为妥善解决上述问题，加快股改进程，2005年11月10日中国证监会、国资委等五部委在北京召开"股权分置改革工作座谈会"。会议指出：股改进入关键时期，改革方向不能变、信心不能变、基本政策不能变，要"抓住重点，以点带面，推进改革"。在此次会议上，39家央企控股上市公司和11个重点地区的135家地方国有控股上市公司被列为股改重点对象。与此同时，财政、税收、外资、股权激励等涉及多个部门与股改相关的配套政策陆续推出，有力地支持了股改。2005年11月，国务院批转中国证监会《关于提高上市公司质量的意见》，中国证监会为落实国务院的批示，制定出清欠工作的具体要求，并要求逐项落实到位，以确保实现2006年完成清欠上市公司资金任务的目标。在各方努力下，相当多的ST公司和存在担保或关联交易等"问题"的公司进入了股改程序。截至2006年2月14日，深市主板进入股改的公司总市值已占深市A股总市值的53.79%，2006年2月28日，沪市股改公司总市值亦达到52.53%。截至2006年4月23日，深沪证券交易所在全面启动股改后有30批共计878家公司完成股改或进入股改程序，占应股改公司的65.33%。至此，我国股改取得了实质性的突破和进展。

4. 基本完成阶段

这一阶段的主要工作是推进未股改公司股改、解决前期股改的后续问题和恢复资本市场的融资功能。2006年5月之后，未进入股改或股改程序的上市公司主要有两类：一是以中国石化为代表的大型国有企业，公司数量不多，但公司市值占市场份额较大。这些公司股改的主要问题在于高层需要通盘考虑。为此，国资委等部门会同有关部门按照国务院的有关指示精神，协商大型国有控股上市公司股改。二是一些"问题"上市公司，主要是业绩较差、资金被控股股东占用、违规担保、股份被冻结等公司。公司数量相对较多，但公司市值占市场份额较少；这些公司股改牵涉许多问题，仅仅依靠上市公司或控股股东推进股改较为困难。一些地方政府为此会同司法、国资管理、银行、控股股东和其他相关利益者协商解决"问题"上市公司的股改问题，取得了明显的成效。2006年10月9日，G股公司摘去"G"标记，恢复股改方案实施前的简称。同时，未进行股改的公司简称前加"S"标记。2006年10月10日，中国石化完成股改后复牌。至此，我国证券市场市值排名前十的公司全部完成股改。随着90%以上的上市公司完成股改，我国资本市场运行机制开始发生根本性的变化。在推进未股改公司尽快实施股改的同时，按照"全流通"模式恢复市场融资功能已成为我国资本市场发展的重要任务。2006年5月17日中国证监会发布《首次公开发行股票并上市管理办法》，标志着因股改暂停近一年的新股发行重新启动。2006年6月19日中工国际在深交所上市,成为全流通制度下第一家发行上市公司,"新老划断"迈出了关键步伐。与此同时,前期股改的后续工作开始进入实施阶段。2006年6月19日"G三一"限售股份解除流通限制,进入二级市场流通,成为第一只"小非"解禁的个股。至此,我国资本市场股份全流通正式开启,改变了我国资本市场过去16年"非流通股不上市流通"的格局。2006年8月24日G恒生发布公告,称公司第二大股东已通过上交所出售了公司股票,这是限售股上市流通以来,第一家就限售股解禁后减持发布公告的G股。2006年9月11日首家发布并通过对价股改方案的G农产品,在2006年9月5~11日的履约期内,投资者预售要约股份数为零,标志着第一家零对价股改完成。2006年9月11日伟星股份部分股份限售期满,其控股股东伟星集团于9月11~13日通过深圳证券交易所减持,这是股改后控股股东首次通过二级市场出售限售流通股。这些股改后续工作的顺利实施,进一步巩固了股改的成果。截至2006年11月9日,已经股改或者开始股改的公司有1204家,其中已经实施股改的有1096家,董事会发布预案的有54家,股东大会通过的有29家,开始股改的有8家,股改方案未通过的有17家。据统计,到2007年末共计有1259家公司完成股改过程,占所有待股改上市公司的92.51%。

总之,股权分置使我国资本市场存在非流通股协议转让和流通股竞价交易两种价格,导致资本市场定价机制扭曲,使上市公司的资本运营缺乏市场化操作基础。作为一种历史遗留的制度,股权分置问题在许多方面已经严重制约中国资本市场的发展,阻滞国有资产管理体制的根本性变革,而且,随着新股不断发行上市,非流通股比重居高不下的问题不断积累,对资本市场稳定发展和对外开放的不利影响日益凸显。而股权分置改革改变了非流通股的流通权,搭建了非流通股与流通股利益一致的平台。但是,股权分置改革并没有从根本上改变上市公司股权治理结构中普遍存在的"一股独大"问题,控股股东与实际控制人的意志仍然凌驾于中小股东之上,实际控制人、控股股东与上市公司和中小股东的代理冲突仍然存在。而且,在后股权分置时代还出现了一些新的问题,诸如控股股东与实际控制人通过操纵市场、虚假陈述等手段影响二级市场股价,通过更为隐蔽的关联交易侵占公司资产等,这些问题所造成的损失可能更大。

第三章 理论基础与制度背景

二、国有资产管理体制从"五龙治水"到统一的国有资产出资人代表制度的建立

（一）国家财务论的形成、发展①与理论实现

国家财务概念最早是郭复初教授在 1986 年南昌全国企业财务理论与财务学科问题讨论会上提出的。郭复初在《社会主义财务的三个层次》上提出②："国家财务活动，是国家以生产资料所有者身份，为实现组织经济活动的职能，对企业或部门的一部分资金或创造的国民收入分配与再分配的经济活动，以满足经济发展的物质需要。"他还指出，国家财务的内容包括国有资产管理部门获取资产收益并进行再投资，对国有资产使用效益的财务监督、考核与进行财务调控等六个方面，并对国家财务与国家财政的区分、国家财政取代国家财务所产生的问题以及国家财务与部门财务、企业财务的关系等问题做了分析，这是我国学术界公认的最先提出国家财务理论的著作③。此后，郭复初教授在《论国家财务》和《财政统管论的问题与国家财务的独立》两篇文章中对国家财务理论提出的历史背景、理论依据、管理体系、国家财务与财政统管论的根本分歧等问题进行了深入论述。郭复初教授（1993）在其专著《国家财务论》中系统构建了国家财务的理论框架。

国家财务理论在 1986~1988 年被正式提出之后，随着我国经济体制改革理论与实践的不断发展而有所发展。1991 年，国家财务的概念与内容突破了从分配角度研究的框架，扩展到以所有者身份对国家财务资金的投入与产出两个方面，并对国家财务范畴独立存在的理论依据与实践依据作了探索，初步提出了国家财务管理的组织体系、指标体系和方法体系构建的设想。郭复初在《论国家财务》中提出："从实质上看，国家财务是国家以生产资料所有者身份，在社会再生产过程中进行资金投入，并取得资产收益而形成的资金运动体系。这一运动体系包括国家财务资金投入与产出两个方面。在这一过程中，国有资产不仅得到保值，而且能不断增值。国家财务资金运动有着补偿性（周转性）和增值性（效益性）的特点。"这一概念是后来形成的国有本金投入收益论的雏形。

1991 年，在同财政统管财务的观点的辩论中，国家财务理论有了进一步的发展，学者提出了国家财务管理的目标是追求所有者收益的最大化，并将产权理

---

① 本部分内容参考了郭复初、罗福凯、华金秋所著的《发展财务学导论》第 56 页到第 59 页的部分内容。
② 郭复初. 社会主义财务的三个层次 [J]. 财经科学，1988 (3).
③ 刘贵生. 财务科学的新发展——国家财务理论的提出 [J]. 会计学家，1992 (1).

论引入财务研究,指出"国家财务是国有资产的产权代表",是国有经济财务体系中的宏观层次,国有经济财务的微观层次是国有企业财务[1],此外,将国家财务定性在国有经济内部,提出国家财政调控职能可以覆盖国有经济与非国有经济,国家财务调控职能只限于国有经济的内部,这就进一步划清了国家财务与国家财政的界限,为国家财务独立论提出了有力的论据。

1993年,郭复初教授在其专著《国家财务论》中对国有经济财务的特点、国家财务存在依据、国家财务管理目标与体制、国有存量资产管理、国有增量资产管理、国有资产收益与分配管理、国家财务预算管理等问题做了系统研究,以马克思关于资本循环周转的理论为指导,揭示国有本金(即国有资本)在社会再生产过程中的运行过程,对国家作为所有者应如何进行国有本金的投入与取得收益,并进行再投入,以发展国有经济等问题进行研究,从而使国家财务理论与国有资产管理实践紧密结合起来,为国家财务理论的实际应用开辟了道路。

1993年11月,中共十四届三中全会提出建立社会主义市场经济体制的目标后,国家财务理论研究又围绕着建立现代企业制度中如何加强国家对国有企业的产权约束、实现国有企业债务重组、建立国家财务投资主体问题进行了研究,提出建立国资部门投资、国有资产中介经营公司投资和国有企业投资的三级结构,通过国家财务投资(国资部门投资与国有资产中介公司投资)向国有企业注入自有资本,改变资产负债结构,实现企业债务重组的设想。为了做到国有资产产权明晰和实现政企分开又对国有资本中介经营问题进行研究,提出在各级政府下设立国有资产专职管理部门(如国有资产管理委员会),内部"一分为二",分设国有资产管理的行政机构(如国有资产行政管理局)与国有资本营运总公司,做到行政管理与资本营运分开;再在国有资产营运总公司下设若干国有资本中介经营公司,专门从事资本营运[2]。这些研究,为解决建立现代企业制度的关键问题——确立国有资产投资主体与落实产权代表作出了努力。

1997年9月,中共十五大后,国家财务理论研究围绕着如何建立国有资产管理、监督、营运体系,如何开展国有资本重组与实现国有企业战略性改组,加快国有企业改革步伐,如何实行"债转股"和国有股流通等问题进行研究。

2002年6月,郭复初领著的《国有资本经营专论》[3]系统地研究了国有资产的管理、监督、营运体系的构建。在我国以公有制为主体、国有经济为主导、多种所有制经济共同发展的经济制度下,分类研究了经营性国有资产与非经营性国

---

[1] 郭复初.财政统管论的问题与国家财务的独立[J].财经科学,1992(3).
[2] 郭复初,干胜道.国有资本中介经营公司的组建[J].财经科学,1997(4).
[3] 郭复初领著.国有资本经营专论[M].上海:立信会计出版社,2002.

有资产的管理问题，他认为，经营性国有资产（即国有资本）应该实行国家财务总公司、子公司和国资企业的三级管理模式，针对经营性国有资产存在的重外部监督轻内部监督、重基层企业监督轻中间代理层次监督的问题，提出立法监督、产权监督、行政监督分设等建议。

随着我国资本市场的发展，如何将国有资产的监管与资本市场的完善结合起来，是国家财务理论思考的问题。2005年，郭复初教授在《资本市场与国有资本监管》中指出，中国资本市场以公有制为主体，以国有资产为主导，因此其功能除了投融资以外，还承担着促进国有企业产权多元化的功能、促使国有企业建立有效公司治理结构的功能、促使国有资本有效营运的功能、促使国有资本有效重组与优化配置等功能，并从健全市场准入制度、完善中介经营机构、解决国有股份流通等方面提出完善资本市场和加强国有资本监管的建议。

2002年11月，中共十六大报告提出"建立中央政府与地方政府分别代表国家履行出资人职责，享有所有者权益，权利、义务和责任相统一，管资产和管人、管事相结合的国有资产管理体制"，在此背景下，国家财务理论研究围绕着国有资产监督管理委员会的性质、职责、管理范围、监管模式、国有资本经营预算、国家财务调控、国有资本重组等问题展开深入研究，为建立健全新型国有资产管理体制作出努力。

2007年郭复初教授主持的《完善国有资产管理体制问题研究》研究课题在总结国资委成立后的国资监管经验的基础上，分析了国资监管中存在的问题，指出从国资委成立到实际的国有资产监管实践中国资委存在的行政管理与资产运营的矛盾，矛盾的根源是国资委法律定位不明确，机构具有行政性与经营性的二重属性。为此，提出应制定《国有资产法》，明确国资委作为出资人代表应是国有资产运营机构，应该拥有产权收益与再投资的职能，参照银监会、保监会的做法，在条件成熟时将国资委的监督职能与管理职能分开，成立全国性的国有资产监督委员会和专门的国有产业资产、金融资产、土地资产、资源资产的管理委员会。国有资产监督委员会行使行政监督职能，对全国各种国有资产行使统一监督的权力，克服现有由各部门分别监督的弊端。各种国有资产管理委员会则不再行使行政监督职能，只行使国有资产的经营管理职能，彻底解决"政资分开"问题。针对现行的分级代表制度存在的中央与地方"一股独大"与"内部人"控股与地方保护主义现象，课题组提出通过中央国资委与地方国资委或者不同地方国资委对同一国有企业进行交叉持股方式的改进思路。此外，该课题对如何完善与改进中央与地方国资委对国有资产的运营模式、国资委工作人员本身的激励与约束机制、国有资产产权交易市场、国有资本经营预算以及垄断行业国有资产的监管问题提出相应的建议。

要实现国家财务理论的种种构想,必须要有相应的、专门的国有资产监管机构作保障。1988年成立的国有资产管理局(国资局)可以说是启动了政府代理国有资产所有权的机构与政府管理社会经济的机构在组织制度和管理职能方面的分离进程①,国家国有资产管理局(作为国务院直属局,归口财政部领导),代表国务院专司国有资产管理职能,是国有资产所有者的总代表。其任务是:对中华人民共和国境内外的全部国有资产行使管理职能,重点是管理国家投入各类企业的国有资产,并按照"统一政策,分级管理"的原则,逐步建立从中央到地方的国有资产管理体系。国家国有资产管理局的成立,标志着我国的国有资产管理新体制开始从国家总体上突破计划经济体制的框架。它为我国国有资产管理体制走向社会主义市场经济奠定了重要的基础。此后,各省、自治区、直辖市政府和国家机关各部门也相继设立了专司的国有资产管理机构,确定了相应的编制,配备了专职人员,形成了包括中央政府和地方政府在内的全国性的国有资产管理体系。在其存在期间,国资局做了大量国有资产管理的基础性工作。其后,机构建设虽然有所反复,但是分离政府的社会经济管理机构与国有资产所有权代理机构、分离国有资产的监管与营运的趋势不可逆转。2003年,十届全国人大宣布成立"国务院国有资产监督管理委员会",随后公布《企业国有资产监督管理条例》,明确规定国有资产监管部门代表国家对所监管的企业行使出资人职责。此后各省、市相继成立地方国有资产管理委员会。按照《企业国有资产监督管理条例》,国资委的主要职责是:①根据国务院授权,依照《中华人民共和国公司法》等法律和行政法规履行出资人职责,指导推进国有企业改革和重组;对所监管企业国有资产的保值增值进行监督,加强国有资产的管理工作;推进国有企业的现代企业制度建设,完善公司治理结构;推动国有经济结构和布局的战略性调整。②代表国家向部分大型企业派出监事会;负责监事会的日常管理工作。③通过法定程序对企业负责人进行任免、考核并根据其经营业绩进行奖惩;建立符合社会主义市场经济体制和现代企业制度要求的选人、用人机制,完善经营者激励和约束制度。④通过统计、稽核对所监管国有资产的保值增值情况进行监管;建立和完善国有资产保值增值指标体系,拟订考核标准;维护国有资产出资人的权益。⑤起草国有资产管理的法律、行政法规,制定有关规章制度;依法对地方国有资产管理进行指导和监督。⑥承办国务院交办的其他事项。郭复初指出国有资产出资人代表制度意味着国资委与政府行政部门相比实现了四个根本性的变化:在管

---

① 郭复初,王建中.资本市场与国有资本监管[M].北京:清华大学出版社,2005.

理身份上，从过去政府的公共管理者转变为国有资产出资人代表；在管理方式上，从过去政府的行政管理转变为出资人的产权管理；在管理对象上，从过去管理各种所有制企业转变为管理授权范围内的国有资产；在管理目标上，从过去的实现国家宏观调控转变为实现国有资产保值增值和发展壮大国有经济。

国资委的成立，在解决国有资产管理无法可依以及遏制国有资产流失等问题上取得了较为明显的成果，对于进一步搞好国有企业，加快国有经济布局和结构的战略性调整，发展和壮大国有经济，实现国有资产保值增值具有重大意义。国资委成立后做了一系列工作，稳步推进央企重组的步伐，到2007末，央企数目由196家减少到150家，使国有资本能够有进有退、合理流动。此外，国资委出台一系列的规章制度，指导、规范央企进行股改，加快推动央企整体上市步伐。据统计，在2007年，有9家企业实现了境内外首次公开发行股票并上市，如中国中铁实现了主业资产整体上市，鞍钢股份、中国船舶等12家企业境内增发、配股。2007年12月，国资委向各中央企业发布《关于中央企业履行社会责任的指导意见》，指导中央企业履行社会责任。此外，启动中央企业负责人年度经营业绩考核和任期经营业绩考核，中央企业核心竞争力明显增强[①]。

（二）国家控股上市公司的监管模式变迁[②]

在20世纪80年代以前，我国实行的是计划经济体制，国有经济以国有企业为载体，国有企业是国有经济的一个"单位"，在此背景下，国有资产管理是通过对国有企业的直接管理来实现的，国有企业的经营效率不高。从十一届三中全会开始，我国启动了由计划经济体制向市场经济体制转轨的改革。以1987年深圳市成立全国第一个专门的国有资产管理机构[③]和1988年国家国有资产管理局的成立为标志，我国开始了国有资产管理体制面向社会主义市场经济的转变进程。以时间为标志，转变进程大体上可以分为两个阶段：①以1988年国家国有资产管理局的成立为标志的从计划经济向市场经济过渡的阶段；②以2003年国

---

① 2007年7月，美国《财富》杂志公布世界500强企业的最新排名，中国共有30家企业入选，其中大陆地区企业22家，香港特别行政区2家，台湾地区6家。国务院国资委监管的中央企业共有16家入围。在入围的中国企业中，中石化以316.36亿美元的年营业收入，从2006年的第23位升至第17位，成为世界500强中排名最高的中国企业，在亚洲则仅次于丰田汽车公司。中石油以1105.20亿美元的年营业收入名列第24位，国家电网以1071.85亿美元的年营业收入名列第29位，中国五矿、中海油、中国远洋3户中央企业2007年首次上榜（引自《国企》，2008年第2期）。

② 本部分内容参考郭复初，王建中. 资本市的与国有资本监管 [M]. 北京：清华大学出版社，2005.

③ 1987年，深圳市政府为了解决政府机构改革中行业主管部门撤销之后国有资产管理相对弱化和国有资产流失的问题，设立了国内第一个专门从事国有资产产权管理职能的政府机构——深圳市投资管理公司（行政性公司）。深圳市投资管理公司主要的任务是：受市政府的委托，管理市属经营性国有资产，享有收益权和投资权。

务院国有资产管理委员会成立为标志的构建市场化的国有资产管理体制的阶段。

1. 国有资产管理体制从计划经济向市场经济过渡的阶段

这一阶段从1988年到2003年，体现出典型的过渡特征。既有向市场经济前进的时期，也有向旧的国有资产管理体制反复、倒退的时期。这一阶段形成了三种有代表性的国有资产运营模式："一体两翼"模式和"98"模式、"深沪"模式。

（1）"一体两翼"模式

在1998年以前，全国较大部分省区市，包括中央政府，基本上都是实行"一体两翼"的模式，即以财政部门为主体，国有资产管理局和税务局作为其"两翼"，归口财政部门管理。"一体两翼"模式虽然走出了传统的计划经济体制模式，但从社会主义市场经济的角度看，带有明显的计划经济色彩。此时的国有资产管理局从1994成立时的国务院直属局变为财政部的下属局，这种定位的改变，开始了国有资产管理体制向政府代理国有资产所有权职能的机构与管理社会经济职能的机构合一的方向后退，是国有资产管理体制的倒退。

（2）"98"模式

1998年，国务院在机构改革中撤并国家国有资产管理局，国有资产管理体制表现出一种不同于以往实践的模式，这种模式被称为"98"模式。"98"模式将国有资产的出资人所有权分别由不同的政府部门行使，取消专司国有资产所有权代理职能的机构，由作为社会经济管理部门的财政部（地方财政厅/局）兼司国有资本金基础管理职能，行使收益及产权变更管理职能；由同样作为社会经济管理部门的国家经济贸易委员会对国有企业行使重大投资、技改投资的审批及产业政策的制定、国有企业的破产管理、兼并、改制等监管职能；由国家计委行使基本建设投资管理职能；由组织部、大型企业工委行使选择经营者的职能；由劳动部掌管企业工资额的审批。这种模式被形象地比喻为"五龙治水"。从是否建立专门的国有资产管理机构来说，它没有一个统一的国有资产管理机构。因此，"98"模式是一种不完善的国有资产管理体制。

（3）"深沪"模式

作为全国改革开放的试验区，深圳市在1992年9月成立了深圳市国有资产管理委员会，形成了深圳市国有资产管理委员会，国有资产经营公司和国有资产控股、参股企业三个层次的国有资产管理体制。在第一个层次上，深圳市国有资产管理委员会的设立，实现了政府代理国有资产所有权职能的机构与社会经济管理职能的机构分离；在第二个层次上，国有资产经营公司的设立，实现了国有资产的营运职能与国有资产的监管职能的分离。此外，在第二个层次与第三个层次之间，既实现了企业出资人所有权与法人财产权的分离，又在政企分开的基础

第三章 理论基础与制度背景

上，建立了科学的国有资产出资人制度和产权代表制度，解决了第三个层次的企业中国有资产出资人"缺位"的问题。

上海市在1993年成立了以上海市委、市政府主要领导和市政府各有关部门主要负责人组成的上海市国有资产管理委员会，建立起与深圳市的基本构架相似的"三个层次"的国有资产管理体制。

深圳模式和上海模式从实现"政资分开"与"政企分开"的目标上说是一致的。作为特区，深圳没有行业主管部门，其模式是集中政府国有股权成立控股公司；上海则是撤销行政主管部门改制组建国有资产控股公司，实际上与深圳的模式是一致的，都是政府实行"政资分开"设立国有资产管理机构，实行"政企分开"授权国有资产经营机构作为国有资本运营的出资人代表。

此外，与"深沪"模式相似的还有辽宁的"两委合一"模式、吉林的"决策会议"模式、珠海的"一委两局"模式等。1999年底，辽宁省成立辽宁省国有资产管理委员会，并与企业工委合署办公，即"两委合一"模式，辽宁省国资委专门负责省直属经营性国有资产的管理。作为国有资产的出资人代表和国有资产的监管者，辽宁省国资委是将企业经营、监督的权利与责任统一于一身的独立的实体组织机构。以出资人的身份，从过去政府对企业的实物管理转变为价值管理，以确保国有资产的保值增值。"两委合一"实现了国有资产管理体制中管人、管资产和管监督的职权的统一。1999年2月，吉林省采用非政府机构——"决策会议"模式，进行了"两级出资、三级架构"的国有资产管理体制的改革。"两级出资"中的第一级是国有资本营运决策会议，第二级是资产营运机构。"决策会议"对营运机构行使出资人职能，资产营运机构则对其所投资的企业行使资本的所有者职能。"决策会议"、资产营运机构与营运投资的企业共同构成了"三级架构"。"决策会议"由分管该行业的副省长任主任，成员包括行业专家、学者及有关厅局负责人。作为向企业决策提供指导意见的非常设机构，"决策会议"根据需要不定期召开，其秘书处作为一个常设的咨询机构存在。2001年下半年，吉林省委企业工委成立，负责企业领导班子的人员推选。吉林省工委按1：2的比例向吉林省委提出企业领导人选，吉林省委通过后再提交给"决策会议"，"决策会议"最终决定由谁出任企业领导。企业工委掌握企业领导配备的初筛权，"决策会议"掌握了否决权。"决策会议"模式的优点在于实现了政资、政企的分开，但拥有不完整的人事决定权。

珠海1999年建立了市委企业工作委员会、企业董事管理局、国有资产经营管理局，即"一委两局"的国有资产管理体制，建立了国有资产管理部门监管—资产营运机构运营—企业经营的"三层架构"。"一委两局"的主要职能是：第一，代表市政府作为国有资产出资人，行使国有资产占有、使用、处置、收益等权责，对国有资产保值增值承担责任；第二，负责市属企业党组织建设和领导班子建设，委派企业董事会成员和选择聘免经营班子成员，向国有企业委派财务总监、独立董事；第三，负责市属国有企业重大投资决策、重大产权变动、重大人事任免事项管理；第四，负责市属国有企业建立现代企业制度，健全法人治理结构；第五，负责制定或拟定市属国有资产经营管理的政策法规，推进国有经济结构调整和国有企业改革工作。"一委两局"的主要特征表现在：①从过去的管理"国有企业"到经营"国有资本"，从政府职能管理到出资人管理，从搞好国有企业到确保国有资产保值增值。②"一委两局"既行使政府管理国有资产的行政职能，如产权登记、清产核资等；同时也行使国有资产的出资人职能。这种双重职能的一体化，强有力地推进了企业改革、国有经济结构调整等战略决策的顺利实施。③"一委两局"实践中的"三块牌子，一套班子"的组织体制，从理论到实践上解决了以往国有资产管理体制中出资人定位不明、职能不清的缺陷，较好地实现了"政企、政资、政事"的分开和"管人、管事、管资产"的结合，解决了政府微观经济管理职能多头化的问题，明确了国有资产经营管理局行使微观经济管理职能，政府其他职能部门行使宏观经济管理职能，使国有资产管理的经济性和社会性的双重目标得到统一。

参照深圳、上海等国有资产管理体制改革的经验，天津、河北、浙江、安徽、海南、青海、陕西先后成立了国有资产管理委员会，办事机构采取国有资产管理办公室与财政厅（局）合并方式。黑龙江、湖北、山东、江苏、内蒙古、福建、广东成立国有资产管理委员会，办事机构有的称国有资产管理中心，有的称国有资产管理小组。武汉、厦门、青岛等市也按"深沪"模式进行了国有资产管理体制的改革。

2. 市场化的国有资产管理体制阶段

这一阶段从2003年至今。中共十六大提出："在坚持国家所有的前提下，充分发挥中央和地方两个积极性。国家要制定法律法规，建立中央政府和地方政府分别代表国家履行出资人职责，享有所有者权益，权利、义务和责任相统一，管资产和管人、管事相结合的国有资产管理体制。"同时指出："关系国民经济命脉和国家安全的大型国有企业、基础设施和重要自然资源等，由中央政府代表国家履行出资人职责。其他国有资产由地方政府代表国家履行出资人职责。中央政府和省、市（地）两级地方政府设立国有资产管理机构。"中共十届人大公布的政府机构改革方案中，宣布成立"国有资产监督管理委员会"，将原国家经济贸易委员会、中央企业工作委员会、财政部等部门关于国有资产管理的职能整合起

第三章 理论基础与制度背景

来，作为一个单独的委员会，由国务院授权，代表国家履行出资人职责。中共十六届三中全会在《中共中央关于完善社会主义市场经济体制若干问题的决定》中对完善国有资产管理体制以及深化国有企业改革的政策作了方向性的规划，指出："坚持政府公共管理职能和国有资产出资人职能分开。国有资产管理机构对授权监管的国有资本依法履行出资人职责，维护所有者权益，维护企业作为市场主体依法享有的各项权利，督促企业实现国有资本保值增值，防止国有资产流失。建立国有资本经营预算制度和企业经营业绩考核体系。积极探索国有资产监管和经营的有效形式，完善授权经营制度。建立健全国有金融资产、非经营性资产和自然资源资产等的监管制度。"

可见，在新的国有资产管理体制中，强调在国家所有的前提下由中央政府和地方政府分别代表国家行使所有者职能，这种体制被概括为"统一所有，分级代表"体制。这种体制是对"统一所有，分级管理"的"98"模式的改革。从内容上看，国有资产管理体制改革的核心是建立国有资产出资人制度，出资人是否到位、如何到位是国有资产管理体制有效运行的关键。国有资产出资人制度是一组制度安排的集合，包括出资人代表制度、监管制度、公司治理制度、激励与约束制度、收益分配制度、投资制度、经营管理制度等[①]。国有资产出资人代表制度解决国有资产管理权可分与所有权不可分造成的国有产权界限模糊问题，该制度的体现是中央和地方两级国有资产管理委员会（以下简称国资委）的成立。这种"统一所有，分级代表"体制在国有资产监督与管理上表现出如下特点：①国有资产管理部门的相对集中。国有资产由过去的分散管理转向集中管理，即由过去的多部门管理集中于一个部门管理，实现管人、管事与管资产的统一。②管理权限的相对集中。新的国有资产管理机构第一次把管人、管事与管资产集于一体，具有明显的集权化的特点。在"统一所有，分级管理"体制下，出于权利的有效分配和相互制衡的考虑，将管资产与管人、管事相对分开，虽然分工负责可以使各自的权力最大化，但对整体权力是一种侵蚀，最终可能导致权利的弱化。因此，把国有资产管理中资产权、人权与事权相对集中是必要的。③管理层次的分级授权。在新的国有资产管理体制下存在着双重授权，即各级政府授权国资委代表国家行使出资人职责，国资委对授权代理的资产可以继续采用授权方式，选择有条件的集团公司或资产经营公司代理经营。在授权的范围内，每一个层级可以独立运作，并拥有不受干预的权力。

总之，国有资产管理体制改革始终围绕着国有企业改革展开。郭平、钟荣华

[①] 李连仲.国有资产监管与经营 [M].北京：中国经济出版社，2005.

将这种改革称为需求诱导型改革。在改革的过程中，一方面是放权，另一方面也给国资委的定位带来一定的模糊性。作为实际控制人的国资委尽管本质上力求提高公司效率，但是也难免出现"裁判员兼运动员"的现象，"婆婆加老板"的制度风险依然存在。

三、民营企业上市：直接上市和间接上市并存

1992年民营企业ST深华源（0014）的上市揭开了民营企业进入中国证券市场的序幕，截至2007年12月31日，中国民营上市公司数量已达410家。受我国证券市场上市准入制度的限制以及民营企业上市意愿的强弱的影响，民营企业上市过程经历了起起伏伏。

（一）我国股票发行监管制度的演变

从整体上看，我国股票发行监管制度经历了从审批制到核准制的转变过程。这一过程又经历了额度管理、指标管理、通道制和保荐制四个阶段，其中额度管理和指标管理属于审批制，通道制和保荐制属于核准制。

1. 额度管理阶段（1993~1995年）

主要做法是，国务院证券管理部门根据国民经济发展需求及资本市场实际情况，先确定总额度，然后根据各个省级行政区域和行业在国民经济发展中的地位和需要进一步分配总额度，再由省级政府或行业主管部门来选择和确定可以发行股票的企业（主要是国有企业）。

2. 指标管理阶段（1996~2000年）

这一阶段实行"总量控制，限报家数"的做法，由国务院证券主管部门确定在一定时期内发行上市的企业家数，然后向省级政府和行业主管部门下达股票发行家数指标，省级政府或行业主管部门在上述指标内推荐预选企业，证券主管部门对符合条件的预选企业同意其上报发行股票正式申报材料并审核。

3. 通道制阶段（2001年3月~2004年12月）

2001年3月实行了核准制下的通道制，也就是向综合类券商下达可以推荐拟公开发行股票的企业家数。只要具有主承销商资格，就可获得2~9个通道，具体通道数主要以2000年该主承销商所承销的项目数为基准，新的综合类券商将有2个通道数，主承销商的通道数也就是其可以推荐申报的拟公开发行股票的企业家数。通道制下股票发行"名额有限"的特点未变，但通道制改变了过去行政机制遴选和推荐发行人的做法，使主承销商在一定程度上承担起股票发行风险，同时也获得了遴选和推荐股票发行的权力。2004年2月保荐制度实施后，通道

制并未立即废止，每家券商仍需按通道报送企业，直至 2004 年 12 月 31 日彻底废止了通道制。因此，2004 年 2 月~2004 年 12 月为通道制与保荐制并存时期。

4. 保荐制阶段（2004 年 2 月至今）

保荐制下，企业发行上市不但要有保荐机构进行保荐，还需要具有保荐代表人资格的从业人员具体负责保荐工作。保荐工作分为两个阶段，即尽职推荐和持续督导阶段。从中国证监会正式受理公司申请文件到完成发行上市为尽职推荐阶段。证券发行上市后，首次公开发行股票的，持续督导期间为上市当年剩余时间及其后两个完整会计年度。保荐机构和保荐代表人在向中国证监会推荐企业发行上市前，要对发行人进行尽职调查和专业辅导培训，保荐机构要在推荐文件中对发行人是否符合发行上市条件，申请文件是否存在虚假记载、误导性陈述或重大遗漏等事项作出承诺。证券发行上市后，保荐机构要持续督导发行人履行规范运作、信守承诺、信息披露等义务。保荐制的核心内容是进一步强化和细化保荐机构的责任，尤其是以保荐代表人为代表的证券从业人员的个人责任。实施证券发行上市保荐制度是深化发行审核制度改革的重大举措，是对证券发行上市建立市场约束机制的重要制度探索，将推动证券发行制度从核准制向注册制的转变。

(二) 民营企业进入证券市场的过程

民营企业进入证券市场的过程大体上可以分为以下三个阶段：

1. 起步阶段（1992~1997 年）

1992 年 6 月深华源 A 在深圳交易所的挂牌打响了中国民营企业上市第一枪，此后，越来越多的民营企业进入中国证券市场。但同大批国企改制上市相比，民营上市企业只占很小部分。浙江省民营经济在我国起步较早、发展较快，第一家民营企业万向钱潮（000559）1994 年进入证券市场。1995 年股市处于低迷期，民营企业上市基本处于徘徊状态。

2. 发展阶段（1997~1999 年）

1998 年 3 月，民营企业新希望（0876）完成股份制改造上市，标志着民营企业进入证券市场有了实质性突破。这一阶段民营企业上市数量呈逐年上升趋势。在此阶段，发行的额度受到国家有关部门的管理，实行"总量控制，限报家数"的额度管理。国家政策的导向还是支持国有企业改革、发展、解困，上市额度仍然向国有企业倾斜，民营企业上市受到成分、额度等种种限制性约束。

3. 快速增长阶段（2000 年至今）

随着 2000 年我国上市方式从审批制到核准制的转变，股票市场发行制度更加市场化，为民营企业上市提供有利的条件。2001 年 1 月 18 日，天通股份

（600330）由自然人控股上市，成为民营企业上市的里程碑。近几年来，民营上市公司占上市公司总数的比例显著增长，到 2002 年 9 月，民营企业进入证券市场的数量首次超过上市新股数量，这主要与当时发生的大量的买壳上市有关。2004 年 5 月中小企业板的启动使越来越多的民营企业进入证券市场。据统计，目前在中小板挂牌上市的 274 家公司中的 71.2% 都是民营家族企业，公司的实际控制人为自然人。

在民营企业进入证券市场的过程中，直接上市与间接上市的公司比例在上述三个阶段中有所不同。1997 年以前，民营企业以直接上市为主，没有发生买壳上市的间接上市方式。由于资产重组的升温和上市政策的变化，从 1998 年开始，间接上市开始活跃。据统计，2002 年 10 月沪深两市 194 家民营上市公司中，直接上市的民营公司有 67 家，占整个民营上市公司总数量的 34.54%；买壳上市的民营上市公司有 127 家，所占比例达到 65.46%。而 2004 年中小企业板启动后上市的民营企业大多采用直接上市方式。郎咸平指出，民营企业介入上市公司的方式影响其业绩，他认为，家族上市公司的业绩不如一般的民营企业，其原因是大部分家族公司是通过买壳实现家族控制，而当时直接上市的公司只占少数，因此中国内地家族公司的业绩指标主要体现的是通过买壳上市方式获取控制权的家族公司的情况。很多买壳上市家族公司基本上都发生过重大的重组行为，如菲菲农业（000769）等，这些公司往往由于刚刚完成重组，重组后的业绩还没能体现出来；而另一些家族公司则借重组之机操纵二级市场，业绩更是大起大落。比较而言，直接上市的家族公司的成长性远远好过买壳上市的家族公司和非家族公司，直接上市的家族公司也更乐于派现，却不愿意借债。上海证券交易所《中国公司治理报告（2005）：民营上市公司治理》对截止到 2004 年底在上海证券交易所挂牌的 212 家民营上市公司进行统计发现，民营上市公司的整体业绩远远落后于非民营性质上市公司的平均水平。由于直接上市程序对民营企业具有一定的筛选作用，直接上市的民营上市公司在民营类上市公司中盈利能力最强。2004 年，以 IPO 方式上市的民营企业加权平均净资产收益率为 4.68%，每股收益为 0.13 元，是民营上市公司中最好的。买壳上市的民营企业整体业绩最差，2004 年，买壳上市的民营企业加权平均净资产收益率为 -3.35%，每股收益为 -0.06 元，总负债水平最高并保持较快的增长势头。

总之，通过对我国资本市场的制度背景分析，可以看出我国的国有企业以及民营企业大多具有股权集中的特点，在股权分置改革前资本市场存在诸多问题，股改后有所改进。但是实际控制人与中小股东的代理冲突是否有所缓解还需要实证分析的支持。

第四章 委托代理成本的模型分析

第一节 B-M 范式下的委托代理成本

B-M 范式下的委托代理成本主要表现为股东与经营者、股东与债权人之间的代理冲突，出于本书研究的目的，本章主要分析股东与经营者之间的代理成本。Jensen 和 Meckling 在 *Theory of the Firm: Managerial Behaviour, Agency Costs, and Ownership Structure* 一文中用无差异曲线详细分析了股东与经营者之间的委托代理成本，属于实证分析的范畴。

一、基本假定

Jensen 和 Meckling 在分析股东与经营者的代理成本时首先假定：①税收为0；②没有商业信用；③外部股权没有投票权；④企业家—经营者的工资保持不变；⑤公司的规模固定；⑥没有监督和担保活动。

二、股东与经营者的代理成本

令 $X = (X_1, X_2, \cdots, X_n)$，表示经营者追求非货币收益（包括在职消费、个人权利、声誉、偷懒等）的全部要素和活动的向量集。$C(X)$ 表示 X 所消耗掉的企业成本；$P(X)$ 表示 X 为企业所带来的各种利益；$B(X)$ 表示 X 为企业带来的净收益（忽略 X 对经理均衡工资的影响）。则 $B(X) = P(X) - C(X)$。忽略 X 对边际效用的影响，最优要素和活动向量为：$\dfrac{dB(X^*)}{dX^*} = \dfrac{dP(X^*)}{dX^*} - \dfrac{dC(X^*)}{dX^*} = 0$。

但是，若经营者按照自己的偏好选择行为 X_1（$X \geqslant X^*$），那么 $F \equiv B(X^*) - B(X_1) > 0$ 表示经营者追求非货币收益的要素和活动增量 $(X_1 - X^*)$ 给企业造成的成本。F 也可以理解为经营者在非货币利益方面的支出流的现值，从而可以用它来表示经营者的非货币收益。

第一，考虑单一的所有者兼经营者 100% 拥有和控制企业，如果所有者兼经营者不追求非货币收益，则企业将产生货币利益 $\bar{V}$。此时，如果他为了非货币收益而耗费掉 1 单位的企业货币收益，则他的货币收益将相应降低 1 单位。因此，其预算约束线斜率为-1。当他把企业所有的货币收入都用于非货币收益时，$F = \bar{V}$。

第二，当所有者兼经营者既追求货币收益又追求非货币收益时形成无差异曲线 U。当经理是单一的所有者兼经营者时，实现效用最大化的点是 D，即在获得货币收益 V* 的同时享受非货币收益 F*。

第三，如果所有者兼经营者将 (1－α) 的股份卖给外部股东，此时，如果他为了非货币收益而耗费掉 1 单位的企业货币收益，由于他个人仅仅承担成本的 α 部分，因此，预算约束线斜率为-α。所以，所有者兼经营者将选择更多的非货币收益、降低寻找获利机会的努力并由此减少企业的市场价值。在这种情况下，Jensen 和 Meckling 证明了，如果证券市场是有效的，理性的外部股东就不会支付 (1－α)×V*，而只会支付企业价值的 (1－α)×V_2 部分，这意味着整个价值下降的 (V*－V_2) 部分由原来的所有者承担。这个由代理关系造成的企业价值的下降就是剩余损失，而且这个财富损失全部由原所有者承担，即存在"财富转移效益"。具体分析如图 4-1 所示。

可见，通过比较 100% 拥有和控制企业的单个所有者兼经营者的行为和他在把部分股权出售给外部股东以后的行为的异同，可以分析部分股权的销售对所有者财富和效用的影响以及对代理成本的影响。此外，Jensen 和 Meckling 还证明了监督和担保支出可以削弱经营者的相机处置权，改变他们获得 F 的机会，从而使

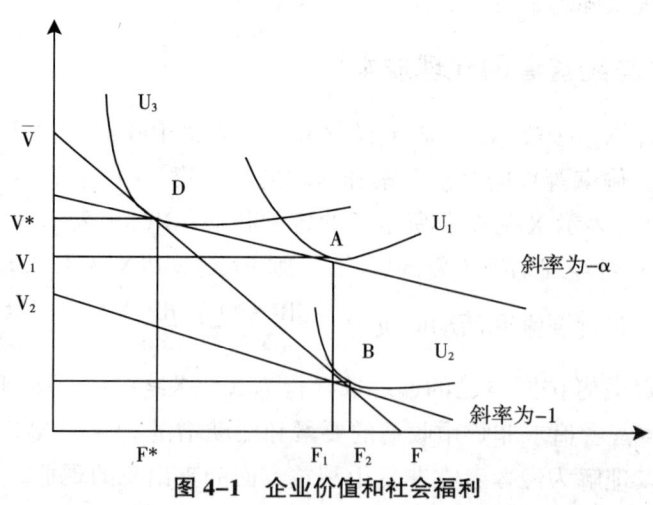

图 4-1 企业价值和社会福利

第四章 委托代理成本的模型分析

企业的价值上升,也就是说,代理成本的存在及大小与监督成本有关。当然,代理成本也与经营者的偏好有关,代理成本为零和为正时的企业价值差异就是所有权和控制权分离的成本。

第二节 LLSV 范式下的委托代理成本

LLSV 范式下的委托代理成本主要体现为控制性股东(实际控制人)与中小股东之间的代理成本。控制性股东通过金字塔、交叉持股和发行双重股份等方法分离所有权与控制权,而这种分离会导致控制性股东与中小股东的代理成本。如果把 B-M 范式下股东与经营者的委托代理成本称为第一类代理成本,那么 LLSV 范式下控制性股东(实际控制人)与中小股东之间的代理成本可以认为是第二类代理成本,而且第二类代理成本比第一类代理成本更大,给上市公司和中小股东造成的剩余损失更严重。Bebchuk 等指出第二类代理成本比第一类代理成本高一个数量级(an order of magnitude)。

一、所有权与控制权的分离

控制性股东代理问题产生的基本条件是所有权与控制权的分离。所有权是指现金流量权,即股东依据持股比例享有的剩余索取权。实际控制人对上市公司的所有权较一般股东的所有权更加复杂,实际控制人对上市公司的所有权既包括直接享有的权益,也包括间接享有的权益。它包括实际控制人通过一致行动、金字塔、交叉持股等方式拥有的上市公司的全部的所有权。控制权是指投票权,即股东对公司重大事项的决策权,取决于股东所持有股份的多少。控制权也包括直接控制权和间接控制权。一般情况下,控制性股东持有公司较大比例的股份就是为了获得公司的控制权。① 所有权与控制权的分离是指所有权与控制权的偏离,可

---

① 实际上,公司控制权是一个很模糊的概念,Berle 和 Means 在《现代公司与私有财产》中认为,与所有权分离的控制权是公司制度的特殊产物,他们从实用主义的角度认为控制权就是指通过法定权利或施加影响,实际上有权选择大部分董事会成员的权力。许多学者延续了这种对控制权的界定方法,如 Blumherg 就认为控制权是选择大部分董事会成员和指导公司管理的权力。杨瑞龙、周业安(1997)指出:许多战略性的重大决策权往往在《公司法》和公司章程中都做了明确的指定,如聘退经理的权利、合并和清算、重大投资权等,为了避免因概念内涵的含糊性所引起的混乱,比较现实的态度是把剩余控制权定义为企业的重要决策权。丁新娅、王化成将控制权界定为企业的资源配置以及重要决策权和决策制定以及执行情况的监督权,它是通过拥有投票权来实现的。此外,格罗斯曼和哈特(1995)从不完全契约的角度出发区分了特定控制权和剩余控制权,并将剩余控制权直接定义为企业的所有权。

用所有权与控制权的比值计量,所有权与控制权分离的结果是控制性股东的控制权往往大于所有权,因此,所有权/控制权≤1,比值越小则分离越大,为什么控制性股东分离所有权和控制权会产生代理问题呢?即为什么两权分离会导致控制性股东侵害小股东利益呢?这是因为,所有权和控制权分离以后,控制权通常大于所有权。将所有权与控制权分离并使后者大于前者的目的就在于控制性股东可以以较小的成本达到控制公司重大决策的目的。一旦掌握了公司的控制权,控制性股东就可以以各种合法或非法的手段将上市公司的资源输送给自己。尽管这样很可能会使公司受损,进而损害包括控制性股东自己在内的所有股东的利益,但是,只要控制性股东从这种利益输送中得到的好处大于其损失,他们就有动机转移上市公司资源。也就是说,控制性股东将转移上市公司资源的收益独享,却将侵害公司的机会主义行为的成本外部化给所有股东承担,这样,上市公司就流落为控制性股东侵占中小股东利益、攫取控制权私人收益的工具。Bebchuk 等、LaPorta 等、Claessens 等等在分析世界范围内上市公司的股权结构时发现,控制性股东分离所有权与控制权的方式主要有三种:金字塔、交叉持股和二元股权结构(dual-class share structure)。

(一) 金字塔

金字塔结构是指在一个企业的控制链中,控制性股东居于最上层,而上市公司居于最底层,有一个或多个控股股东位于两者之间。LaPorta 等、Claessens 等以及 Faccio 和 Lang 列举了东亚和西欧等国一些简单的和复杂的金字塔结构的案例。刘芍佳等(2003)列举了一些中国上市公司的金字塔结构的例子。结合他们的分析,通过查看我国上市公司 2007 年度报告所披露的情况,可以把金字塔分为两种:第一种情况是控制性股东对上市公司既有直接的控制关系,也有间接的控制关系;第二种情况是从控制性股东到上市公司只有单一的直接控制关系。如图 4-2、图 4-3 所示:

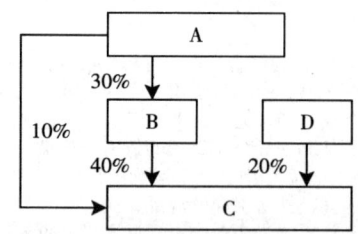

图 4-2 控制性股东的控制权与所有权(一)

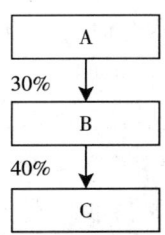

图 4-3 控制性股东的控制权与所有权（二）

在图 4-2 中，控制性股东 A 持有 B 公司 30%的股份，而 B 公司持有 C 公司 40%的股权（假设 30%已达到控股比率），控制性股东 A 既通过 B 间接控制 C，也直接持有 C 公司的股份。在图 4-3 中，控制性股东 A 持有 B 公司 30%的股权，而 B 公司持有 C 公司 40%的股权（假设 30%已达到控股比率），但控制性股东 A 没有直接持有 C 公司的股份。在这两种情况下控制性股东都实现了所有权与控制权的分离，按照 La porta 等和 Claessens 等的方法，所有权的大小可用实际控制人与上市公司股权关系链条中持有比例相乘或实际控制人与上市公司每条股权关系链每层持有比例相乘之总和来计量，即所有权为 $\sum_{i=1}^{n}\prod_{i=1}^{t}a_{it}$，其中，$a_{i1}$，…，$a_{it}$ 为第 i 条股权关系链的所有链间持股比例。

而控制权的大小为实际控制人与上市公司股权关系链中的最小值或每条股权关系链中最小值的总和，即控制权为 $\sum_{i=1}^{n}\min(a_{i1}, a_{i2}, \cdots, a_{it})$，其中，$a_{i2}$，…，$a_{it}$ 为第 i 条股权关系链的所有链间持股比例。

因此，在图 4-2 中，A 对 C 的所有权为直接所有权与间接所有权之和，其大小为（10%+30%×40%），即 22%。控制权为 [10%+min（30%，40%）]，即 40%，所有权与控制权的分离度是 0.55。在图 4-3 中，A 对 C 的所有权仅仅为间接所有权，其大小为（30%×40%），即 12%。控制权为 min（30%，40%），即 30%，所有权与控制权的分离度是 0.40。

（二）交叉持股

所谓交叉持股是指两个以上公司，基于某种特定目的，相互持有对方的股份，从而形成企业法人间交叉投资的现象，其主要特征是甲持有乙的股权，乙持有丙的股权，丙又持有甲的股权，如此等等，形成"你中有我，我中有你"现象。交叉持股结构与金字塔结构的主要差别在于：控制一个企业集团的投票权是分散在集团内的若干个企业之中，而不是集中在一个控制性股东手中。交叉持股也可以使控制性股东分离所有权与控制权,而且,企业集团中的企业越多,分离幅度越大。总的来说,交叉持股结构不如金字塔结构普遍。

交叉持股主要起源于 20 世纪 50 年代的日本,Claessens 等指出在日本交叉持股的控制结构普遍存在。目前沪深上市公司交叉持股情况非常普遍,据夏志琼统计,在 2007 年沪深上市公司中交叉持股的有 340 多例,上市公司参股银行的有 361 例(上市及非上市),参股保险公司的有 68 例(上市及非上市),参股综合类券商的有 270 例(上市及非上市),参股经纪类券商的有 8 例,参股信托公司的有 68 例(上市及非上市),参股基金管理公司的有 20 例。交叉持股中最为简单的情形如图 4-4 所示:

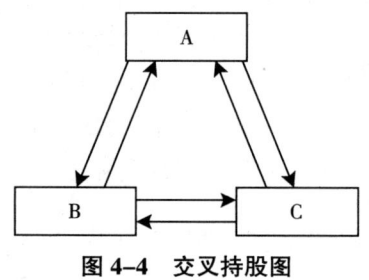

图 4-4 交叉持股图

图 4-4 中,A、B、C 三家公司相互持股,A 公司为实际控制人,B 公司与 C 公司为集团内的企业。假设 A 公司分别直接持有 B、C 两公司 15%和 20%的股份,B 公司分别直接持有 A、C 两公司 10%和 5%的股份,C 公司又分别直接持有 A、B 两公司 15%和 10%的股份。现在的问题是如何计算 A 公司对 C 公司的持股比例呢?显然,A 公司对 C 公司的持股比例应该是直接持股比例和间接持股比例之和。A 对 C 的直接持股比例无须计算,而一般计算间接持股比例时采用简化的方法,即用 A 对 B 的直接持股比例 15%乘上 B 对 C 的直接持股比例 5%,其结果为 0.75%。但是,实际上这种方法不能准确地计算 A 对 C 的间接持股比例。由于交叉持股的存在,A、B、C 公司间的持股关系具有"传递性"。以 A 为例,A 对 C 的持股比例包括:A 公司对 B 公司直接持股——B 公司对 A 公司直接持股——A 公司再对 C 公司直接持股;A 公司对 C 公司直接持股——C 公司对 B 公司直接持股——B 公司对 A 公司直接持股——A 公司再对 C 公司直接持股,如此等等。因此,计算间接持股时应该综合考虑以上公司间的递推关系。如果把上述的计算方法称为是简化的"部分间接持股"比例计算方法(如前面的 0.75%的计算方法)的话,本书认为有必要考虑准确的"全部间接持股"比例计算方法。从严格的理论意义上,既然将"间接持股"计算进"持股"中去,就应当将"全部间接

持股"计算进去,而不是仅仅计算"部分间接持股"。那么如何准确计算"全部间接持股"比例呢?

考虑一般的情况。假定有 n 家具有独立法人资格的公司 A_1,A_2,…,A_n,相互之间存在交叉持股关系(当然,并不要求所有的两个公司 A_i 和 A_j 之间一定都要有持股关系)。A_i 对 A_j 的直接持股比例记为 a_{ij}($0 \leq a_{ij} \leq 1$)。设

$$A = \begin{pmatrix} a_{11} & a_{12} & \cdots & a_{1n} \\ \vdots & \vdots & \vdots & \vdots \\ \vdots & \vdots & \vdots & \vdots \\ a_{n1} & a_{n2} & \cdots & a_{nn} \end{pmatrix}$$

,则 A 为直接持股比例矩阵。矩阵 A 中所有对角线上的元素 a_{ij}($i = 1, 2, \cdots, n$)均为零,即公司对自身的直接持股比例为 0。

设 A_i 公司对 A_j 公司的全部持股比例(A_i 公司对 A_j 公司直接持股比例与 A_i 公司对 A_j 公司全部间接持股比例之和)为 c_{ij}($0 \leq c_{ij} \leq 1$;$i, j = 1, 2, \cdots, n$)。记

$$C = \begin{pmatrix} c_{11} & c_{12} & \cdots & c_{1n} \\ \vdots & \vdots & \vdots & \vdots \\ \vdots & \vdots & \vdots & \vdots \\ c_{n1} & c_{n2} & \cdots & c_{nn} \end{pmatrix}$$

,则 C 为全部持股比例矩阵。

假定 A_i 对 A_k 的直接持股比例为 A_{ik},A_k 对 A_j 公司的全部持股比例为 c_{kj},则 A_i 通过 A_k 公司层层"递推"对 A_j 公司的全部间接持股比例为 $a_{ik} \times c_{kj}$。由此可以得到 A_i 公司对 A_j 公司的"全部间接持股比例"为 $\sum a_{ik} \times c_{kj}$($i, j=1, 2, \cdots, n$)。则 A_i 对 A_j 的全部持股比例为:

$$C_{ij} = a_{ij} + \sum a_{ik} \times c_{kj} \quad (i, j = 1, 2, \cdots, n) \tag{4.1}$$

用矩阵表示为:

$$C = A + AC \tag{4.2}$$

对(4.2)式进行矩阵计算,可以得到全部持股比例矩阵 C:

$$C = A \times (I - A)^{-1} \tag{4.3}$$

其中,I 为 $n \times n$ 的单位矩阵。

同时可以得到"全部间接持股比例矩阵":

$$B = C - A \tag{4.4}$$

其中,B 为间接持股比例矩阵。可以看出,矩阵 B 及矩阵 C 对角线上的元素可以不为零,即公司可以"间接地"持有本公司股份。

因为一般只需计算控制性股东的控制权,因此,公司间的控制权的计算可以简化,图 4-4 中假定 A 为 C 的控制性股东,则控制权为 $\sum_{i=1}^{n} \min(a_{11}, b_{11})$。

(三) 二元股权结构

二元股权结构是指同一家公司的股份具有不同的投票权,但这些具有不同投票权的股票具有相同或相似的收益权。最典型的二元股权结构是优先股与普通股,通常优先股没有投票权,而普通股有投票权,普通股的投票权可能是一股一票,也可能是一股多票。对于二元股权结构来说,控制性股东可以持有具有较高投票权的股份,而将没有投票权或投票权较小的股份出让给小股东,通过这种方式可以达到分离控制权与所有权的目的。尽管二元股权结构是一种最简单的分离控制权和所有权的方式,但是,很多国家的法律为了保证同股同权的原则而禁止公司发行不同投票权的股票,这种方式并没有被多数国家的控制性股东采用。二元股权结构在瑞典和南非比较常见。

设优先股的投票权为 i,普通股的投票权为 λ_i,公司拥有的优先股数为 A,普通股数为 B,则二元股权结构下所有权为 $(A+B)_i$,控制权为 $(A+\lambda B)_i$。

二、实际控制人的代理成本

控制性股东通过上述三种方式分离所有权和控制权,这样他们只拥有上市公司的少量现金流量权,但却牢牢地控制了公司的投票权。因此,即使他们通过关联交易、转移利润、同业竞争等方式侵占小股东财富,其他股东也无法通过"以手投票"的方法制止控制性股东的道德风险。Bebchuk 等指出控制性股东的这种代理成本可能表现在投资项目的非效率选择、控制权转让的非效率选择、投资政策和企业规模的非效率选择三个方面。La Porta 等则以模型说明控制性股东侵害小股利利益可能导致企业价值的下降。

(一) 投资决策的非效率选择

假设公司可以从两个投资项目 X 和 Y 中选择一个进行投资。如果投资于项目 X,未来的总价值为 V_X,V_X 可以分为两部分之和:①所有股东都可以分享到的现金流量权收益 S_X,②只能由控制性股东享有的控制权私人收益 B_X,即 $V_X = S_X + B_X$。同样,如果投资于项目 Y,未来的总价值为 V_Y,V_Y 也可分解为 S_Y 和 B_Y。

假定:①$V_X > V_Y$,即投资于 X 的总价值大于 Y 的总价值;②$B_X < B_Y$,即控制性股东从项目 X 中的得到的私人收益小于从项目 Y 中的得到的私人收益。现在的问题是控制性股东该如何选择呢?作为理性的经济人,控制性股东以自身价值最大化作为行动的指南,他通过对全部收益与控制权私人收益的权衡来决定投资取向。控制性股东从项目 X 中得到的总收益为 $\alpha(V_X - B_X) + B_X$,从项目 Y 中得

到的总收益为 $\alpha(V_Y - B_Y) + B_Y$，其中，α 表示控制性股东在公司中的现金流量权比例。

因为 $V_X > V_Y$，企业应该选择项目 X 进行投资，但是，因为企业在控制性股东的控制之下，控制性股东从自身价值最大化的角度决定企业的投资决策，他通过比较 $\alpha(V_X - B_X) + B_X$ 与 $\alpha(V_Y - B_Y) + B_Y$ 的大小决定投资项目的选择。如果 $\alpha(V_X - B_X) + B_X < \alpha(V_Y - B_Y) + B_Y$，则控制性股东会选择项目 Y。

进一步分析，整理 $\alpha(V_X - B_X) + B_X < \alpha(V_Y - B_Y) + B_Y$，可以得到式（4.2）：

$$V_X - V_Y < (\frac{1-\alpha}{\alpha}) \times (B_Y - B_X) \tag{4.5}$$

也就是说，虽然 $V_X > V_Y$，但是如果 V_X 与 V_Y 之差小于 $(\frac{1-\alpha}{\alpha}) \times (B_Y - B_X)$，则控制性股东会选择项目 Y。

把 α 视为变量，$(\frac{1-\alpha}{\alpha}) \times (B_Y - B_X)$ 对 α 求导，可得 $-\frac{1}{\alpha^2} \times (B_Y - B_X) < 0$，可见，给定投资项目的分布，随着控制性股东在上市公司中的现金流量权的减少，控制性股东选择无效率的项目 Y 的可能性在增加。控制性股东在无效率的项目 Y 和有效率的项目 X 中的控制权私人收益的差距越大，企业的价值损失越大。令 $\Delta B = B_Y - B_X$，假定 ΔB 为项目 X 的价值的 0.03 倍（即 $\Delta B = 0.03 V_X$），当 $\alpha = 0.5$ 时，只有当 Y 项目和 X 项目的总价值之差小于 3%时，控制性股东会放弃更有效率的项目；但是，当 $\alpha = 0.1$ 时，除非两个项目的总价值之差超过 27%时，否则，控制性股东会拒绝更有效率的项目。

（二）公司规模扩张的非效率决策

如果不考虑资金的利息，对于一般的公司来说，是将利润分配给股东还是进行再投资？这种选择主要取决于新的投资项目是否能产生更多的利润。但是，如果公司存在控制性股东，由于控制性股东可以从投资项目中获得控制权私人收益，则公司的投资决策很可能因其攫取私人收益而发生严重扭曲。也就是说，即使公司没有较好的投资项目，控制性股东也可能迫使公司将前期利润投资于不能盈利甚至亏损的投资项目，而不是将利润分配给外部股东。这里涉及两个问题：第一，公司是否将利润用于扩大投资以增大公司规模；第二，公司是否考虑将亏损的资产出售，以缩小公司规模。这两个问题对控制性股东而言，效果是相同的：只要控制性股东从新增投资项目中或从亏损的原有资产中得到的控制权私人收益足够大，控制性股东就会迫使公司新增投资或保留亏损的资产，这两种决策都是控制性股东对公司规模的非效率决策，目的在于攫取私人收益。

假设：①公司有一项资产产生的价值为 V，V 可以分解为两部分之和，即现金流量权收益 S 和控制权私人收益 B，S 由所有股东分享，B 只能由控制性股东独享；②出售该项资产得到的收入为 P，P>V；③控制性股东在公司中的现金流量权比例为 α。

如果公司存在控制性股东，控制性股东可能不会同意将公司资产出售并将出售资产的收入分配给所有股东，因为出售这些资产会使控制性股东失去从该项资产中所得到的控制权私人收益，尽管对公司来说出售这项资产是最优选择。

另一种情况，一个独立的第三方有一份同样的资产，控制性股东为了从中攫取控制权私人收益 B，可能会迫使公司以 P 的价格购买这份并不能给公司带来利润的资产，而不是将 P 作为股利分配给股东。对于控制性股东来说，这两种决策是等价的。只要下列条件满足：

$$a(V-B) + B > aP \qquad (4.6)$$

即当 $V > P - \frac{1-\alpha}{\alpha}B$，或者说，只要 P 位于区间 $(V, V = \frac{1-\alpha}{\alpha}B)$ 上，控制性股东为了获得控制权私人收益就会迫使公司作出公司规模扩大的非效率决策，效率损失为 $P - V = \frac{1-\alpha}{\alpha}B$。

视 a 为变量，对 $\frac{1-\alpha}{\alpha}B$ 关于 a 求导可得：$-\frac{1}{\alpha^2}B$，这意味着控制性股东的现金流量权越小，公司越有可能做出非效率扩张的决策，代理成本越大。而且，这种代理成本随着 α 的减小而加速增加。因此，如果控制性股东在公司的现金流量权 α 下降，会导致以下两个方面的公司规模的非效率扩张：一方面增加公司做出非效率决策的次数，即本应该出售的亏损资产没有出售；另一方面导致公司的非效率扩张的程度加重，即随着现金流量权 α 下降，控制性股东会要求购买方支付更高的价格才愿意出售资产。假定 α = 0.5，控制性股东选择无效率扩张企业的范围为 (V, V+B)，而当 α 下降到 0.1 时，则范围变为(V, V + 9B)。如果 B 为 V 的 10%，则在 α=0.5，只要 P 超过资产价值的 10%，控制性股东就愿意出售资产，但当 α 下降到 0.1 时，除非获得一个超过企业资产价值 90%的价格，否则，控制性股东不愿意出售资产。

(三) 控制权的非效率转移

控制性股东的代理成本也可能表现在公司控制权的无效率转移方面。假设公司现在的控制性股东 I 拥有公司的现金流量权比例为 a，此时公司的价值为 V_I，V_I 可以分解为现金流量权 S_I 和控制权私人收益 B_I，前者由所有股东分享，后者只由控制性股东独享,即 $V_I = S_I + B_I$。控制性股东 I 的总收益为 $\alpha S_I + B_I$,即共享收益与控制权私人收益之和。如果现在的控制性股东被另一个控制性股东 II 取代,则公司的价值为 V_{II},V_{II} 也可以分解为相应的两部分 S_{II} 和 B_{II},即 $V_{II}=S_{II}+B_{II}$,股东 II 的总收益为 $\alpha S_{II}+B_{II}$。

当 $V_I < V_{II}$ 时,即 $S_I + B_I < S_{II} + B_{II}$ 时,控制权转移给控制性股东 II 是有效率的。然而,如果 α 很小,则控制性股东 I 出售企业的决策更多地取决于控制权私人收益 B_I 和 B_{II} 的大小。也就是说,当存在控制性股东时,因为控制性股东的收益等于共享收益与控制权私人收益之和,因此,控制权转移的充要条件为:

$$\alpha S_{II} + B_{II} > \alpha S_I + B_I \tag{4.7}$$

考虑两种情况:

第一,$V_{II} > V_I$,即控制权从现在的控制性股东 I 转移到新的控制性股东 II 能够提高公司价值,控制权转移是有效率的。将 $V_I = S_I + B_I$ 和 $V_{II} = S_{II} + B_{II}$ 代入不等式 (4.7),整理可得:

$$B_I - B_{II} < \frac{1-\alpha}{\alpha}(V_{II} - V_I) \tag{4.8}$$

这意味着,当且仅当不等式 (4.8) 成立时,有效率的公司控制权转移才会发生。

第二,$V_I > V_{II}$,即控制权转移后,公司的总价值减少,无效率的公司控制权转移发生。将 $V_I = S_I + B_I$ 和 $V_{II} = S_{II} + B_{II}$ 代入不等式 (4.7),整理可得:

$$B_{II} - B_I > \frac{1-\alpha}{\alpha}(V_I - V_{II}) \tag{4.9}$$

这意味着,只要不等式 (4.9) 成立,公司控制权的无效率转移就会发生。

综合这两种情况,可以发现,控制权转移是否有效率主要取决于控制权私人收益之差和 $\frac{1-\alpha}{\alpha}(V_I - V_{II})$ 之比较,而这依赖于 α 的大小。对 $\frac{1-\alpha}{\alpha}(V_I - V_{II})$ 求导得 $-\frac{1}{\alpha^2}(V_I - V_{II})$,因此,控制性股东的现金流量权比例 a 越小,无效率的控制权转移发生的可能性越大,有效率的控制权转移发生的可能性越小。

(四) 公司价值的"壁垒效应"

La Porta 等 (2002) 用一个模型说明控制型股东对公司价值的壁垒效应。假设公司被一个控制性股东控制,该股东在公司中的现金流量权为 a,公司的现金流量为 I,公司某个投资于项目的收益率为 R。不考虑公司的成本问题,则利润为 RI。

由于控制权私人收益的存在，控制性股东不是把所有的利润按照股份等比例地分配给所有股东，而是在将利润以股利分配给所有股东之前，将公司利润的一部分 s 转移给自己。这种转移或利益输送可以采取多种形式，如工资、转移价格、个人贷款、资产转让甚至是直接窃取。在大多数国家，转移公司利润常常并不违法，但对公司来说面临着很高的成本，如设置若干控股公司、冒法律风险等。假定这种合法侵占的成本为 c(k，s)，它被称为窃取成本函数（cost of theft function）。k 表示对小股东保护的质量，小股东权利保护越好，控制性股东窃取公司利润的成本越高。因此，如果法律对小股东的保护较差，则 k 和 c 接近于 0；如果法律对小股东保护较好，则 k 值较高，窃取成本相对较高。c(k，s) 函数具有如下性质：$c_k > 0$，$c_s > 0$，$c_{ss} > 0$，$c_{ks} > 0$。$c_k > 0$ 表示法律保护越好，转移利润的成本越高；$c_s > 0$ 意味着转移利润的边际成本为正；$c_{ss} > 0$ 表明利润转移越多，转移的边际成本越高；$c_{ks} > 0$ 意味着当投资者保护越好，利润转移的边际成本越高。

在以上假定下，控制性股东的总收益为：

$$\alpha(1-s)RI + [sRI - c(k, s)RI] \tag{4.10}$$

其中，$\alpha(1-s)RI$ 表示控制性股东从利润转移后的剩余部分中按其拥有的现金流量权比例分享的部分，$sRI - c(k, s)R$ 表示控制性股东获得的控制权私人收益。控制性股东的目标是最大化其收益，即 $\text{Max}[\alpha(1-s)RI + sRI - c(k, s)RI]$，也就是 $\text{Max}[\alpha(1-s) + s - c(k, s)]RI$。视 s 为变量，则 RI 是常数，因此，控制性股东最大化效用函数等价于：

$$\text{Max}[\alpha(1-s) + s - c(k, s)] \tag{4.11}$$

公式（4.11）对 s 求一阶导数得到：$U_s = -a + 1 - c_s(k, s) = 0$ \hfill (4.12)

整理上式得到：$c_s(k, s) = 1 - a$[①] \hfill (4.13)

该式说明控制性股东持有上市公司的现金流量权越多，转移利润的动机就越小，将公司利润作为股利分配给所有股东的动机越大，对小股东的掠夺水平也相应降低。

对公式（4.13）进一步分析可以得到一些更有意义的命题。

对公式（4.13）在一阶条件中对 k 求导，可得：

$$c_{ks}(k, s) + c_{ss}(k, s)\frac{ds^*}{dk} = 0 \tag{4.14}$$

其中 s^* 表示在均衡条件下控制性股东的最优利润转移水平。

[①] 该表达式与 Jensen 和 Meckling（1976）关于企业家/经营者的在职消费的条件相同。

整理公式（4.14）可得：

$$\frac{ds^*}{dk} = -c_{ks}(k, s)/c_{ss}(k, s) < 0 \tag{4.15}$$

命题 1：对小股东的法律保护越好，控制性股东对小股东的掠夺就越小。

对公式（4.13）在一阶条件中对 a 求导，可得：

$$c_{ss}(k, s) \frac{ds^*}{da} = -1 \tag{4.16}$$

整理上式得到：$\frac{ds^*}{da} = -1/c_{ss}(k, s) < 0$ \hfill (4.17)

从不等式（4.17）得到以下命题：

命题 2：控制性股东的现金流量权越大，对小股东的侵占越小。

很多研究均以 TobinQ 表示公司的价值，这里以 TobinQ = (1 - s*) R 表示公司价值，这是从小股东的角度，而不是从控制性股东的角度来评价公司价值。TobinQ 分别对 k 和 a 求导得到：

$$\frac{d(TobinQ)}{dk} = -\frac{ds^*}{dk} R > 0 \tag{4.18}$$

$$\frac{d(TobinQ)}{dk} = -\frac{ds^*}{da} R > 0 \tag{4.19}$$

$$\frac{d(TobinQ)}{dR} > 0 \tag{4.20}$$

由不等式（4.19）和不等式（4.20）得到以下命题：

命题 3：在其他情况相同的条件下，法律对小股东的保护越差，公司价值越低。

命题 4：在其他情况相同的条件下，控制性股东的现金流量权越小，公司价值越低。

总之，从以上四个命题中可以得出如下结论：法律对小股东的保护越差，控制性股东的所有权与控制权分离程度越大，控制性股东对小股东的掠夺越严重，公司价值越低，控制性股东的存在对公司价值有壁垒效应。

第五章 实际控制人股权结构特征与公司价值关系实证研究

第一节 中国上市公司实际控制人股权结构特征分析

一、实际控制人类型的界定

关于实际控制人的含义在《上市公司章程指引（2006修订）》中界定为：实际控制人指虽不是公司的股东，但通过投资关系、协议或者其他安排，能够实际支配公司行为的人。可见，判断实际控制人既要有定量因素（持股比例），又要有定性因素（协议、约定等）。

此外，实际控制人是一个与控股股东有密切联系的概念。《上市公司章程指引（2006修订）》规定：控股股东是指其持有的股份占公司股本总额50%以上的股东；或持有股份的比例虽然不足50%，但依其持有的股份所享有的表决权已足以对股东大会的决议产生重大影响的股东。可见，控股股东可以理解为上市公司的直接控股股东，主要是上市公司的第一大股东。而实际控制人既可能是控股股东，也可能是控股股东的控股股东。因为实际控制人可以通过直接控股和间接控股两种方式对上市公司实施控制，因此，控股股东与实际控制人有时是合一的，但更多的时候实际控制人是最终的控股股东。因此，本书认为《上市公司章程指引（2006修订）》对实际控制人的界定值得商榷。按照2007年年报披露要求及上市公司实际控制人的实际披露情况，本书把实际控制人界定为国有资产管理部门、个人及其他机构。

需要说明的是，在国外此类研究有影响的文献中，与实际控制人相似的概念是"controlling shareholder"（控制性股东），但"控制性股东"的提法在我国的理论研究中并未广泛采用。

二、实际控制人股权结构特征分析

实际控制人对上市公司价值的影响与其股权结构特征有关，而其特征主要体现在实际控制人对上市公司的所有权、控制权、所有权与控制权的分离、控制链和实际控制人属性的类型五个方面。

（一）所有权

所有权也称现金流量权，是终极控制股东实际投入资本所取得的股份，即依据持股比例享有的剩余索取权。终极控制股东对上市公司的所有权比一般股东的所有权复杂，既包括直接享有的权益，也包括间接享有的权益。其大小可用终极控制股东与上市公司股权关系链条中的每条关系链中直接持有比例乘积之总和来衡量。如果终极控制股东只通过一条控制链控制上市公司，则所有权为各层控制链条上直接持股比例的乘积；若终极控制股东通过多条控制链控制上市公司，则所有权为各条控制链上直接持股比例的乘积之和。即所有权为 $\sum_{i=1}^{n}\prod_{i=1}^{t}a_{it}$，其中，$a_{i1}$，…，$a_{it}$ 为第 i 条股权关系链的所有链间直接持股比例。

（二）控制权

控制权也称投票权，是指终极控制股东对上市公司重大事项的决策权。控制权包括直接控制权和间接控制权。其大小为终极控制股东与上市公司股权关系链中每条股权关系链中最小值的总和，如果终极控制股东只通过一条控制链控制上市公司，则控制权为各层控制链条上直接持股比例的最小值；如果终极控制股东通过多条控制链控制上市公司，则控制权为各条控制链上最小的直接持股比例之和。即控制权为 $\sum_{i=1}^{n}\min(a_{i1}, a_{i2}, \cdots, a_{it})$，$a_{i1}$，…，$a_{it}$ 的含义同上。

（三）所有权与控制权的分离程度

终极控制股东对上市公司股权结构的一个显著的特征是所有权与控制权的分离，所有权与控制权的分离程度可从绝对数和相对数即（控制权—所有权）或所有权/控制权两个方面来衡量。由于金字塔结构的存在，所有权与控制权分离的结果是所有权往往小于控制权，即：控制权-所有权 > 0，所有权/控制权 ≤ 1，（控制权-所有权）越大、所有权/控制权越小说明分离程度越大。

第五章 实际控制人股权结构特征与公司价值关系实证研究

虽然我国目前已经出现交叉持股现象①，但在上市公司所披露的股权结构树状图中还找不到相关的数据，因此，本书对所有权与控制权的分离的计算不考虑交叉持股现象，又因为我国目前不存在双重股份，因此，本书以金字塔结构作为分析对象。

（四）控制链

控制链是指上市公司到实际控制人之间所经过的公司层级。控制链越长，则上市公司到实际控制人的距离越远。

（五）实际控制人属性

实际控制人属性是指实际控制人本身的性质。La Porta 等将实际控制人分为五种类型：家族或个人、政府、股权分散的金融机构、股权分散的公司和其他。Claessens 等将最终所有者分成四种，没有"其他"。具体到我国，结合 2007 年年报准则的披露要求及各个公司的披露现状，本书在将实际控制人界定为国有资产管理部门、个人及其他机构的基础上，把我国的上市公司分为国家控制与非国家控制两大类，其中国家控制分为国资委控制和国资委以外的政府部门控制两类，每一类中又分为中央与地方两个层次。此种分类主要是为了比较分析国资委控股与非国资委控股对公司价值的影响。在非国家控制中，分为集体企业与乡镇企业、民营企业、外资企业、其他控制四种，其中民营企业包括家族和个人，而其他类主要是指工会、职工持股会等机构。

为了说明计算原理，本章选取两个实际控制人属性不同的上市公司为例。

图 5-1 中，光明乳业（600597）2007 年的控股股东是上海牛奶（集团）有限公司和 S.l. Food Products Holdings Limited，终极控制股东是上海市国资委，属性为国家控制主体。持股比例如图 5-1 所示，上海市国资委对光明乳业的所有权为（100%×51.06%×100%×25.17% + 50.43%×80%×25.17%），即 23.0064%。控制权为 [min（100%，51.06%，25.17%）+ min（50.43%，80%，25.17%）]，即 50.34%。所有权与控制权的分离程度：用绝对数表示是 50.34% − 23.0064% = 27.3246%。用相对数表示是 23.0064%/50.34% = 0.45702。

图 5-2 中，黄贤优为最终控制股东，他通过两条控制链控制上市公司，属性

---

① 杨兴君、宗长玉、江艺（2003）研究了民营企业控制多家上市公司时控制股东对少数股东权益实施侵害的概率和程度。中国证券报（2008 年 6 月 6 日）指出很多沪市上市公司受同一实际控制人控制，如郭广昌分别控制南钢股份（600282）、复星医药（600196）和豫园商城（600655）三家公司。通过对上市公司所披露的实际控制人的统计可以看到，在国有和非国有上市公司中均存在着"一控多"现象。

为非国家控制主体,其所有权为 57.35% × 27% × 99% × 90.5% + 57.35% × 24.8% × 90% × 90.5% = 25.46%。控制权为 27% + 24.8% = 51.8%,所有权与控制权的分离程度:用绝对数表示是 51.8% − 25.46% = 26.34%。用相对数表示是 25.46%/51.8% = 0.4915。

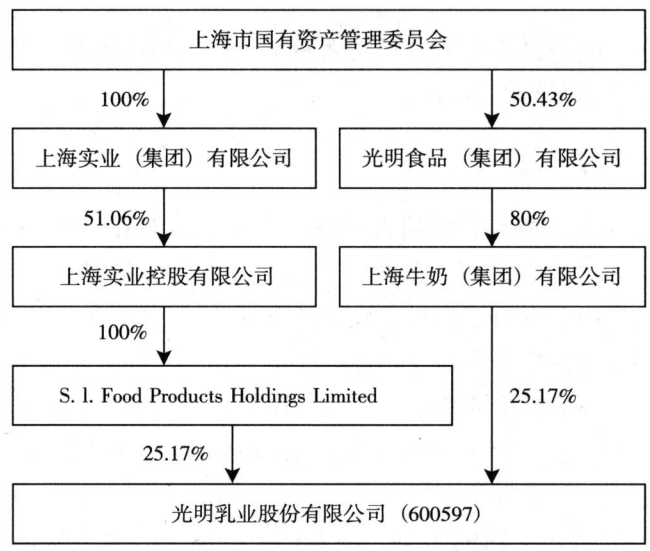

图 5-1　2007 年光明乳业股份有限公司股权结构图

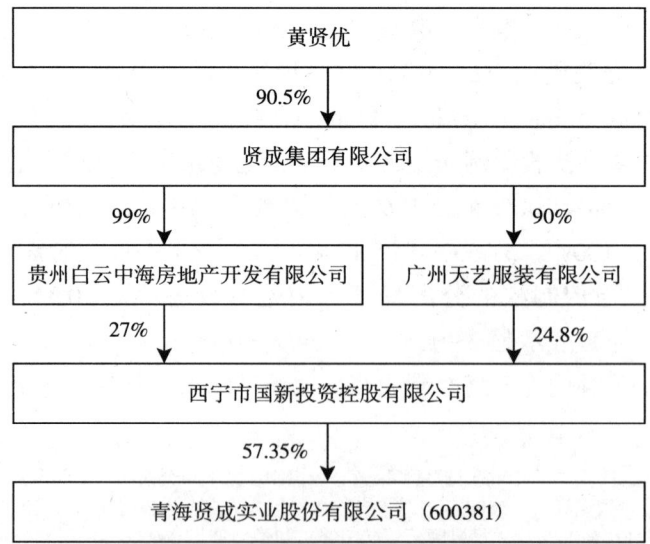

图 5-2　2007 年青海贤成实业股份有限公司股权结构图

第二节　中国上市公司实际控制人股权结构特征与公司价值关系分析

一、研究假设

实际控制人的出现有助于缓解管理层和广大中小股东的代理冲突，降低两者的代理成本，解决"内部人控制"存在的部分问题，提高公司价值。Claessens 等指出控股股东手中集中的现金流权力越多，它就越有动力让公司适当地运转，它吸取个人利益从而降低公司价值的动力会被弱化，因为这样做会降低它的财富。Shleifer 和 Vishny 指出大股东的存在对公司的价值的影响，所有权越集中于大股东，二者的利益越一致。股权分置改革完成后，市值考核将成为考核实际控制人与上市公司业绩的依据，这将有效构筑实际控制人与中小股东之间的共同利益基础，实际控制人与中小股东的目标将统一为股权价值即市值最大化，因此，实际控制人在公司中的所有权份额越大，其与公司价值最大化的目标越一致。据此，本章提出：

假设 1：实际控制人的所有权与公司价值成正比。

但是，控制性股东也是有成本的，当实际控制人通过金字塔和交叉持股获得的控制权远远超过其所拥有的所有权时，其有动力侵占公司的利益，将公司的资源转移到母公司或其他关联公司，表现出很强的壁垒效应。Claessens 等通过实证分析说明在东亚 9 个国家和地区，公司的价值和最大股东手中的控制权构成负相关关系，当控制权和现金流量权之间的差距较大时，壁垒效应和攫取价值等代理人问题尤为严重，因为攫取控制权私人收益的意愿较少受到控制性股东现金流量权的限制。正如 Bebchuk 等指出的那样，当所有权与控制权分离时会产生很大的代理成本，这种代理成本表现为投资项目、控制权转让、投资政策和企业规模的非效率选择三个方面。尽管实际控制人将资源转移给自己可能会损害公司的价值，进而导致自身利益的受损，但只要这种利益大于成本，实际控制人就会通过上市公司侵占中小股东的利益，导致公司价值的降低。王鹏、周黎安发现实际控制人的控制权与公司价值呈负相关关系。根据以上分析，本章提出：

假设 2：实际控制人的控制权与所有权的分离与公司价值成反比。

研究表明，政企不分、政资不分、政府过多地干预上市公司会导致公司价值的降低。虽然政府对其控制的上市公司具有"帮助之手"的作用，如陈晓和李静发现地方政府对其控制的上市公司进行了大面积的税收优惠和财政补贴。David认为政府作为国有企业的税收征集者，可以监督公司管理人员，防止内部人控制现象的发生。但是，李增泉等指出政府的这种行为更多的是为了帮助上市公司获得配股资格，以便从证券市场获得更多的资源。更多研究表明广泛的政府"攫取之手"的存在。政府控制下的国有企业承担了政府的就业、税收、社会稳定等多重目标。而且，由于控制权与所有权的不匹配，作为国有资产实际产权主体的各级政府、主管部门及代理各级政府和主管部门行使股东权力的国有资产管理部门不能从公司治理的改善中获取与其努力水平相匹配的经济利益，因此缺乏足够的动机去有效地控制和监管公司的经理层，造成所有者缺位，形成事实上的内部人控制现象。夏立军、方轶强认为，由于政府可能将其社会性负担转嫁给其控制的上市公司，而监管力量和法律约束难以限制政府权力，从而使得政府对其控制的上市公司具有更强的侵害能力。因此，相对于非政府控制的上市公司来说，政府控制的上市公司的价值更低。

在以国有资产出资人代表（即各级国资委）为主导的国有资产新型监管体制中，国资委不再履行政府的公共管理职能，只履行出资人的职能，一定程度上解决了国资监管主体的缺位、越位、错位现象。因此，公司所受到的干预相对较少，公司的独立性增强，因此，公司的价值相对来说更高一些。而其他政府部门主导的上市公司可能仍然沿用政府管理企业的模式，这些企业承担了经济目标以外的过多的目标，如就业、税收等，造成了国有企业的政策性负担。因此，这些政府部门控制的公司的价值相对低于国资委为主导的公司价值。基于以上分析，本章提出：

假设3：国家控制的上市公司价值低于非国家控制的上市公司。但是，在国家控制的上市公司中，国资委主导下的上市公司的价值相对于其他政府部门主导的上市公司的价值更高。

实际控制人对上市公司控制链的长短也会影响公司的价值，通常来说，控制链越长，则委托代理层次越多，相应地会增加更多的代理成本。但由于国家控制与非国家控制建立复杂的控制链的目的和原因有所不同，这种影响可能有所差异。对于国家控制上市公司，上市伊始就形成上市公司与母公司的分离，而且形成非流通股和流通股的分置，对于控制链较短的公司，政府的直接控制程度更大，政府可能会对公司增加较多的社会负担。刘芍佳等发现国家间接控股的上市公司相对来说代理损失效率最低。Fan等用1994~2001年中国742家IPO公司数据，验证了中国地方政府对上市公司的"放权"假说，他们认为，地方政府使用金字塔结构把国有企业的决策权下放给企业的管理层。尤其当地方政府面临的失业率和财政问题不严重或该地区市场和法律健全时，地方政府更有动力下放权力给企业，从而缓解政府和公司利益的冲突。而且，企业的管理层具有专业技术和管理经验，放权可以提高公司决策效率。因此，对于国家控制的公司来说，尽管控制链的增加可能会增加中间层次的运营成本，带来一定的代理成本，但相对来说，行政干预也会随着控制链的增多而降低，权衡其所带来的成本与收益，控制链越长，公司的价值越高。

在我国现行的国有资产出资人代表制度的实践中，地方国资委大多通过资产管理公司，而国务院国资委也酝酿成立全国性的资产管理公司，这样都有利于减少政府对企业的直接干预，因此，适度的控制链条有利于公司价值的提高。

对于非国家控制的上市公司，尤其是民营上市公司，其上市的方式主要有两种方式：股权受让（买壳上市）和直接上市。近年来，直接上市的民营公司比例在逐步增加。Almeida 和 Wolfenzon 分析了家族集团的金字塔层级的优势，他们认为，内部资金在项目融资时更有可能采用金字塔结构，因为，金字塔结构使得企业家能够利用他所控制公司的整个留存收益，尤其是在投资者权益保护较差的国家更是如此。Fan 等提出"财务约束"假设，认为中国的私人企业家面临不利的外部融资条件，复杂的金字塔结构所形成的内部资本市场能够降低对外部融资的依赖，缓解个人财富的局限，有利于公司的经营，但是，内部资本市场的建立也会带来较高的组织成本，导致资源的错误配置。Claessens 等的研究表明内部资本市场带来的复杂的所有权结构会造成管理层的壁垒效应，出现"裙带资本主义"[①]现象，对公司价值产生负面影响。考虑到内部资本市场所带来的收益和成本都很大，因此，控制链的长短对于企业价值的影响不能确定。综合以上分析，本章提出：

假设 4：对于国家控制的上市公司而言，控制链越长，则公司价值越高，而对于非国家控制的上市公司，控制链的影响不确定。

二、研究设计

（一）样本选择

本章以股改后的上市公司为样本，据统计，截至 2007 年末，有 1259 公司完

---

① Claessens 等（1999）指出"裙带资本主义"导致公司的控制权集中在少数家族手中，而财富的集中可能对有关公司治理的司法和其他制度框架的演进以及经济活动的方式都有负面的影响，并形成对未来政治改革的障碍。

成了股改过程。此外，股改前即为全流通的"老八股"和2006年后IPO的公司也应当包括在样本中，这些公司不存在股权分置现象，上述三类公司共计1518家。在这些样本中删除以下公司：①金融类公司；②只发行B股、H股的公司；③实际控制人不详的公司；④没有实际控制人的公司；⑤共同持股①；⑥个别异常值的公司；⑦上市公司市值缺失的公司，如部分*ST及ST类公司。经过以上过程，共取得1312家公司为样本，占所有上市公司的84.70%。

（二）数据来源与分类

根据上市公司2007年年度报告中"股本变动及股权情况"披露情况和树状图，本章逐一整理1312家样本公司的控制权、所有权、控制链，计算所有权与控制权的分离，并对实际控制人重新进行分类。上市公司年度报告来自巨潮资讯网。若公司实际控制人可确定为自然人、职工持股会、工会、民营企业、集体企业、外资企业，则认定其为非国家控制；否则认定为国家控制。在进行统计时发现，2007年度我国上市公司的实际控制人的披露情况有不尽如人意之处，如个别公司未能把实际控制人披露到自然人、国有资产管理部门，或者股东之间达成某种协议或安排的其他机构或自然人，仅仅披露到法人，将法人作为实际控制人，而且有的公司对实际控制人的披露标准不统一②。正如刘芍佳等（2003）指出的那样，法人作为最终的实际控制人不能完全说明其性质，法人股最终可能是国家控制，也可能是非国家控制，因此，相当多的法人不是最终的实际控制人。因此，我们针对这些情况进行相应调整。本章主要调整了把法人作为实际控制人的情况以及部分院校的实际控制人，对于法人控股，根据上市公司发布的相关报告及公司简介追溯到政府部门或个人③。对部属院校控制的上市公司和地方政府教育部门所属院校控制的上市公司，分别认定其为中央政府（教育部）控制和地方政府（教育厅）控制。如东阿阿胶（000423），2007年报披露实际控制人为中国华润总公司，而实际上，中国华润总公司为国务院国资委直属的大型企业集团，国务院国资委100%控股，则认定其实际控制人为国务院国资委，并将其归

---

① 如果公司年报中披露为共同持股，但持股人之间为亲属关系，则合并其持股比例，并将其归入民营企业。
② 如明天科技（600091）的实际控制人仅仅披露到明天控股有限公司。天科股份（600378）和风神股份（600469）的法人控股股东均为中国昊华化工（集团）总公司，前者的实际控制人仅仅披露至中国化工集团公司，而后者则披露到国务院国有资产监督管理委员会。
③ 如果没有披露到自然人、国有资产管理部门、股东之间达成某种协议或安排的其他机构或自然人的，在调整时，如果查不到相关数据，认为调整后的实际控制人对所披露的"实际控制人"100%控股，并增加控制链数。

第五章 实际控制人股权结构特征与公司价值关系实证研究

入国家控制类,相应地,控制链在原披露的基础上增加一级。

实证分析所需要的其他一些相关资料主要来自 CSMAR 数据库、巨潮资讯网及上海证券交易所网站、深圳证券交易所网站。

表 5-1 所有样本公司的实际控制人分布

类型	分布	实际控制人控制的公司数量(个)	实际控制人控制的公司比例(%)
国家控制	国务院国资委	198	15.09
	地方国资委	478	36.43
	国资委小计	676	51.52
	国务院国资委以外的中央政府部门	46	3.51
	地方国资委以外的地方政府部门	112	8.54
	国资委以外的政府部门小计	158	12.05
	国家控制合计	834	63.57
非国家控制	集体企业与乡镇企业	12	0.91
	民营企业	443	33.77
	外资企业	8	0.61
	其他	15	1.14
	非国家控制合计	478	36.43
总计		1312	100

可见,2007 年我国国家控制的上市公司比重为 63.57%,虽然仍占很大比重,但低于刘芍佳等(2003)计算的 84%,国资委作为实际控制人所占比例为 51.52%,相对来说所占比例还不是很高,占整个国家控制的 81.06%。而民营企业的比重为 36.43%,说明我国上市公司中民营企业比重有了很大提高,尤其在中小板市场中,民营企业控制的上市公司占中小板上市公司的 71.20%。

(三)变量定义

1. 被解释变量:公司价值(TobinQ)

TobinQ 是一个广泛使用的度量公司价值的指标,它是指一家企业资产的市场价值与该企业资产重置成本的比值。由于企业资产的重置成本难以获取,一般采用企业年末总资产的账面价值代替。市场价值为公司债务资本的市场价值与权益资本的市场价值之和。债务资本的市场价值采用负债的账面价值计算,权益资本的市场价值为公司普通股市值,即普通股股价与股份数的乘积。股改后进入全流通时代,市值考核即将成为公司绩效判断的标准,因此,本章使用的 TobinQ 与 La Porta 等(2002)、Claessens 等(2002)的计算公式相同,即 TobinQ = 市场价值/重置成本 = (普通股市值 + 负债账面价值)/总资产账面价值。公式中所有数据均为 2007 年年末数。这也是本著作与国内大多文献关于 TobinQ 计算方法不同之处①。

2. 解释变量

解释变量为上述反映实际控制人特征的变量，包括所有权、所有权与控制权的分离、控制链、控制人类型，分别用 Ownership、Separation、Chain、State 表示。其中，实际控制人类型变量为虚拟变量，State 变量为 1 时代表国家控制；否则为非国家控制。此外，为了单独分析国资委控制的公司与非国资委控制的公司的比较，设置 SASAC 虚拟变量。SASAC 为 1 时代表上市公司是国资委主导的国家控制公司，SASAC 等于 0 时代表上市公司的实际控制人是国资委以外的政府部门。Local SASAC 为地方国资委控制，Center SASAC 为国务院国资委控制，两者也都是虚拟变量。Ownership、Separation、Chain 均以 2007 年报披露数据为基础，采用本书上述方法进行计算。

3. 控制变量

控制变量包括：①公司规模（Lnasset）。为公司年末总资产的自然对数，用以控制公司规模对公司价值的影响，公司规模越小，则发展前景越大，企业的相对价值则较高，因此，假定公司规模为正。②资产负债水平（Leverage）。用资产负债率来衡量，负债具有税盾效应，此外债权人作为公司的外部人有动机提高公司的治理水平，从而提高公司价值，因此假定该变量系数为正。③主营业务增长率（Growth）。用 2007 年主营业务收入/2006 年主营业务收入衡量，增长率越高，说明公司的成长性越好，则公司价值越高，因此预期为正。④行业类型（Industryi）。用以控制行业因素对公司价值的影响。中国证监会 2001 年颁布的《上市公司行业分类指引》中将上市公司分为 13 个行业，剔除金融类后，样本公司的行业类型共计 12 类，以综合类上市公司为参照系，设置 11 个行业控制虚拟变量，即 $Industry_1 \sim Industry_{11}$。由于篇幅关系，本章在检验结果中未列示这些行业控制变量的回归系数及显著性水平。

三、实证检验

（一）描述性分析

表 5-2、表 5-3 对所有样本公司的实际控制人特征进行统计，表 5-3、表 5-5

---

① 由于我国在 2005 年之前的股权分置问题导致流通股和非流通股的同股不同价现象，国内大多文献在计算 TobinQ 时把普通股的市场价值分成流通股和非流通股两部分计算，流通股采用市值，非流通股用账面价值。

第五章 实际控制人股权结构特征与公司价值关系实证研究

表 5-2 所有样本公司的实际控制人的特征

特征	所有权（%）	控制权（%）	所有权与控制权的分离	控制链（个）
均值	30.83021	37.16903	0.809128	2.369665
中位数	28.11835	36.01500	1.000000	2.00000
最大值	86.29000	86.29000	1.000000	6.00000
最小值	0.251000	1.490000	0.049117	1.00000
标准差	16.85191	15.06856	0.254444	0.832095
样本数	1312	1312	1312	1312

表 5-3 从上市公司到实际控制人的控制链的分布

控制链数	1	2	3	4	5	6	合计
数量（个）	115	742	344	84	20	7	1312
比重（%）	8.77	56.55	26.22	6.4	1.52	0.54	100

对不同类型的实际控制人特征进行分析。

从表 5-2 中可以看出，所有权与控制权的分离还是比较高的，平均分离度为 0.8091，即上市公司每 100 元的资产中有 80.91 元由实际控制人控制。控制权平均为 37.17%，低于叶勇（2005）43.67% 的计算结果，其原因主要是由于股权分置改革导致原来的非流通股比例降低，而原来的流通股持股比例增加的结果，使得实际控制人的控制权有一定程度的下降。控制链平均为 2.37 个，从表 5-3 可见，从上市公司到实际控制人平均要经过 2~3 个控股股东。

表 5-4 不同类型的实际控制人的特征

类型	特征	所有权（%）	控制权（%）	所有权与控制权的分离	控制链（个）	样本数
国家控制	国务院国资委	37.72857	43.21882	0.871569	2.813131	198
		36.43115	45.47350	1.000000	3.000000	
	地方国资委	35.33986	39.24138	0.897046	2.263598	478
		33.68625	38.81000	1.000000	2.000000	
	国务院国资委以外的中央政府部门	27.08763	33.11868	0.800052	3.000000	46
		22.84000	29.25000	1.000000	3.000000	
	地方国资委以外的地方政府部门	34.96555	37.54014	0.917175	2.276786	112
		33.07930	35.13000	1.000000	2.000000	
	合计	35.40154	39.61949	0.888351	2.436451	834
		33.75000	39.18000	1.000000	2.000000	

续表

类型	特征	所有权（%）	控制权（%）	所有权与控制权的分离	控制链（个）	样本数
非国家控制	集体企业与乡镇企业	30.44169	34.32417	0.877733	1.583333	12
		32.83000	33.88500	0.990000	2.000000	
	民营企业	22.63274	32.91258	0.663696	2.243792	443
		20.06400	30.00000	0.700000	2.000000	
	外资企业	33.16691	36.57125	0.897306	3.000000	8
		28.95595	38.50000	1.000000	3.000000	
	其他	17.82705	29.22493	0.597545	2.666667	15
		18.30600	24.25000	0.700000	2.000000	
	合计	22.85428	32.89353	0.670903	2.253138	478
		20.21190	30.14500	0.703227	2.000000	
总计		30.83021	37.16903	0.809128	2.369665	1312
		28.11835	36.01500	1.000000	2.000000	

注：第一行数字为平均值，第二行数字为中位数。

从表5-4可见，对于国家控制的上市公司而言，控制权的比例要高一些，达到39.62%，而所有权与控制权的分离相对较小，平均为0.8883。国务院国资委控制的上市公司比地方国资委控制的上市公司的分离度小，平均为0.8716。国务院国资委以外的中央政府部门比地方国资委以外的地方政府部门小，平均为0.8000。而对于非国家控制的上市公司，尤其是其他类和民营类上市公司分离度较高，分别为0.5975和0.6637，但其控制权较低，分别为29.22%和32.91%。

此外，从表5-4可见，虽然控制链的分布很广，表现为从直接控股的1层到复杂的6层控制。但是，控制链大多集中在2和3，说明我国上市公司的金字塔结构的链条还不是很长，可能是前几年德隆系、格林柯尔系等民营系族公司的破灭引起监管部门的关注，加强了对较长控制链公司的监管。此外，近年来推行的整体上市也有助于减少控制链条。

表5-5 不同类型的实际控制人控制链的分布

类型	控制链数	1	2	3	4	5	6	合计
国家控制	国务院国资委	0	80	86	23	7	2	198
	地方国资委	24	323	114	15	2	0	478
	国务院国资委以外的中央政府部门	1	12	22	9	1	1	46

续表

类型	控制链数	1	2	3	4	5	6	合计
国家控制	地方国资委以外的地方政府部门	7	74	25	5	1	0	112
	合计	32	489	247	52	11	9	834
非国家控制	集体企业与乡镇企业	5	7	0	0	0	0	12
	民营企业	77	235	92	27	9	3	443
	外资企业	1	2	3	1	0	1	8
	其他	0	9	2	4	0	0	15
	合计	83	253	97	32	9	4	478
	总计	115	742	344	84	20	13	1312

从表 5-5 可见，对于国务院国资委控制链大多分布在 2 层、3 层、4 层，而地方国资委则分布在 1 层、2 层、3 层。国务院国资委尚未出现直接持股现象，大多是通过集团公司控股，而地方国资委直接控股比例则达到 5.02%。而对于民营企业来说，直接控股比例更高，达到 17.38%，此外，民营企业控制链呈现出多样化特征，说明民营企业控制形式较其他控制更多。

在多元回归之前，为防止可能出现的共线性问题，我们计算各变量之间的相关系数矩阵，如表 5-6 所示。

表 5-6 解释变量的相关系数矩阵

变量	Ownership	Separation	Chain	Lnasset	Growth	Leverage
Ownership	1.000000	0.527470	−0.191023	0.277592	0.042432	−0.067101
Separation	0.527470	1.000000	−0.420436	0.113488	0.044292	−0.039975
Chain	−0.191023	−0.420436	1.000000	0.024467	−0.044160	0.046011
Lnasset	0.277592	0.113488	0.024467	1.000000	−0.019657	0.080725
Growth	0.042432	0.044292	−0.044160	−0.019657	1.000000	0.095957
Leverage	−0.067101	−0.039975	0.046011	0.080725	0.095957	1.000000

可见，各变量之间的相关系数不高，只有 Ownership 与 Separation 的相关系数较高，为 0.5275，说明上述六个变量不存在多重共线性。

（二）多元回归分析

在回归分析时对控制权设定一个最低的下限，即要求控制权超过 10%，如此，则总的样本数减少到 1300 家公司。回归分析采用 OLS 方法，同时用 White

的异方差一致估计控制可能的异方差。

回归模型为：

TobinQ = α + ∑β_i × Examination − variables + ∑ω_j × Control −variables + ε

其中，Examination − variables 为解释变量，分别用上述实际控制人的特征变量替换，在模型 1 中是指 Ownership，模型 2 中是指 Ownership 和 Separation，模型 3 中是指 Ownership、Separation 和 STATE × CHAIN，模型 4 中是指 Ownership、Separation 和 STATE，模型 5 中是指 Ownership、Separation、Chain 和 STATE。模型 6 中是指 Ownership 和 Separation，模型 7 中是指 Ownership、Separation 和 SASAC，模型 8 中是指 Ownership、Separation 和 Local SASAC，模型 9 中是指 Ownership、Separation 和 Center SASAC，模型 10 中是指 Ownership、Separation 和 Chain。Control−variables 代表上述四个控制变量，在五个模型中均纳入回归分析中。

1. 对所有样本公司的多元回归分析

表 5-7　所有样本公司的多元回归分析

变量	预期符号	模型 1	模型 2	模型 3	模型 4	模型 5
常数项	?	21.46704*** (15.59992)	22.16091*** (15.78120)	21.33339*** (15.07803)	20.69993*** (14.40366)	20.60943*** (13.84000)
Owner-Ship	+	0.018585*** (4.258175)	0.026892*** (4.815715)	0.027890*** (5.013489)	0.028011*** (5.043362)	0.027904*** (5.004906)
Separa-Tion	+		0.838411** (2.378052)	0.671404* (1.898398)	0.388759 (1.062166)	0.343323 (0.827758)
Chain	?					0.022477 (0.233183)
STATE × CHAIN	+			0.204941*** (3.721358)		
STATE	−				−0.702009*** (−4.233924)	−0.715516*** (−4.072588)
Lnasset	−	−0.894482*** (−14.04889)	−0.907198*** (−14.22416)	−0.862969*** (−13.36588)	−0.838855*** (−12.82929)	−0.838392*** (−12.81158)
Growth	+	0.146758*** (3.260874)	0.149336*** (3.323194)	0.142679*** (3.188347)	−0.838855*** (−12.82929)	0.140858*** (3.150285)
Leverage	+	0.849035*** (3.205571)	0.849836*** (3.214402)	0.870711*** (3.309056)	0.876213*** (3.335023)	0.874549*** (3.326236)
Industry	?	控制	控制	控制	控制	控制
F 值		47.55910***	49.60251***	53.30761***	58.40202***	62.18227***
调整的 R²		0.413524	0.436653	0.495345	0.497869	0.51903

注：括号内数值为 t 值，***、** 和 * 分别表示在 1%、5%、10%的水平上统计显著。

第五章 实际控制人股权结构特征与公司价值关系实证研究

结果分析：模型的 F 值都在 1% 水平上显著，调整的 R^2 在 0.40 以上，说明模型的整体拟合效果较好。从模型 1 到模型 5 中，所有权的系数为正，且在 1% 的水平上显著，说明在后股权分置时代，实际控制人与上市公司利益一致的平台初步搭建，实际控制人的现金流量权越大，其与上市公司的利益越一致，实际控制人的激励效应越明显，假设 1 成立。所有权与控制权的分离在模型 2 和模型 3 中系数为正，在 5% 的水平上显著，也就是说，当实际控制人的控制权增加时，其与上市公司的利益协同效应下降，表现出壁垒效应，阻碍了公司价值的增长。股权分置改革并没有从根本上解决控制权集中问题，控制权集中在实际控制人手中的比例仍然很高，说明在中国资本市场上由于监管不力和公司治理结构存在的问题，实际控制人仍然将上市公司看作是套取资金、侵占中小股民利益的手段，他们有能力、有动机攫取控制权私人收益，导致公司价值的下降。模型 4 中政府控制的系数为负，且在 1% 的水平上显著，说明国家控制的上市公司的价值低于非国家控制的上市公司，虽然国有企业通过改制上市，其治理结构和监管环境发生了很大变化，但由于政府依然控制它们，政府有能力将其自身目标内部化到这些公司中，而上市公司承担政府的社会性职能必然会使公司活动偏离公司价值最大化目标，并进而损害公司价值。模型 3 中实际控制人为国家控制时，控制链的系数为正，在 1% 的水平上显著，支持"放权"假说。可以认为控制链是一种国家调控机制，控制链长的公司，其经营自主权相对较高，所受的干预较低，决策的灵活性更高，政府将会更少地将社会性负担转移到所控制的公司，上市公司所受的侵害较低，因而公司价值较高。

从模型 1 到模型 6 中，控制变量均较为显著，符合理论预期。Tobin Q 与公司规模显著负相关，说明公司规模越大，公司价值越低。这可能是因为大规模公司的成长潜力更小，并且小规模公司由于规模效应导致股票价格更高。公司负债水平越高，越有可能享受到较大的税盾效应，且债权人更加关注公司的治理水平，作为一种外部治理力量有助于公司价值的提高。主营业务增长率越高，公司的发展潜力越大，公司的价值越大。

2. 对国家控制样本公司和非国家控制样本公司的多元回归分析

表 5-8　国家控制样本公司和非国家控制样本公司的多元回归分析

变量	预期符号	国家控制的上市公司				民营企业控制的上市公司
		模型 6	模型 7	模型 8	模型 9	模型 10
常数项	?	10.72048*** (8.197375)	10.74935*** (8.167023)	11.65205*** (6.151675)	9.917956*** (4.856008)	39.53900*** (11.21869)

续表

变量	预期符号	国家控制的上市公司				民营企业控制的上市公司
		模型6	模型7	模型8	模型9	模型10
Owner Ship	+	0.016874*** (3.584031)	0.016840*** (3.572722)	0.018476*** (3.242277)	0.009470* (1.053460)	0.031211** (2.054086)
Separa Tion	+	0.611224** (1.682156)	0.611694* (1.682423)	0.840723* (1.667221)	0.439832 (0.703358)	0.144800 (0.156319)
Chain	?					0.189315 (0.931633)
SASAC	+		0.034343 (0.804091)			
Local SASAC	+			0.151934*** (2.734014)		
Center SASAC	+				0.330649** (1.078718)	
Lnasset	−	−0.304695*** (−5.157949)	−0.306883*** (−5.108547)	−0.349226*** (−4.272300)	−0.299356*** (−3.187031)	−1.771060*** (−11.27092)
Growth	+	0.143065*** (3.397683)	0.143441*** (3.401353)	0.155442*** (3.048311)	0.103935** (1.369559)	0.085567 (0.937665)
Leverage	+	−2.637470*** (−7.356289)	−2.635990*** (−7.346325)	−2.598237*** (−6.052112)	−2.542840*** (−3.748493)	2.006156*** (4.831581)
Industry	?	控制	控制	控制	控制	控制
样本数		830	830	587	243	436
F 值		45.59311***	43.59311***	38.22669***	35.72039***	44.13179***
R^2		0.432685	0.421538	0.406513	0.421777	0.431640

注：括号内数值为 t 值，***、** 和 * 分别表示在 1%、5%、10% 的水平上统计显著。

从表 5-8 的分析结果表明从模型 6 到模型 9 可以看出，对所有国家控制的上市公司的单独分析表明了政府对上市公司的激励效应与壁垒效应的存在。模型 7 中，国资委的系数虽然为正，但是不显著，似乎表明国资委作为实际控制人的国家控制的公司与非国资委作为实际控制人的国家控制的公司价值并无差异。但进一步分析，将地方国资委与地方国资委以外的地方政府部门比较，将国务院国资委与国务院国资委以外的中央政府部门比较，发现分别在 1%、5% 的水平上显著。因此，可以认为在同一级别上，国资委控制的公司价值高于国资委以外的政府部门控制的公司价值，从而也间接说明国家控制的上市公司的低价值主要是由于国资委以外的政府部门控制的上市公司所致。从模型 10 中可以看到，民营企业控制链的系数不显著，验证了控制链对于民营企业控制公司的影响不确定的假设，因此，对于民营企业家族产生的内部资本市场的利与弊尚无定论。

3. 稳健性检验

为了增强结论的可靠性，本章把控制权的下限扩大到 20% 进行稳健性分析，回归的结果表明实际控制人的激励效应、壁垒效应均存在，而且国家控制和非国家控制的上市公司以及国资委与非国资委控制的上市公司的效率差异存在，表 5-7、表 5-8 的主要结论没有实质性的改变。

第三节 创业板上市公司股权结构与公司价值案例分析

一、创业板简介

中共十一届三中全会开启了改革开放的大门，在社会主义市场经济体制不断发展完善下，我国证券市场也得到了快速的发展。1990 年，我国上市公司只有 13 家，截至 2013 年 6 月，在我国主板市场上市的公司达到了 1424 家（上海证券交易所 954 家，深圳证券交易所 470 家），在中小板上市的公司达到 701 家，且上市公司数量依旧在增加。随着我国证券市场的蓬勃发展，企业的融资和投资渠道得到扩展，但成长性较好的中小企业融资难的问题依旧存在，创业板市场的建立有助于解决这类创新型企业融资难的问题，为我国经济增长注入活力。证监会于 2004 年 5 月 17 日在深圳证券交易所设立了中小企业板，作为向创业板过渡的一个市场，标志着分步推进创业板市场建设迈出实质性步伐。2009 年 3 月 31 日证监会在网站上发布《首次公开发行股票并在创业板上市管理暂行办法》，该办法从 2009 年 5 月 1 日起开始正式实施。2009 年 10 月 23 日创业板市场正式开板，一周后首批共 28 家在深圳交易所上市，标志着我国多层次的资本市场体系初步形成。创业板市场的成立有助于推动我国产业结构升级，也有助于规范中小企业运作方式，有利于我国投资行业的繁荣和经济又快又好的发展。

创业板市场是独立市场，尽管中小企业板市场与创业板市场都服务于中小企业，但在服务定位、上市条件与运作模式等方面都有很大的不同。就服务定位来说，中小企业板有两个原则：一是两个不变；二是四个独立[①]。体现了中小企业

[①] 两个不变要求中小企业板块运行所遵循的法律、法规和部门规章与主板市场相同，发行条件和信息披露要求和主板保持一致；四个独立要求中小企业板块运行独立、监督独立、代码独立以及指数独立。

板在服务定位上主要以农林制造业等盈利稳定且相对成熟的传统业为主,同时也涵盖了一小部分高新技术产业,覆盖面比较广。创业板市场的企业符合"三高五新"的标准①。体现了创业板在服务定位上是面向具有成长性,但处于创业阶段的中小企业,主要集中在高新技术制造业、电子信息、环保节能等具有高科技含量的朝阳行业。就上市条件来说,中小企业板需要三年持续盈利且发行后股本总额不少于5000万元,这与主板市场基本相同,门槛较高,上市条件较为严格;创业板只需持续经营三年以上、最近两年盈利、发行后股本总额不少于3000万元,相较于主板市场较为宽松。就运作模式来说,中小企业板作为主板市场的组成部分,采取附属市场模式,拥有和主板相似的组织管理系统和交易系统;创业板市场采取独立的运作模式,有独立的交易和管理系统。

自2009年10月30日特锐德等28家公司首次挂牌上市以来,创业板吸纳了一大批具有高科技水平、高成长性的中小企业,为中小企业融资提供了一个有力的平台。截至2013年12月31日,创业板上市公司已经达到355家,总发行股本76156305370股,总流通股本43000762075股,上市公司市价总值为1509197853000元,上市公司流通市值为821882775989元。总之,在这四年多的时间里,创业板市场飞速发展,市场规模不断壮大,具有高成长性的优质公司不断涌现,为中小企业提供多样的融资途径的作用日益显现。

表5-9列示了创业板从2009年设立之初到2013年12月末各年新增上市公司、累计上市公司数量、总发行股本、市价总值等信息。

表5-9 2009~2013年创业板新增上市公司数量

单位:家;元

年份	新增上市公司	累计上市公司	总发行股本	市价总值
2009	36	36	3460311974	161008350274
2010	117	153	17506287459	736521891694
2011	128	281	39953339492	743379219595
2012	74	355	60089470389	873120459338
2013	0	355	76156305370	1509197853000

资料来源:深圳证券交易所网站。

二、创业板上市公司特征

创业板市场的设立就是为具有高科技含量与高成长性的自主创业的中小企业

---

① 三高五新是高技术、高成长、高增值、新经济、新农业、新能源、新材料、新型服务业。

第五章 实际控制人股权结构特征与公司价值关系实证研究

提供融资机会，因此创业板上市的公司行业分布与区域分布比较集中，后续针对其特征进行相关论述。

（一）创业板上市公司行业分布

截至 2013 年底上市的 355 家公司中，所属行业从大类上可以分为农林牧渔、制造业、信息技术、社会服务等 10 个行业，每个行业所拥有公司数量和所占比例如下表所示：

表 5-10　创业板上市公司行业分布

单位：家；%

行业名称	公司数量	所占比例
农林牧渔	6	1.69
采掘业	4	1.13
制造业	252	70.99
电热生产	1	0.28
建筑业	5	1.41
批发零售	3	0.85
运输仓储	3	0.85
信息技术	58	16.34
社会服务	17	4.79
传播文化	6	1.69
合计	355	100.00

数据来源：根据深圳证券交易所网站创业板信息整理所得。

从表 5-10 中可以看出，创业板上市公司的行业分布很有特点，制造业和信息技术产业的公司比例达到了 87.33%，服务业、传统的农林牧渔业、建筑业、采掘业、运输仓储业和批发零售业仅有 21 家，所占比例为 5.91%。可以看出，创业板上市公司主要集中在高端设备制造和信息技术等具有高科技含量和高成长性的行业，这与国家创办创业板的初衷是吻合的。

（二）创业板上市公司区域分布

创业板上市公司在各个地区的分布如表 5-11 所示：

表 5-11　2013 年创业板上市公司区域分布

地区	家数	所占比例（%）	地区	家数	所占比例（%）
广东	76	21.41	河北	5	1.41
北京	53	14.93	天津	5	1.41

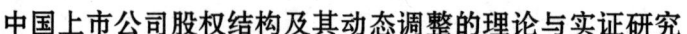

续表

地区	家数	所占比例（%）	地区	家数	所占比例（%）
江苏	42	11.83	重庆	4	1.13
浙江	36	10.14	内蒙古	3	0.85
上海	28	7.89	江西	3	0.85
山东	18	5.07	新疆	3	0.85
湖南	11	3.10	海南	2	0.56
福建	11	3.10	山西	2	0.56
湖北	11	3.10	甘肃	2	0.56
河南	8	2.25	吉林	1	0.28
辽宁	8	2.25	云南	1	0.28
安徽	7	1.97	贵州	1	0.28
四川	7	1.97	黑龙江	1	0.28
陕西	6	1.69			
合计			355		

数据来源：根据深圳证券交易所网站所列数据整理所得。

从表5-11中可以看出，广东、北京、江苏、浙江和上海的公司在创业板上市的数量最多，共计235家，占上市公司总体的66.20%，这五地在创业板上市公司的数量上占据优势，与其地区经济比较发达、拥有众多高新技术和创新能力的中小企业有很大关系。而经济欠发达的青海、宁夏、西藏等西部地区没有一家公司上市。

（三）创业板上市公司股权结构现状

在本章研究中，创业板上市公司股权结构主要体现在股权集中度、股权制衡度和股权性质三个方面，故在考察创业板上市公司股权结构现状时选取股权集中度、股权制衡度和控股股东的股东性质为考察对象。

在对股权集中度考察时，一般用第一大股东持股比例、前三大股东持股比例与前五大股东持股比例来进行替代[①]。

从表5-12可以看出，仅有一家公司第一大股东持股比例超过66.67%，所占创业板上市公司总数的0.28%；第一大股东持股比例超过50%的共计48家，所占比例为13.52%；第一大股东持股比例在25%~50%的共计211家，所占比例为

---

① 研究样本来自深圳证券交易所上市的创业板2010~2012年披露年报的上市公司。表中关于大股东持股比例区间的划定标准：66.67%是2/3的绝对数，根据公司章程中规定的可以自行决定公司重大事项，如修改章程；50%是实务中认为的绝对控股界限；20%~25%是国际上比较认可的控股股东持股比例；10%是单个股东可以召集与召开股东大会的持股比例。

第五章 实际控制人股权结构特征与公司价值关系实证研究

表 5-12 创业板上市公司大股东持股状况分析表

持股比例	第一大股东持股比例（FIRST）		前三大股东持股比例（THREE）		前五大股东持股比例（FIVE）		前十大股东持股比例（TEN）	
	数量	比例（%）	数量	比例（%）	数量	比例（%）	数量	比例（%）
[66.67%, 100%)	1	0.28	39	10.99	93	26.20	164	46.20
[50%, 66.67%)	47	13.24	162	45.63	181	50.99	157	44.23
[25%, 50%)	211	59.44	147	41.41	80	22.54	34	9.58
[20%, 25%)	46	12.96	6	1.69	1	0.28	0	0
[10%, 20%)	45	12.68	1	0.28	0	0.00	0	0
[0%, 10%)	5	1.41	0	0	0	0.00	0	0
	355	100.00	355	100.00	355	100.00	355	100.00
平均持股比例	33.44%		52.14%		58.31%		64.57%	

数据来源：根据巨潮资讯网提供数据整理所得。

59.44%，平均的持股比例为33.44%。

创业板上市公司前三大股东持股比例累加之和超过50%的共计201家，所占比例为56.62%；持股比例累加之和超过25%的共计348家，所占比例高达98.03%。前三大股东平均持股比例为52.14%，可以认定前三大股东对公司拥有绝对的控制权。前五大股东持股比例之和超过50%的共计274家，所占比例为77.18%。前十大股东持股比例之和超过50%的共计321家，所占比例高达90.42%。第一大股东平均持股比例为33.44%，前十大股东平均持股比例为64.57%。总体来看，创业板上市公司的股权集中度比较高，第二大股东到第十大股东平均持股比例为31.13%，其余股东持股比例为35.43%，说明我国创业板上市公司的第一大股东、第二大股东到第十大股东、其余股东的持股比例相差不大。

关于股权制衡度，一般以第二大股东到第五大股东持股比例累加之和与第一大股东持股比例之比来表示。

表 5-13 创业板上市公司股权制衡度

区间	数量（家）	比例（%）	总比例（%）
(0, 0.5)	106	29.86	29.86
[0.5, 1)	119	33.52	63.38
[1, 2)	96	27.04	90.42
超过2	34	9.58	100
总和	355	100.00	
平均值	0.94		

从表 5-13 可以看出，我国创业板上市公司股权制衡度大于 0.5 的共计 229 家，所占比例为 70.14%；股权制衡度大于 1 的共计 130 家，所占比例为 36.62%。这说明我国创业板上市公司中 36.62% 的公司，其第二大股东到第五大股东的持股累加之和大于或等于最大股股东所持股数，可以与之抗衡，对最大股东的行为具有一定的约束作用。创业板上市公司的股权制衡度的均值为 0.94。

关于控股股东的性质，分为高管股、国有法人股、自然人股等，具体情况见表 5-14：

表 5-14　创业板上市公司控股股东性质

性质	数量（家）	比例（%）
高管股	12	3.38
国有法人股	13	3.66
境内法人股	82	23.10
境外法人股	9	2.54
境内自然人持股	196	55.21
境外自然人持股	5	1.41
高管股、流通 A 股	8	2.25
境内自然人持股、高管股	4	1.13
境内法人持股、流通 A 股	6	1.69
境内自然人持股、流通 A 股	6	1.69
境内自然人持股、流通 A 股、高管股	2	0.56
境内自然人、境外自然人	1	0.28
流通 A 股	7	1.97
流通受限股	4	1.13
总数	355	

数据来源：根据巨潮资讯网所提供数据整理所得。

从表 5-14 中可以看出，我国创业板上市公司中以自然人为控股股东的共计 237 家，占到总比例的 66.76%；以国有法人为控股股东的公司仅有 13 家，所占比例仅为 3.66%。说明我国创业板上市公司控股股东以自然人为主，主要原因是我国创业板上市公司在上市前大多为民营家族企业。

（四）创业板上市公司经营业绩现状

对于经营业绩现状的考察本章主要采用销售净利率、净资产收益率，每股收益三个指标来进行考察。

第五章 实际控制人股权结构特征与公司价值关系实证研究

表 5-15 创业板上市公司 2010~2012 年的盈利分析

年份	销售净利率平均值	净资产收益率平均值	每股收益平均值
2010	20.75%	17.07%	0.8
2011	18.54%	11.24%	0.62
2012	14.76%	8.2%	0.47

数据来源：根据巨潮资讯网所提供数据整理所得。

从表 5-15 中可以看出，我国创业板上市公司的销售净利率、净资产收益率以及每股收益的均值都处于下降状态，到了 2012 年达到最低值，整体来说，我国创业板上市公司盈利能力下降，公司经营业绩处于低迷状态。

三、案例分析——基于北陆药业与宝德股份的分析

（一）公司介绍

1. 北陆药业

于 1992 年 8 月由王代雪出资 30 万元组建的北京北陆医药化工公司是北陆药业股份有限公司的前身。经过近四年的发展后，改制为股份合作制企业，并将公司名称变更为北京北陆医药化工集团。2001 年 2 月公司依法整体变更为北京北陆药业股份有限公司（以下简称北陆药业）。2006 年 8 月在深圳证券交易所代办股份转让系统挂牌，股票代码为 430006。历经三年发展后，于 2009 年 10 月作为创业板首批上市公司在深圳交易所挂牌上市，发行 A 股股票，股票代码为 300016。

1999 年和 2001 年，北京科技风险投资股份有限公司与重庆三峡油漆有限公司分别收到受让股份，标志着北京北陆药业股份有限公司由法人股股东加入的格局正式形成。北陆药业在创业板上市后，北京科技风险投资和重庆三峡油漆有限公司持股比例分别为 14.46%、14.14%。

北陆药业旗下的子公司有两家，分别是北京新先锋药业有限公司与北京易佳联网络技术有限公司。北京新先锋药业公司成立于 1999 年 5 月，是北陆药业的全资子公司，主业为药品经销。北京易佳联网络技术有限公司成立于 2004 年 10 月，主业对比剂推广，服务于对比剂市场的终端客户。2010 年北陆药业进行战略调整，为优化资源，降低成本，注销北京易佳联网络技术有限公司，降低北京新先锋药业的销售规模，专门发展其核心业务——药品生产。

北陆药业主要生产对比剂、降糖类药物和抗焦虑类中药。在 2010 年，北陆药业推出了国内第一个，也是目前唯一一个治疗广泛性焦虑症的纯中药制剂——九味镇心颗粒，此药剂已经成为北陆药业新的利润增长点。北陆药业在 2011 年

建立了国内第一家专注对比剂研究的工程实验室，对医学影像用药行业产生重要的推动作用。

2. 宝德股份

于2001年4月12日由赵敏、马丽芬、邢连鲜、邵卓共同出资设立的西安宝德自动化技术有限公司（以下简称宝德有限）是西安宝德自动化股份有限公司的前身。2009年此公司依法整体变更为股份有限公司，更名为西安宝德自动化股份有限公司（以下简称宝德股份）。2009年10月作为创业板首批上市公司在深圳交易所挂牌上市，发行A股股票，股票代码为300023。宝德股份下属控股子公司为西安宝德电气有限公司，成立于2011年1月4日，主营产品为变频器与工业电源。

宝德股份专业从事煤炭、石油、新能源等自动化设备的研发与制造。其核心业务为个性化程度高、属于订单式量身定制的电控自动化石油钻采设备。宝德股份在2012年遭遇重创的原因是其在2011年新研制成功的嵌入式一体化采油管理控制系统销售份额大幅下降，其主营业务占比最高的两项产品顶驱与复合钻机电控系统，因技术含量低，缺乏竞争力，遭核心客户抛弃；控股子公司宝德电气因产品没有核心竞争力，造成巨亏。

（二）公司的股权变动

1. 北陆药业股权变动

以在创业板上市为界限，北陆药业在上市前的股权变动为：

1992年8月由王代雪出资30万元组建北京北陆医药化工公司，此时王代雪拥有其所有权。

1996年5月，王代雪将其中26.48%股权转让给其他37名自然人股东，改制为股份合作制企业。

1999年7月，股权调整，调整后王代雪、洪薇、姚振萍分别拥有的股权80%、10%、10%。

1999年9月10日，北京北陆药业有限公司成立，王代雪、北京科技风险投资股份有限公司、洪薇和姚振萍分别拥有的股权为40%、40%、10%、10%。

2001年，重庆三峡油漆有限公司收到受让股份，此时王代雪、北京科技风险投资股份有限公司、重庆三峡油漆股份有限公司、洪薇、姚振萍分别持有的股权为30%、30%、25%、7.5%、7.5%。

2007年，北陆药业有限公司增发股份后，王代雪、北京科技风险投资、重庆三峡油漆、盈富泰克、洪薇、姚振萍、段贤柱、武杰、刘宁、李弘分别持有股权比例为 28.19%、22.63%、18.86%、14.74%、6.84%、5.60%、1.87%、0.49%、0.39%、0.39%。

2008 年 2 月，姚振萍将持有所有的股份转让给王代雪，此时王代雪对公司持股比例达到 33.79%。

2009 年 10 月，北陆药业作为创业板首批上市公司在深交所上市，上市后 2009 年到 2012 年前十大股东的持股比例如表 5-16 所示：

表 5-16 2009~2012 年北陆药业前十大股东持股比例

2009 年 12 月 31 日		2010 年 12 月 31 日		2011 年 12 月 31 日		2012 年 12 月 31 日	
股东名称	持股比例(%)	股东名称	持股比例(%)	股东名称	持股比例(%)	股东名称	持股比例(%)
王代雪	21.13	王代雪	21.13	王代雪	21.13	王代雪	21.13
北京科技风险投资股份有限公司	14.46	重庆三峡油漆股份有限公司	14.14	北京科技风险投资股份有限公司	15.01	北京科技风险投资股份有限公司	15.01
重庆三峡油漆股份有限公司	14.14	北京科技风险投资股份有限公司	12.5	重庆三峡油漆股份有限公司	14.14	重庆三峡油漆股份有限公司	14.14
盈富泰克创业投资有限公司	11.05	盈富泰克创业投资有限公司	11.05	盈富泰克创业投资有限公司	11.05	盈富泰克创业投资有限公司	11.05
洪薇	5.13	洪薇	5.12	洪薇	5.12	洪薇	3.84
姚振萍	4.2	姚振萍	3.18	姚振萍	1.97	中国工商银行—国投瑞银稳健增长灵活配置混合型投资基金	3.66
全国社会保障基金理事会转持三户	2.5	全国社会保障基金理事会转持三户	2.5	段贤柱	1.4	中国光大银行股份有限公司—国投瑞银景气行业投资基金	2.52
段贤柱	1.4	段贤柱	1.4	李祖熙	0.54	中国建设银行—上投摩根阿尔法股票型投资基金	1.95
武杰	0.37	常双军	0.49	中国建设银行—华夏优势增长股票型证券基金	0.54	中国工商银行—汇添富医药保健股票型投资基金	1.67
刘宁	0.29	张京东	0.39	武杰	0.37	中国工商银行—国投瑞银核心企业股票型证券投资基金	1.58

数据来源：巨潮资讯网。

通过表 5-16 可以看出，第一大股东王代雪作为北陆药业的创办者，在 1996 年之前是北陆药业的所有者，1996~2000 年拥有对北陆药业的绝对控股权。从 2001 年至今对北陆药业处于相对控股状态。2009~2012 年，前五大股东的持股比例累加之和一直处在 65% 左右，股权集中度较高。

2009~2012 年第二大股东到第五大股东持股比例累加之和与第一大股东持股比例之比一直大于 2。前五大股东中，王代雪和洪薇曾签署《一致行动人协议》，可以把王代雪和洪薇的持股比例累计相加来看股权制衡度，2009~2012 年的股权制衡度为 1.51、1.43、1.53、1.6，可以看出在考虑一致行动人的情况下，股权制衡在北陆药业依旧能发挥其作用。

北陆药业前五大股东中，有三个大股东都为法人股股东，在 2012 年底，第五大股东到第十大股东都为机构投资者，可以看出北陆药业拥有多元化的股权结构。

2. 宝德股份股权变动

以在创业板上市为界限，宝德股份在上市前的股权变动为：

2001 年 4 月，由赵敏、马丽芬、邢连鲜、邵卓共同出资 60 万元成立西安宝德自动化技术有限公司，所占股权比例分别为 77%、10%、10%、3%。

2002 年 9 月，马丽芬将所持股份转让给邢连鲜，公司股东变更为赵敏、刑连鲜、邵卓，持股比例分别为 77%、20%、3%。

2003 年 6 月，邵卓转让股份，宝德有限增资，此次变更后，公司股东为赵敏、邢连鲜、王宝忠，持股比例分别为 60%、10%、30%。

2003 年 12 月，王宝忠转让股份，转让后公司股东为赵敏和邢连鲜，持股比例分别为 75% 与 25%。

2004 年 4 月，宝德有限增资，增资后，公司股东为赵敏和邢连鲜，持股比例分别为 75% 与 25%。

2004 年 12 月，宝德有限增资，增资后，公司股东为赵敏和邢连鲜，持股比例分别为 80% 与 20%。

2008 年 4 月，宝德有限股东变更，变更后，公司股东为赵敏、邢连鲜、李昕强、周增荣，持股比例分别为 78%、20%、1.33%、0.67%。

2009 年 3 月，宝德有限股东变更，变更后，公司股东为赵敏、邢连鲜、赵伟、宋薇、赵紫彤、严宇芳、杨小琴、李昕强、周增荣，持股比例分别为 68%、10%、5%、5%、4%、3%、3%、1.33%、0.67%。

2009 年 4 月，宝德有限整体变更为股份有限公司，变更后，公司股东为赵敏、邢连鲜、赵伟、宋薇、赵紫彤、严宇芳、杨小琴、李昕强、周增荣，分别持

第五章 实际控制人股权结构特征与公司价值关系实证研究

股比例为68%、10%、5%、5%、4%、3%、3%、1.33%、0.67%[①]。

2009年10月，宝德股份作为创业板首批上市公司在深交所上市，上市后2009年到2012年前十大股东的持股比例如表5-17所示：

表5-17　2009~2012年宝德股份前十大股东持股比例

2009年12月31日		2010年12月31日		2011年12月31日		2012年12月31日	
股东名称	持股比例(%)	股东名称	持股比例(%)	股东名称	持股比例(%)	股东名称	持股比例(%)
赵敏	51	赵敏	51	赵敏	51	赵敏	51
邢连鲜	7.5	邢连鲜	7.5	邢连鲜	7.5	邢连鲜	7.5
宋薇	3.75	宋薇	3.75	宋薇	3.75	宋薇	3.75
赵伟	3.75	赵伟	3.75	赵伟	3.75	赵伟	3.75
赵紫彤	3	赵紫彤	3	赵紫彤	3	赵紫彤	3
严宇芳	2.25	严宇芳	2.25	严宇芳	2.25	严宇芳	1.69
杨小琴	2.25	杨小琴	2.25	杨小琴	2.25	杨小琴	1.14
李昕强	1	李昕强	1	李昕强	1	李昕强	1
周增荣	0.5	邵灵江	0.51	邵灵江	0.51	高志成	0.77
华润深国投信托有限公司—尚诚证券信托	0.25	周增荣	0.5	周增荣	0.5	邵灵江	0.59

数据来源：巨潮资讯网。

从表5-17可以看出，宝德股份从建立到在创业板上市之前都为自然人持股，第一大股东赵敏一直占据绝对控股地位。2009年10月30日，宝德股份作为首批在创业板上市的公司，第一大股东赵敏依旧拥有对宝德股份享有绝对控制权的持股比例。从2009年到2012年期间，前五大股东的持股比例累加之和都为69%，股权集中度较高。

在前五大股东中，赵敏与邢连鲜为夫妻；赵敏与赵伟为兄弟；邢连鲜与宋薇为近亲；赵紫彤为赵敏好友的女儿。可以看出宝德股份是绝对的家族式上市公司，上市后，在2009年底前十大股东中有且只有一个机构投资者，从2010年到2012年，前十大股东全为自然人股东，股权结构过于单一。

2009年到2012年第二大股东到第五大股东持股比例累加之和与第一大股东持股比例之比为0.35，股权制衡度比较低。在考虑"一致行动人"的情况下，股权制衡度为0，在这种情况下可以认为，宝德股份根本没有股权制衡。

---

① 根据西安宝德自动化股份有限公司关于公司设立以来股本演变情况说明整理所得。

从北陆药业和宝德股份的股权结构可以看出，两家公司的股权集中度都比较高，北陆药业的股权制衡度好于宝德股份，且北陆药业的股权性质呈现多元化，宝德股份的股权性质非常单一。

（三）宝德股份和北陆药业经营业绩评价

经营业绩作为能够直观地反映出公司的各类经营活动所带来的经营成果与整体的财务状况，其主要依据是真实公允的会计报表。以资产负债表、现金流量表和相关附注为基础，可以得知公司的财务状况；而以利润表等相关损益类报表和相关附注为基础，可以得知公司的经营成果。本章主要选用财务比率来对北陆药业和宝德股份的经营业绩进行分析。

1. 偿债能力分析

偿债能力能够间接的反映企业经营业绩好坏，偿债能力又可以细分为短期偿债能力与长期偿债能力，接下来我们针对最能代表短期偿债能力的流动比率、速动比率和代表长期负债能力的资产负债率进行分析。

（1）流动比率

表5-18 流动比率分析表

报告期	2010	2011	2012
北陆药业	51.13	21.96	15.2
宝德股份	13.48	10.24	8.92

一般来说流动比率越大，企业的短期偿债能力越强，国际上认为流动比例为2的时候比较合理，但是由于行业的差异，流动比率处于1~3都视为正常。从表5-18可以看出北陆药业和宝德股份的流动比率都远远大于3，说明两公司的短期偿债能力都非常强，追究其原因是因为两公司流动负债比较少，可支配的资金比较多。北陆药业的流动比率下降速度快于宝德股份，说明北陆药业积极运用所募集的资金来发展业务，提升经营业绩，而宝德股份则把募集资金大量闲置，募投项目也进展缓慢。

（2）速动比率

表5-19 速动比率分析表

报告期	2010	2011	2012
北陆药业	48.14	20.7	12.81
宝德股份	13.27	9.65	8.35

第五章 实际控制人股权结构特征与公司价值关系实证研究

一般来说，存货容易发生积压、损坏和滞销等情况，故变现能力较弱，用其来偿还债务的损失会大于用其他流动资产偿还，为了能够更好地显现企业的短期偿债能力，应采用剔除存货后而计算出的速动比率值。通常，速动比率为自然数1比较合理。从表5-4中可以看出北陆药业和宝德股份的速动比率都远远超出适宜值1，北陆药业的偿债能力远远大于宝德股份。相比来说，两家公司的速动比率和流动比率差别较小，说明存货较少。

（3）资产负债率

表5-20 资产负债率分析表

单位：%

报告期	2010	2011	2012
北陆药业	1.58	6.33	10.22
宝德股份	6.89	8.93	9.50

资产负债率越小，说明公司在经营活动中利用债权人资金越少，债权人所提供的账款就越安全。通常来说，资产负债率在40%~60%之间是较为理想状态，《公司法》中规定上市公司的资产负债率不能高于70%。从表5-5可以看出，北陆药业与宝德股份的资产负债率都比较低，但北陆药业资产负债率的增长速度要大于宝德股份，说明北陆药业对财务杠杆的利用要好于宝德股份。

2. 营运能力分析

营运能力是分析资产的周转情况，反映出企业对资产的利用效率。以下是对北陆药业与宝德股份的营运能力的分析。

（1）应收账款周转率

表5-21 应收账款周转率分析表

报告期	2010	2011	2012
北陆药业	4.13	4.10	4.41
宝德股份	1.04	0.88	0.65

应收账款周转率解释了企业在一定时期内应收款项转为现金的次数。通常来说，此数值越高，说明公司应收账款流动性越强，收账速度越快，可以有更多的资金投入到生产经营。从表5-21可以看出，北陆药业在2011年的应收账款周转率略低于2010年，其原因是北陆药业在2011年药品生产业务增长较多，生产业务的回款期要比药品经销回款期长，总体来说不会对应收账款周转率造成不好的影响。2012年应收账款周转率较2011年有所提升，且高于2010年，说明应收

账款的收回速度加快，资金滞留在应收账款上的数额减少，资金的使用效率稳步提升。宝德股份的应收账款周转率一直处于下降的状态，公司应该加大应收账款力度，降低可能存在的坏账风险。

（2）存货周转率

表 5-22　存货周转率分析表

报告期	2010	2011	2012
北陆药业	3.41	2.15	1.62
宝德股份	17.53	4.32	2.40

存货在流动资产中占的比例相当大且流动性最弱，存货的周转速度对企业短期偿债能力有很大影响。从表 5-22 可以看出，北陆药业存货周转率虽然也持续下降，但下降速度远远低于宝德股份。北陆药业 2011 年存货周转率的降低是因为其全资子公司北京新先锋药业有限公司当期对药品经销业务调整，药品销售业务量下降所致。剔除药物经销业务影响，宝德在 2011 年的存货周转率为 2.15 次/年略高于 2010 年的存货周转率 1.44 次/年。在 2012 年存货周转率继续下降的原因是企业为应对老对比剂车间 GMP 停产改造及新对比剂车间试生产增加库存，总之是因企业生产规模扩大、在产品大量增加而造成的，说明其经营业绩还不错。宝德股份的存货周转率从 2010 年到 2012 年持续下降，追究其主要原因，是因为其控股子公司西安宝德电器有限公司受宏观经济影响，变频器销量不好造成大量库存，这在某种程度上说明宝德股份管理层决策失误，但不能排除宝德股份经营效率变差，最终影响到企业的经营业绩。

（3）总资产周转率

表 5-23　总资产周转率分析表

报告期	2010	2011	2012
北陆药业	0.39	0.39	0.49
宝德股份	0.18	0.21	0.16

资产周转率是营业收入与平均资产占用额的比值。衡量指标有流动资产周转率、固定资产周转率、总资产周转率等。其中总资产周转率是考察企业运营效率的综合指标，按照常规情况，总资产周转率越大，说明企业用总资产创造的收入就越高，其经营业绩也就越好。从表 5-23 可以看出，北陆药业的总资产周转率从 2010 年到 2012 年稳步上升，说明企业利用其资产进行经营的效率比较稳定，企业有较高的盈利能力。

3. 盈利能力分析

盈利能力可以直观地反映企业的经营业绩的好坏，是指企业的资本增值能力，以下是对北陆药业与宝德股份盈利能力的分析。

（1）营业毛利率

表5-24 营业毛利率分析表

单位：%

报告期	2010	2011	2012
北陆药业	58.61	74.66	74.22
宝德股份	28.59	28.84	22.99

营业毛利率即为我们通常说的销售毛利率，该指标越大说明企业盈利能力越强，经营业绩越好。从表5-24可以看出北陆药业2011年的营业毛利率与2010年相差较大，说明经营业绩有了很大的提升，2012年与2011年相差不大，经营业绩处于比较稳定的状态。挖掘其原因是因为公司在2012年扩大营销网络，加大营销力度造成营业成本急剧变大所致。宝德股份2011年营业毛利率比2010年稳中有升的原因是其研发的新产品嵌入式一体化采油管理控制系统在市场上得到了很好的反响，获利能力增强，经营业绩大幅增加，如果剔除此因素，西安宝德在2011年的营业毛利率为-17.63%，在2012年因嵌入式一体化采油管理控制系统销量锐减，毛利率降低。总之，北陆药业的经营业绩稳步上升，宝德股份的经营业绩处于下滑状态。

（2）净资产收益率

表5-25 净资产收益率分析表

单位：%

报告期	2010	2011	2012
北陆药业	9.51	9.25	12.61
宝德股份	3.84	2.36	-3.45

净资产收益率即股东权益报酬率，用来反映公司权益资本的利用率，其数值越高，说明公司对财务杠杆的运用越好，股东的获利水平越高，其经营业绩也就越好。从表5-25中可以看到，北陆药业的净资产收益率在2011年比2010年有轻微的下降，但在2012年得到回升并高于2010年，可以看出北陆药业积极的发展公司业务，经营业绩得到提升。宝德股份净资产收益率在近三年中一直处于下滑状态，2012年净利润为负，公司开始亏损。其报表表现出来的原因是，销售费用剧增，营业收入锐减所致，加大的营销力度并没有带来良好的销售收入，营

销手段比较失败，经营业绩下滑。

（3）每股收益

表 5-26 每股收益分析表

单位：元

报告期	2010	2011	2012
北陆药业	0.28	0.29	0.41
宝德股份	0.14	0.09	-0.13

每股收益即每股盈利，是指股东所持有公司一股股票所能享受到的净利润，或者必须承担的公司净亏损，是衡量股东的获利水平以及投资风险的指标。从表 5-26 可以看出，北陆药业近三年来每股收益不断提高，从 2010 年为股东的每股股票赚取 0.28 元到 2012 年每股股票赚取 0.41 元，说明公司的盈利能力在持续提升，经营状况良好。宝德股份从 2010 年为股东的每股股票赚取 0.14 元到 2012 年使股东每股赔 0.13 元，经营业绩大幅下滑，前景不容乐观。

4. 发展能力分析

发展能力可以间接地反映公司的经营业绩，发展能力好的公司，经营业绩自然好。以下是对北陆药业与宝德股份发展能力的分析：

（1）主营业务收入增长率

表 5-27 主营业务收入增长率分析表

单位：%

报告期	2010	2011	2012
北陆药业	-16.03	8.05	39.29
宝德股份	-43.63	19.05	-18.82

从表 5-27 可以看出，北陆药业尽管在 2010 年主营业务收入增长率为负，但从 2011 年开始为正，2012 年比 2011 年有了快速的提升，说明北陆药业的盈利能力一直在提升，公司的成长性良好。宝德股份仅在 2011 年主营业务增长率为正，到 2012 年主营业务增长率依旧为负，说明其主营业务收入大幅降低。总之，北陆药业的经营业绩一直在提升，宝德股份的经营业绩出现了昙花一现后，继续下滑。

（2）营业利润增长率

表 5-28 营业利润增长率分析表

单位：%

报告期	2010	2011	2012
北陆药业	25.85	0.39	50.72
宝德股份	-70.13	31.09	-252.64

第五章 实际控制人股权结构特征与公司价值关系实证研究

从表 5-28 可以看出，北陆药业的营业利润增长率在 2011 年有些放缓，主要原因是公司在 2011 年进行战略调整，到 2012 年战略调整结果明显，营业利润增长率急速回升。宝德股份在 2011 年营业利润大幅提升是因为其在本年研发成功的嵌入式一体化采油管理控制系统销售业绩良好，在 2012 年此系统销售大幅下降，营业利润下降，营业利润增长率为负。

5. 杜邦分析

杜邦分析是以股东权益报酬率为核心的财务指标，能够系统、综合地分析企业的盈利水平。它将企业的净资产收益率逐步分解成多项财务比率的乘积，对企业的经营业绩进行深度分析和比较。为了更深入了解两家公司经营业绩水平，故用杜邦分析法进行分析。

股东权益报酬率 = 销售净利率 × 总资产周转率 × 权益乘数　　　　　　　(5.1)

表 5-29　杜邦分析表

报告期	股东权益报酬率		销售净利率		总资产周转率（次/年）		权益乘数	
	北陆药业	宝德股份	北陆药业	宝德股份	北陆药业	宝德股份	北陆药业	宝德股份
2010	9.51%	3.84%	23.48%	19.74%	0.39	0.18	1.02	1.07
2011	9.25%	2.36%	22.48%	11.87%	0.39	0.21	1.07	1.1
2012	12.61%	-3.45%	23.01%	-25.46%	0.49	0.17	1.11	1.1

股东权益报酬率是由销售净利率、总资产周转率与权益乘数共同决定的，从表 5-29 可以看出，销售净利率的大小是体现公司业绩的重要指标，销售净利率越高，公司盈利能力越好，权益乘数的大小受公司资产和负债的影响，公司在总资产不变的情况下可以适当增加负债，充分利用杠杆优势，为企业带来效益。

从表 5-29 可以看出，北陆药业股东权益报酬率较高，从 2010 年到 2012 年有了较大的增幅，销售净利率处在比较稳定的状态，盈利能力比较好，总资产报酬率和权益乘数都稳中有升，说明该公司利用财务杠杆来获取收益能力加强，经营业绩得到提升。宝德股份销售净利率的滑坡式的降低严重影响股东权益报酬率，盈利能力持续下降，经营业绩大幅下滑。

从表 5-29 可以看出，北陆药业和宝德股份权益乘数相差不大，其差别最大的是销售净利率，北陆药业的销售净利率一直处于比较稳定的状态，而宝德股份处于下降趋势，到了 2012 年为负，经营业绩达到最差。分析其主要原因是，在主营业务方面北陆药业的产品技术含量高，竞争力强，经营业绩一直比较好；宝德股份对石油行业依赖程度严重，占主营业务收入比重最高的顶驱、复合钻机电控系统,因产品技术含量低,竞争优势不明显,很容易就会被其他公司抢占市场。在对待子公司方面,北陆药业实施战略调整,注销其网络子公司,缩减药品经销,积极发展其主营业务,药品研发与制造;宝德股份在2011年用募集资金建立控股子公司宝德电气有限公司,没有核心业务,不具有很强竞争力,在2012年严重影响其母公司的业绩。

6. 经济增加值

经济增加值=税后净经营利润－资本成本 (5.2)

=税后净经营利润－资本总额×加权平均资本成本 (5.3)

表5-30 经济增加值分析表

单位:元

报告期	2010	2011	2012
北陆药业	−78155248	54755981	9462490
宝德股份	−87430392	−551182471	−62510495

从表5-30可以看出,北陆药业在2011年的经济增加值为正,已经开始为投资者创造利润,从2010年到2012年经济增加值有了较大的变化,说明北陆药业的经营业绩处于上升期。宝德股份在2010~2012年的经济增加值持续为负,尽管2012年的经济增加值相较2010年有所提升,但前景依然不是很乐观。

(四)案例总结

以上分析可以看出,股权结构可以对公司经营业绩产生较大的影响。宝德股份前十大股东全为境内自然人,无法人股股东,第一大股东赵敏的持股比例达到51%,占绝对控股地位,第二大股东刑连鲜和第一大股东赵敏是夫妻关系,第三大股东宋薇和刑连鲜是近亲,第四大股东赵伟和赵敏是兄弟关系,第五大股东赵紫彤为赵敏好友的女儿,总的来说前五大股东有关联关系可以看作"一致行动人",累计持股比例高达66%。总之,宝德股份是很典型的在创业板上市的家族式公司。在管理人员任命方面,赵敏为董事长,刑连鲜为董事兼总经理,这造成了另一类代理问题的产生,即"大股东代理问题"。虽然在特定时刻,上市公司的绝对控股股东能够促进上市公司的核心机制和发展潜力的形成,保障决策效率和经营效率,但其劣势也非常明显,可以凭借其对公司控制权的优势谋取私利,可能导致债权人、公司员工、其他小股东的利益受到损害。

宝德股份在创业板上市募得大笔资金后,并没有借助资本市场做强,其经营业绩一直处于下滑状态。剔除宏观经济影响,石油钻采行业不景气,最主要原因是其股权结构极度不合理,没有法人股,没有机构投资者,也没有能对赵敏家族

第五章 实际控制人股权结构特征与公司价值关系实证研究

进行股权制衡的自然人股东,也就是说,除了行业监管,没有任何人或机构能对宝德股份进行监督,这就造成赵敏家族可以控制宝德股份的日常经营、资金的流向甚至报表的编制。在招股说明书中,宝德股份指出在营业收入中占比重最大的顶驱、复合钻机电控系统产品技术含量较低,在上市之后宝德股份并没有加大研发力度、提高技术含量。因为没有其他大股东对赵敏家族进行监督制衡,赵敏家族可以随意使用募集资金,公司 IPO 中明确写道:所募集的资金将投资于石油钻采一体化电控设备生产基地的建设,建设期为 24 个月,此项目进展缓慢,在 2011 年发布公告因地面附着物未能及时清理干净,项目将延期到 2012 年 12 月。从 2010 年到 2012 年的资产负债表中应收利息可以看出,宝德股份并没有积极用募集资金进行投资、研发为提高公司经营业绩做准备,而是把募集资金放入银行收取利息。宝德股份在上市前的公告称 2009 年前三季度运营良好,实现净利润 2500.49 万元,但 2010 年 3 月公布的年报显示,2009 年的全年净利润为 2683.28 万元,这表明宝德股份在 2009 年第四季度的净利润仅为 182.79 万元,业绩出现滑铁卢式的下滑。在整个市场不景气的状态下,宝德股份在 2011 年 1 月 4 日成立控股子公司,西安宝德电气有限公司的法定代表人为赵敏,主营变频器。宝德电气在 2011 年实现盈利的最主要原因是其营业收入的 69.8%都来自母公司宝德股份的订单。宝德股份对宝德电气 2012 年净利润为 –1488.88 万元,同比下降 516.05%的解释是,自 2011 年下半年经济低迷,市场需求不足,研发的新产品未能及时推向市场,销售受到影响。追其主要原因是因为宝德电气没有核心竞争产品,一直处于研发阶段。当无核心竞争产品时,宝德股份用募集资金设立控股子公司。总之,宝德股份的股权高度集中在一个家族手中,没有大股东可以对其进行制衡和有效的监督,造成赵敏家族掌控整个公司,随意使用资金,使其经营业绩一直下滑。

北陆药业在上市前通过股权转让完成了股权优化,前十大股东里有境内自然人、境内法人、机构投资者。第一大股东王代雪的持股比例为 21.13%,处于相对控股状态。在 2009 年 8 月 31 日,王代雪、段贤柱、武杰、洪薇、刘宁、李弘签署了《一致行动人协议》,在前十大股东里,王代雪所占股权比例为 21.13%、段贤柱为 1.4%、武杰为 0.37%、洪薇为 5.12%,总计 28.02%,没有达到绝对控股的界限。前五大持股主体中法人持股的有 3 家,分别是北京科技风险投资股份有限公司、重庆三峡油漆股份有限公司和盈富泰克创业投资有限公司,累计持股比例达到 40%左右,可以对实际控股股东进行股权制衡,另外法人股倾向长期投资,为了利益最大化,会积极地参与企业管理,对公司的经营业绩起着积极的作用。2012 年第六大股东到第十大股东全为机构投资者,说明北陆药业的经营业绩被看好。北陆药业的主营业务为药品生产以及药品经销,药品生产主包括对比剂产品、降糖类药物和抗焦虑类中药,在2011年北陆药业进行战略调整,药品经销不再作为其主要业务,主力发展具有核心技术的对比剂与抗焦虑中药,经营业绩获得较大的提升。

第四节 本章结论

本章以2007年的上市公司为样本,计算了上市公司实际控制人的所有权、控制权、所有权与控制权的分离、控制链的长度,并重新划分了实际控制人的类型,发现实际控制人对上市公司存在激励效应,当它持有的所有权比例较大时,公司价值较高。但是,当实际控制人的所有权与控制权偏离较大时,这种利益协同效应降低,表现为壁垒效应,阻碍公司价值的增长。

由于政府目标的多样化,政府很有可能将一些社会性负担强加给所控制的上市公司,给公司的价值带来负面影响,但国资委控制的上市公司优于非国资委控制的上市公司,特别是地方国资委控制的上市公司优于地方其他政府部门控制的上市公司。这一结论启示我们要继续推行完善国有资产出资人代表制度,切实解决国有企业政企不分、政府干预现象。而且这种制度可以推广到其他非国资委控制的上市公司,对于烟草等行业的改革方向具有一定的政策含义。

由于"放权"假说的成立,可以认为增加控制链是政府解决政企分离问题的一种手段。虽然控制链的增多会带来一定的代理成本,但政府的干预程度也会降低,侵占的能力有所下降。因此,当前地方国资委所实行的三层架构可以说是一种有效的方式。但是,对于非国家控制的上市公司,控制链的效果尚无定论,对于这种内部资本市场还须加强监管。

本章采用TobinQ表示公司价值,并在计算TobinQ时利用上市公司年末市值,但由于中国资本市场投机氛围太浓,股市波动较大,用市值计算存在一定问题,2007年股市的高涨与2008年上半年股市的低迷形成强烈对比。此外,在比较公司价值时,也要考虑到国家控制上市公司所承担的社会责任,不能仅仅以经济指标作为评判公司价值的唯一标准。因此,结论难免受到一些影响。此外,能否比较国务院国资委控制的公司与地方国资委控制的公司的价值尚待研究。由于不同地区市场化发展程度不同,各地国资委对上市公司的控制方式也有差异,各地国资委对上市公司的控制模式的比较可能是进一步的研究方向。

第六章 我国上市公司股权结构动态调整的影响因素分析

第一节 理论分析与研究假设

一、两权分离度对股权结构动态调整的影响

现金流权对终极股东有激励效应，现金流权越大，终极股东越有动力监督管理层，缓解管理层与股东的代理冲突，而且终极股东侵占中小股东所带来的成本也会增加，侵占动机减弱。Claessens指出，终极股东享有的现金流权越大，它越有动力让公司良好的运转，从而获取控制权私利而降低公司价值的动力也会弱化。但是，终极股东的控制权则有相反的作用，当终极股东控制权比例较高时，它更加有动力实施侵占行为，获取控制权私利，只要所带来的控制权私利大于付出的成本。换句话说，控制权代表的是终极股东获取控制权私利的动力和能力，而现金流权则代表的则是因获取控制权私利等行为所带来的控制权共享收益的减损（成本）。当控制权远远超过现金流权时，说明终极股东能够获得更大的控制权私利，却以更低的控制权共享收益为代价。终极股东就有强大的动力将公司的资源转移到相关联的其他公司，对公司进行掏空。因此，在金字塔结构下，由于控制权与现金流权的分离，终极股东与中小股东之间的代理问题非常严重。两权分离度的高低是衡量终极股东侵占动机和能力的重要指标，两权分离度越大，说明给定控制权下的现金流权越低，终极股东实施掏空行为的成本也越低，其侵占中小股东利益的动机也越强。

在中国，金字塔形结构普遍存在于上市公司中，再加上我国对中小投资者的法律保护不够，终极股东可以通过现金流权和控制权的分离来最大限度获得控制

权私利，并且由于金字塔结构的复杂性，这种侵占行为往往十分隐蔽，不易被察觉，因此终极股东并没有动力和意愿去稀释自己的控制权。一方面，我国的民营企业在融资问题上长期遭受歧视，融资约束和融资成本较大，而金字塔形结构则提供了一个内部资本市场，当上市公司需要融资解决资金需求时，终极股东可以通过金字塔内其他关联公司的留存收益来提供，不需要上市公司发行股票融资以稀释自己的控制权（Almeida 和 Wolfenzon，2004）。另一方面，由于民营上市公司金字塔结构的复杂性和隐蔽性，可能存在严重的逆向选择问题。中小股东并不愿意购买该类上市公司的股份以避免自身利益被终极股东侵占。但是在我国国家控制的上市公司中，金字塔结构是国家为进行国有企业改革和股份制改造、减少政府干预的一种手段，政府通过建立金字塔结构的控制方式，可以有效减少对上市公司的直接干预。因此，国家控制上市公司的金字塔结构是国家在对国有企业进行放权和国有体制改革的过程中所采用的一种组织形式，并不是个人或者家族股东为了攫取控制权私立而建立起来的，虽然这在一定程度上加大了政府的侵占动机，但是政府在对股权结构进行调整时更多的还是要考虑到业绩及国家的相关政策。而且我国国有上市公司普遍存在着"所有者缺位"的问题，控制权实际上被内部人所拥有，但他们却不享有现金流权，他们对现金流权的大小及两权分离的程度并不十分关心，因此，我们提出：

假设 1：对于民营上市公司，两权分离度与终极股东股权稀释呈负相关关系；对于国家控制的上市公司，两权分离度与终极股东股权稀释之间的关系不确定。

二、终极股东控制权比例对股权结构动态调整的影响

一般情况下，终极股东的控制权是与其现金流权成正比的，持股比例和现金流权越高，其对公司拥有的控制权和投票权也越大；反之，持股比例和现金流权越低，其控制权和投票权越也越低。在以上分析中我们已经知道，现金流权具有很强的激励效应，而控制权则有很强的壁垒效应。在已经获取上市公司控制权、能够对上市公司进行掏空的条件下，终极控制权比例越低，终极股东的现金流量权较少，一旦公司出现亏损，其承受的损失也较小。也就是说，终极股东利用其控制权实施侵占行为的代价越低，终极股东攫取控制权私利的动机越强，对公司的掏空行为也越严重。随着控股权比例的提高，终极股东掏空上市公司和攫取控制权私利的代价越来越高，因为攫取控制权私利将使公司价值降低，从而降低了终极股东的控制权共享收益。因此，在控制权相对较低的情况下，由于攫取控制权私利、对上市公司进行掏空的成本比较低，再加上拥有较低的控制权比例本身就有较大失去控制权的风险，终极股东一般不倾向于稀释自己的控制权。当终极

股东控制权较高时,由于终极股东公司持有的现金流权比较大,对公司进行掏空的代价也比较高,攫取控制权私人收益的动机也因此而得到抑制,再加上较高的控制权比例离控制权安全边际较远,因此终极股东稀释股权不但没有失去控制权的风险,而且还可以因此而降低自己因对上市公司进行掏空而付出的成本。鉴于以上分析,我们提出:

假设 2:终极股东控制权比例与股权稀释呈正相关关系。

三、股票回报率对股权结构调整的影响

通过市场择机理论我们可以看出,终极股东在股权稀释的时机上会进行选择,在股票被高估时抛售股份或者发行股票,在股票被低估时买入股票,以此在资本市场上进行投机以获取资本利得。目前我国资本市场目前还不够健全,定价机制也不够完善,这为终极股东的市场择机行为提供了动机和可能性,特别是随着我国股权分置改革的完成,大量解禁股流入资本市场,相当一部分公司估值严重偏高,泡沫成分较大,解禁后,大股东很可能利用市场的高估值机会进行减持。因此我们提出:

假设 3:上市公司股票回报率与终极股东股权稀释呈正相关关系。

四、股票回报率对股权稀释的影响

我国资本市场面临着一个特殊的环境,2005 年以前,我国一直对 A 股市场实行股权分置制度,把公司的股票分为流通股和非流通股,非流通股不能在二级市场流通,这也使得非流通股长期积累的风险得不到分散,大股东积累了较强的减持动机。2007 年以来,我国股市波动比较大,A 股一直处于剧烈的动荡之中,这也加剧了大股东减持的动机,大股东可能为了规避这种高波动风险,抛售股份以"落袋为安"。因此,我们提出:

假设 4:上市公司股票回报率与终极股东股权稀释的可能性成正比。

第二节 样本选择与模型设立

一、样本选择

我国 2004 年开始强制要求上市公司披露其实际控制人信息,并制作该公司

的股权结构链图。由于股权分置改革后终极股东抛售非流通股需要一个过程,本章选择了 A 股市场 2006~2012 年间的上市公司为研究对象,样本来自国泰安数据库和巨潮资讯网。由于有的上市公司只追溯到中间公司,未能按照证监会要求披露至实际控制人,本章对这部分样本进行了手工整理,并剔除了以下数据:

①由于金融保险业特殊的行业特征和股权特征,剔除该类上市公司。

②集体企业、外资控制上市公司。

③2006~2012 年间发生 ST 的上市公司。

④多人共同控制、没有终极股东或者终极股东追述不详的上市公司,只要根据终极控制人资料无法确定终极控制类型,或者终极控制权比例缺失的样本,我们都予以剔除。

⑤剔除相关财务数据缺失或者异常的上市公司。考虑极端值的影响,我们对连续变量进行了左右各 5% 的 Winsor 处理。

⑥我们以 10% 的控制权作为终极股东对上市公司能够施加控制的临界点,删除了终极股东控制权低于 10% 的上市公司。

⑦删除了控制权发生转移当年的数据。在国家控制的上市公司中,终极股东在省(自治区、直辖市)内各地方政府及相关部门之间终极股东发生变动的,一般是资产重组或者战略调整所致,我们不视为控制权发生转移。经过筛选,本章最终得到了 1659 家公司共 7541 个观测值。

二、变量设计

(一)被解释变量

本章主要是研究股权结构动态调整的影响因素,因此被解释变量有两个:终极股东的股权稀释(Ncb)和股权集中(Pcb)。发生股权稀释是指终极股东的控制权比例下降达到 5% 及以下,否则视为没有发生变化;发生股权集中是指终极股东的控制权比例上升达到 5% 及以上,否则视为股权没有发生集中。本章重点研究了终极股东发生股权稀释的影响因素,并且在实证中也分析了股权集中的影响因素。

(二)解释变量

1. 终极股东的两权分离度(Sep)

两权分离是指终极股东现金流权和控制权的分离,本章按照 La porta 等(1999)和 Claessens 等(2000)的计算方法,现金流权用股权结构链图中每条股权关系链每层持股比例相乘的总和来计量,终极控制权用所有股权关系链中最小持股比例的总和来计量。以控制权与现金流权的差作为衡量两权分离程度的变量,终极控制权与现金流权的差越大,说明分离度越大。

2. 终极股东的控制权

终极股东的控制权即终极股东所直接和间接拥有的上市公司的投票权,它表示终极股东对上市公司重大决策的影响程度,控制权越大,终极股东对上市公司的控制能力越强,代理问题也越严重。

3. 股票回报率

股票回报率是指不考虑现金股利下上市公司个股年回报率,在不考虑其他条件的情况下,股票回报率越高,股票价格和市盈率越高,上市公司股票越有可能被高估。

4. 股票波动率

股票回报率是指上市公司年度股票收益率的标准差,它是衡量上市公司市场风险的重要指标。

(三) 控制变量

1. 公司规模

公司规模是反映一个上市公司综合实力的一个重要指标,一般情况下,公司规模越大,其受公众关注的程度也越高,用公司的总资产来衡量公司的规模大小。

2. 公司业绩

公司的业绩指标有很多,净资产回报率(ROE)综合了企业的营运能力、盈利能力等多种业绩指标,比较有代表性。

3. 成长性

我们用资产的增长率来衡量公司的成长性,一般来说,资产增长率越大,说明公司的投资增长越快,成长性越好。

4. 风险水平

风险水平用资产负债率来衡量,资产负债率越高,公司的财务风险越高。

具体变量定义如表 6-1 所示:

表 6-1 变量说明表

变量名	变量含义	变量解释
Ncb	股权稀释	当终极股东控制权比例比上年减少 5% 以上,我们视为股权发生了稀释,取值为 1;否则视为没有发生股权稀释,取值为 0

续表

变量名	变量含义	变量解释
Pcb	股权集中	当终极股东控制权比例比上年增加5%以上,我们视为股权发生了集中,取值为1,否则视为没有发生股权集中,取值为0
Sep	两权分离度	终极股东控制权与现金流权的差额,具体计量方法见第三章有关两权分离的概念
Bhs	终极控制权	终极股东直接或间接拥有的上市公司的表决权,具体计量方法见第三章有关两权分离的概念
share	终极股东性质	虚拟变量,如果终极股东是国家(含政府、国资委、国资局以及其他相关政府部门、机构)取值为1,否则取值为0
Return	股票回报率	上市公司在不考虑现金收益再投资情况下的个股年平均回报率
Volatility	股票波动率	上市公司年度股票回报率的标准差
Size	公司规模	上市公司期末总资产的自然对数
ROE	净资产回报率	净利润/股东权益
Growth	成长性	上市公司的总资产增长率
LEV	财务杠杆	总负债/总资产

三、模型设立

根据以上分析,我们设立了以下两个模型:

模型1:$Ncb_{i,t} = \alpha_1 \times Ownership_{i,t-1} + \alpha_2 \times Marke_{i,t-1}t + \alpha_3 \times Firm_{i,t-1}$

模型2:$Pcb_{i,t} = \beta_1 \times Ownership_{i,t-1} + \beta_2 \times Marke_{i,t-1}t + \beta_3 \times Firm_{i,t-1}$

在模型中,Ncb和Pcb为被解释变量,分别代表终极股东股权稀释和股权集中。Ownership代表股权结构变量,包括两权分离度、终极股东控制权比例和终极股东性质,Market是代表市场变量,包括上市公司的股票回报率和股票波动率,Firm代表公司特征变量,也是本章的控制变量,包括公司规模、公司业绩、成长性以及负债水平。值得注意的是,由于终极股东作出股权调整的依据是以前年度的变量,因此,本章所有的解释变量和控制变量均为滞后一期的变量。本章根据相关理论和分析主要对模型1进行了预测。

第三节 实证分析

一、描述性统计

(一) 终极股东控制权的描述性统计

表 6-2 终极股东控制权的变化趋势

年度	国家控制			民营控制			全样本		
	样本量(N)	控制权比例 (Bhs)		样本量(N)	控制权比例 (Bhs)		样本量(N)	控制权比例 (Bhs)	
		均值	中位数		均值	中位数		均值	中位数
2006	619	45.94	46.66	210	32.72	29.55	829	42.59	41.82
2007	634	39.55	39.00	255	32.15	29.49	889	37.43	36.02
2008	661	39.29	38.91	301	33.12	30	962	37.36	36.03
2009	676	40.37	40.13	359	35.45	32.9	1035	38.66	38.07
2010	698	40.84	40.32	417	36.36	33.06	1115	39.17	38.05
2011	699	40.78	40.34	497	36.85	33.77	1196	39.14	38.15
2012	732	41.45	40.80	783	39.39	38.06	1515	40.38	39.37
合计	4719	41.17	40.88	2822	35.14	32.4	7541	39.25	38.22

表 6-2 列出了从 2006 年至 2012 年我国上市公司终极股东拥有的控制权比例的变动趋势。从表 6-2 中我们可以看出，总体上来讲，我国的股权结构还处于相对比较集中的程度，控制权比例平均达到了 39.25%。从趋势上看，我国上市公司终极股东的控制权比例先是下降，均值由 2006 年的 42.59% 下降到 2008 年的 37.36%，但是 2009 年后又出现逐年集中的趋势，到 2012 年又上升到 40.38%，这说明我国上市公司的股权集中度在股权分置改革后曾一度出现较大的分散，但之后有逐渐集中的趋势，但这主要是由民营上市公司导致的。从终极股东的性质上来看，国家控制上市公司中终极股东的控制权比例均值达到了 41.17%，高于民营上市公司的 35.14%，这说明国家控制上市公司的股权集中度要高于民营上市公司；国家控制上市公司控制权比例的中位数 40.88% 也要高于民营企业的 32.4%，这说明国有上市公司控制权比例在 40.88% 的样本达到了半数，而民营企业控制权比例在 32.4% 以下的样本达到了半数。我们分别观察了一下两组样本里

面终极控制权的变动趋势,发现在国有控制的上市公司中,终极股东控制权比例在经历了股权分置改革后有了一个比较大的下降,之后趋于稳定,而民营上市公司的控制权比例却在逐年上升,这说明股权分置改革后,大量减持的非流通股大部分都是来自国家股或者国有法人股,而民营上市公司中终极股东的终极控制权则在一直上升。

(二)两权分离度大小的描述性统计

表6-3 两权分离度的变化趋势

年度	国家控制		民营控制		全样本	
	均值	中位数	均值	中位数	均值	中位数
2006	3.72	0	11.44	11.41	5.67	0
2007	3.69	0	10.90	9.91	5.76	0
2008	4.20	0	11.09	10.09	6.35	0
2009	4.22	0	9.93	7.74	6.2	0
2010	3.99	0	9.61	8.20	6.09	0
2011	4.15	0	8.23	5.85	5.84	0
2012	4.03	0	6.96	3.84	5.54	0
合计	4.01	0	9.08	7.35	5.91	0

从表6-3中我们可以看出,我国上市公司的两权分离度水平还是比较高的,均值达到了5.54%,这说明上市公司终极股东可能有着比较强的掏空动机。但是通过对比我们发现,民营上市公司的两权分离度水平均值达到了9.08%,远远高于国家控制上市公司的4.01%,这说明,相比于国有控制上市公司,民营上市公司的终极股东有着更强的掏空动机。国家控制上市公司两权分离度的中位数都是0,说明只有不到一半的国家控制上市公司存在两权分离度,而民营上市公司存在两权分离的公司则超过了一半,这也说明,相比国有控制上市公司,至少半数以上的民营上市公司都构建了金字塔结构使控制权和现金流权发生偏离,降低上市公司的信息透明度,侵犯中小股东的利益,在表6-2中我们也看到,民营上市公司的控制权比例呈逐年增加的趋势,这也在一定程度上符合我们的假设1,即两权分离度水平越大,终极股东越不愿意稀释股权。但是从变化趋势上看,我国民营上市公司的两权分离度水平在不断降低,从2006年的11.44%下降到了2012年的6.96%,而国有控制上市公司则基本稳定。

（三）其他变量的描述性统计

从表6-4中我们可以看到，终极股东进行股权调整的上市公司数量还是比较大的，其中稀释股权的公司占到了样本的11.06%，而集中股权的公司占到了样本的4.23%。总体上来说，终极股东稀释股权的公司数量还是要高于集中股权的公司的数量。

表6-4 其他变量描述性统计

变量	N	均值	中位数	最大值	最小值	标准偏差
Ncb	7541	0.1106	0	1	0	0.3137
Pcb	7541	0.0423	0	1	0	0.2013
Sep（%）	7541	5.9052	0	44.4768	0	8.3275
Bhs（%）	7541	39.2799	38.22	89.41	10.06	15.2374
Return	7541	0.4064	0.0612	2.5487	−0.6531	0.9390
Volatility	7541	0.0325	0.0313	0.0482	0.0207	0.0079
Size	7541	21.6178	21.5101	26.9645	14.9374	1.1254
Growth（%）	7541	13.7254	10.1464	58.4896	−14.2498	18.5207
Roe（%）	7541	8.3401	7.7100	26.2500	−13.3400	8.9789
Lev	7541	0.4888	0.5046	0.7916	0.1317	0.1885

二、相关性检验

表6-5 Pearson相关性检验

	Sep	Bhs	Volatility	Return	Size	Growth	Lev	Roe
Sep	1	0.04778	0.04428	0.02374	0.00162	0.0164	0.02341	0.06219
		<0.0001	0.0001	0.0392	0.8884	0.1544	0.0421	<0.0001
Bhs	0.04778	1	−0.06985	−0.04251	0.25783	0.09823	−0.01514	0.1593
	<0.0001		<0.0001	0.0002	<0.0001	<0.0001	0.1886	<0.0001
Volatility	0.04428	−0.06985	1	0.30011	−0.12982	−0.01532	0.12104	−0.0563
	0.0001	<0.0001		<0.0001	<0.0001	0.1834	<0.0001	<0.0001
Return	0.02374	−0.04251	0.30011	1	−0.01833	0.12549	0.08894	0.15325
	0.0392	0.0002	<0.0001		0.1114	<0.0001	<0.0001	<0.0001
Size	0.00162	0.25783	−0.12982	−0.01833	1	0.27595	0.32977	0.25185
	0.8884	<0.0001	<0.0001	0.1114		<0.0001	<0.0001	<0.0001
Growth	0.0164	0.09823	−0.01532	0.12549	0.27595	1	0.13278	0.42578
	0.1544	<0.0001	0.1834	<0.0001	<0.0001		<0.0001	<0.0001
Lev	0.02341	−0.01514	0.12104	0.08894	0.32977	0.13278	1	−0.05542
	0.0421	0.1886	<0.0001	<0.0001	<0.0001	<0.0001		<0.0001

续表

	Sep	Bhs	Volatility	Return	Size	Growth	Lev	Roe
Roe	0.06219	0.1593	−0.0563	0.15325	0.25185	0.42578	−0.05542	1
	<0.0001	<0.0001	<0.0001	<0.0001	<0.0001	<0.0001	<0.0001	

表 6-5 是 Pearson 相关性检验，从中我们可以看出，各个自变量之间的相关系数均小于 0.5，这说明并不存在严重的多重共线性。

三、实证检验

本章将影响股权结构动态调整的因素分别加入模型 1 和模型 2，研究它们对终极股东股权稀释和股权集中的影响，模型 1 是研究这些因素对股权稀释的影响，回归结果在表 6-6 中列出，模型 2 是研究这些因素对股权集中的影响，回归结果在表 6-7 中列出，表 6-6 和表 6-7 分别是模型 1 和模型 2 的 Logist 回归结果。

（一）终极股东股权稀释的影响因素分析

表 6-6 股权稀释的回归分析结果

因变量：NCB	全样本	国家控制	民营控制
Intercept	0.6254 (0.5522)	1.6422 (0.228)	−0.682 (0.7187)
Sep	−0.00503 (0.3254)	−0.00112 (0.8759)	−0.0154** (0.0446)
Bhs	−0.0516*** (<0.0001)	−0.0457*** (<0.0001)	−0.0536*** (<0.0001)
Share	0.1855* (0.074)		
Return	−0.0381 (0.7105)	−0.1459 (0.2831)	0.1153 (0.4653)
Volatility	23.4025** (0.0249)	30.9153** (0.0229)	7.5609 (0.6561)
Size	0.2097*** (<0.0001)	0.1459** (0.0115)	0.3063*** (0.0006)
Roe	0.0148*** (0.0099)	0.0267*** (0.0004)	0.00318 (0.7357)
Growth	−0.00344 (0.198)	−0.00441 (0.2208)	−0.00367 (0.3734)
Lev	−0.3707 (0.1497)	−0.4245 (0.2017)	−0.4066 (0.3396)
年度	控制	控制	控制

注：括号内的数值为 P 值；*** 代表在 1% 的水平上显著，** 代表在 5% 的水平上显著，* 代表在 10% 的水平上显著。

第六章 我国上市公司股权结构动态调整的影响因素分析

1. 终极股东两权分离对股权稀释的影响

从表6-6中的回归结果中我们可以看到，在全样本中，终极股东现金流权和控制权两权分离度与股权稀释的概率负相关，也就是说，两权分离度水平越高，终极股东越不倾向于稀释其控制权，但是并不显著。当我们把样本根据终极股东性质分为两组时，我们发现在国家控制的上市公司（以下简称国有公司）中，终极股东股权稀释的概率与两权分离度大小呈负相关，仍不显著，而在民营上市公司中，终极股东股权稀释的概率与两权分离度大小则在5%的水平上呈显著负相关关系，也就是说，在民营上市公司中，终极控制权与现金流权的两权分离度水平越高，终极股东越不倾向于稀释自己的控制权，而在国家控制的上市公司里，这种相关关系则不太明显。这个结果与我们的假设1是一致的，假设1得到了验证。

2. 终极股东控制权比例对股权稀释的影响

从表6-6回归结果中我们还可以看出，无论是在国有控制上市公司，还是在民营上市公司，终极股东的控制权比例与其股权稀释的概率均在1%的水平上呈负相关关系，即终极股东的控制权比例越高，那么其稀释股权的可能性就越小，这与我们的假设并不一致。出现这种情况，可能是以下原因：

对于国家控制的上市公司而言，由于终极股东的政府背景，上市公司大都与国家的各项方针政策有紧密的联系。在对国有企业进行股份制改造和国有资产管理体制改革的背景下，政府一方面需要对那些关乎国计民生、公共利益和关键领域的上市公司保持绝对的控制，另一方面，为了搞活国有经济，提高国有企业的业绩和效率，政府又倾向于对那些非关键行业和领域的上市公司进行国有股减持，引入私人产权，保持国家的相对控股甚至转移控制权。这就使得在国家控制的上市公司中，政府控制的股权比例越高，越是比较关键和重要的行业与领域，政府为了保持绝对控股，一般不倾向于稀释政府的控制权，而控制权比例较低的，一般是政府逐步放开的竞争性产业，为了提高上市公司的效率和业绩，政府更有可能进行股权稀释。

对民营上市公司而言，这可能是因为在持股比例较低的情况下，尽管终极股东对公司进行掏空的动机比较强，但其对上市公司的控制权不仅受到了上市公司其他大股东的制衡，也受到了中介公司中其他股东的限制（本章将终极股东合计获得10%的控制权为控制标准），从而使得终极股东很难攫取较多的控制权私人收益，这个时候终极股东可能就会根据公司的业绩和前景而选择是否稀释股权。但是当终极股东拥有了较高的控制权时，他可能在公司就有了说一不二的话语权，可以完全利用自己较高的控制权攫取控制权私人收益，尽管这可能会让中小股东蒙受损失，这也解释了为何许多民营上市公司的终极股东即使拥有较高的股权比例，但依然不愿意稀释自己的股份。这一结果也说明，在我国对中小投资者的法律保护薄弱的环境下，终极股东（大股东）更偏好于获得控制权私人收益，尽管这可能损害公司价值，但同时也说明了大股东之间的制衡可以抑制对公司的掏空行为。

3. 股票回报率对股权稀释的影响

我们从表 6-6 回归结果中可以看出，无论是在国家控制的上市公司中，还是在民营上市公司中，股票的回报率与终极股东股权稀释的概率都没有显著的相关关系，这说明终极股东并没有明显的市场择机行为，终极股东在做出股权结构选择的决策时并没有过多考虑市场择机，而是更关注上市公司的长期利益。

4. 股票波动性对股权稀释的影响

从回归结果中我们可以看出，股票的波动率与终极股东股权稀释呈正相关关系，并且在5%的水平上显著，这与我们的假设4是一致的。但是在分组回归中我们可以看到，造成这一结果的主要是因为国有控制上市公司，而在民营上市公司中这种正相关关系并不显著。这可能是因为非流通股（限售股）绝大部分都在国家控制上市公司，随着股权分置改革的完成，大量的解禁股流入市场，造成巨大的市场波动，这种高波动率使得国有大股东有着很强的减持动机。

至于公司特征对股权结构动态调整的影响，在回归结果中我们可以看到，公司规模与终极股东股权稀释的可能性成正比。一方面，公司规模越大，对资金的需求越大，仅仅通过终极股东可能无法满足公司的需求，越有可能通过股权融资来解决资金需求问题，从而客观上稀释了终极股东的控制权。另一方面，公司规模越大，其信息透明度和关注度也比较高，终极股东获取控制权私利的动机和能力也会被削弱，从而促使终极股东控制权的稀释。而当公司规模比较小时，终极股东有需要，也有能力提高自己在上市公司的控制权。另外我们从回归结果中可以看出，公司的资产增长率、负债水平与终极股东稀释股权的概率都没有显著关系。上市公司的业绩与终极股东股权稀释的概率在1%的水平上呈正相关关系，也就是说，上市公司业绩越好，终极股东越倾向于稀释自己的股权，但是在分组回归中我们发现，这种相关关系主要表现在国有控制上市公司中，而在民营上市公司中并不显著，这可能是因为在国有上市公司中，公司业绩越好，外部投资者更有可能增加对该公司的投资，国有股比较容易稀释，公司业绩越差，表明上市公司的"内部人控制"和政府的行政干预越强，外部投资者越不愿意接受公司的股权，国有股东难以发生股权稀释。

第六章 我国上市公司股权结构动态调整的影响因素分析

表 6-7 股权集中的回归结果

因变量：PCB	全样本	国家控制	民营控制
Intercept	9.9012 (<0.0001)	8.8001 (<0.0001)	12.7646 (<0.0001)
Sep	0.00379 (0.6296)	0.00455 (0.663)	0.0118 (0.3496)
Bhs	0.026*** (<0.0001)	0.0231*** (<0.0001)	0.0277*** (0.0005)
Share	0.2754** (0.0461)		
Return	−0.2321* (0.0735)	−0.2244 (0.1838)	−0.224 (0.2816)
Volatility	3.2364 (0.8184)	−12.8127 (0.4765)	30.2761 (0.1865)
Size	−0.3231*** (<0.0001)	−0.2556*** (0.0011)	−0.4703*** (<0.0001)
Roe	−0.00161 (0.8276)	0.00498 (0.5973)	−0.0127 (0.2961)
Growth	0.00941** (0.01)	0.00756 (0.1155)	0.0121** (0.0327)
Lev	−1.276*** (0.0005)	−0.7621* (0.0951)	−1.9577*** (0.0012)
年度	控制	控制	控制

注：括号内的数值为 P 值；*** 代表在 1% 的水平上显著，** 代表在 5% 的水平上显著，* 代表在 10% 的水平上显著。

（二）终极股东股权集中的影响因素分析

从表 6-7 中的回归结果中我们可以看出，与股权稀释不同，无论是在国家控制的上市公司中还是在民营上市公司中，终极控制权和现金流权的两权分离度水平与终极股东集中自己股权的概率之间并没有显著的相关关系，也就是说，终极控制权和现金流权的两权分离限制了终极股东稀释自己的股权，但是并没有因此而促使终极股东集中股权。终极股东的股权比例与其集中股权的概率在 1% 的水平上正相关，说明终极股东的股权比例越高，终极股东更有可能增加自己的控制权，这可能是因为终极股东更偏爱攫取控制权私利，因此增加控制权以保证自己对公司的完全控制。从回归结果中我们还可以看到，终极股东的性质与股权集中的概率正相关，这说明当终极股东为国家时，其股权集中的可能性也比较大，这和股权稀释是一个原因，都与国家对国有企业进行大规模的国有企业改革和资产重组有关，一方面在关键领域和重要行业集中股权，保持绝对控制，另一方面则对其他国有公司减少干预,积极推进股份制改造,保持相对控制甚至放弃控制权。另外,公司规模越大,终极股东股权集中的可能性越小;负债水平越高,终极股东股权集中的可能性越小。

第四节 本章结论

本章研究的结论如下:

第一,上市公司终极控制权与现金流权的两权分离度越大,终极股东的股权越不容易稀释,这表明金字塔形的股权结构限制了终极股东稀释自己的控制权。这可以从终极股东和中小股东两个角度来解释,一方面,较高的两权分离度使终极股东具有较强的获取控制权私利的动机,从而不愿意稀释自己的控制权,而且终极股东利用金字塔结构形成了一个内部市场,当上市公司需要融资时,终极股东可以用金字塔内部其他公司的留存收益来提供,无须发行股票筹集资金进而稀释自己的控制权;另一方面,由于金字塔结构的隐蔽性、复杂性,终极股东掌握了更多的信息,为了避免自身利益被侵犯,中小股东(包括外部股东)不愿意购买该类上市公司的股份。但是在国家控制的上市公司中,这种关系并不显著,这与我国正在进行的国有企业改革有关,国有股东通过金字塔结构对上市公司进行控制是政府履行放权承诺,减少行政干预的一种措施,并非为了获取控制权私利而建立的,因此在进行股权调整时更多考虑国家的政策以及上市公司业绩,而非两权分离度的大小。但是,无论在国家控制的上市公司还是在民营上市公司中,终极股东的两权分离度与其进行股权集中的概率没有显著关系。

第二,上市公司终极股东控制权比例越大,其越倾向于保持甚至集中股权,而不愿意稀释自己的控制权,控制权比例越小越倾向于稀释股权,具体原因我们在实证分析部分已做了解释。

第三,我们没有发现上市公司的股票回报率、波动率与终极股东进行股权稀释的概率存在显著的正向关系,这表明终极股东可能更加看重上市公司的长期利益,不存在明显的市场时机选择。

第四,公司的规模与终极股东股权稀释呈正相关,说明上市公司规模越大,终极股东的股权越可能稀释。对于国有上市公司来说,公司业绩与终极股东股权稀释呈负相关,上市公司业绩越好,终极股东的股权越可能稀释,但在民营上市公司中这种关系并不显著。

第七章 控股股东减持的经济后果分析

第一节 引 言

"大小非"减持尤其是控股股东减持是后股权分置时代资本市场的重大事件，也是全流通过渡期市场关注的焦点。根据中国证券登记结算有限责任公司的统计，从2006年6月"三一重工"开始减持到2009年末，沪深两市"大小非"累计减持412.92亿股。近年来，参与减持的公司越来越多，似乎减持是一个不可逆转的趋势。实际上，控股股东通过二级市场配售股份或者IPO时减持股份是许多国家和地区非常普遍的市场行为。但由于我国股市在十多年中积累形成的上万亿股限售股将在3~5年内集中解禁，股票供给量陡增，减持冲动明显，减持影响较大。减持后控股股东获得了很大的收益，给市场造成较大的影响，公司是否也会"受益"？因此，有必要分析控股股东减持对上市公司价值的影响。控股股东的减持实质上是公司股权结构的一次调整，在控制性质不同的公司，控股股东对其价值的影响存在差异。那么，在控制性质不同的公司，控股股东减持对公司价值的影响是否也有差别？通过对已经发生减持的公司的分析将有利于对拟减持公司的减持行为进行规范，因此，本章拟对以上两个问题进行研究，并提出规范控股股东减持行为的措施，以期对健全全流通过渡期资本市场的建设有所裨益。

第二节 研究假设

委托代理理论认为，降低代理成本、抑制代理冲突有助于公司价值的提高。La Porta等（1999）的研究表明，世界范围内，普遍存在的现象是股权集中，代理冲突主要表现为控制性大股东与广大中小股东的代理冲突。Faccio 和 Lang（2002）发现除英国和爱尔兰的公司中股权较为分散外，欧洲大陆国家的公司股权普遍较为集中。Claessens 等（2000）发现，9 个东亚国家和地区中除日本以外，2/3 的公司都拥有单一控制性股东。

冯根福（2004）指出，我国多数上市公司的股权结构的主要特征是相对集中或高度集中，存在着国有股"一股独大"的现象。股权集中时，如果公司同时存在几个持股比例相近的大股东，大股东的多元化能够对经理形成有效的监督。而且，股东间的相互监督可以降低控制权私人收益。Bennedsen 等（2003）指出，公司有多个持股比例相当的大股东，股东间的相互监督可抑制某个股东将公司利益转为私人利益，从而对公司价值产生正向影响，即股权的适当分散有助于公司价值的提高。后股权分置时代的控股股东减持使得股权有所分散，有助于减低控制权私人收益。后股权分置时代，控股股东除了股利分配和控制权私人收益以外，也会通过资本利得获利。由此，他们的收益与股价密切相关，如果好的公司治理成果带来业绩提升并引发公司股价上涨，控股股东从中可得到很大的收益。而减持行为向全流通的资本市场迈进了一步，控股股东的利益和股价直接相关，从而和公司的利益趋于一致，控股股东有动力致力于提高公司治理效率。而且，当前控股股东减持大多采用大宗交易的方式，机构投资者增加了持股比例，增加了股东制衡力量。随着机构投资者持股比例的增加，他们有足够的积极性参与公司治理并克服小股东的"搭便车"行为，通过制衡控股股东的行为达到保护投资者合法权益的作用，从而有助于缓解上市公司的委托代理问题，因此有利于公司价值的提高。此外，崔宏和夏冬林（2006）指出，根据公司控制权市场理论，当公司的股权结构分散且经营缺乏效率时，从外部控制机制方面会引发公司控制权的争夺。在持股比例接近的条件下，内部控制机制的作用将引发内部代理权争夺，股权的制衡有利于对大股东实施有效的监督。后股权分置时代，控制权市场逐步完善，完善的控制权市场使控股股东面临着控制权竞争的压力，控股股东往往会努力提升公司业绩以避免控制权旁落。基于以上分析，本章提出：

假设 1：后股权分置时代，控股股东减持有利于公司价值的提高。

Denis 和 McConnell（2003）指出，股权集中度和股权制衡与公司价值之间的关系受制于大股东的股权性质。虽然政府对其控制的上市公司扮演"帮助之手"的角色，但更多的研究则表明政府对其控制公司的"攫取之手"。夏立军和方轶强（2005）指出，国家控制公司的价值低于非国家控制的价值。当公司的控股股东类型不同时，减持给公司价值提升的效果也会有所不同。国家控制公司的实际控制人是各级政府，控股股东的减持行为必然受到各级政府的限制。在减持的过程中，控股股东的减持行为受到更多的限制，因此，其对公司价值的影响较小。俞红海和徐龙炳（2010）指出，相对于私人控股，政府控股更不愿意进行减持。而非国家控制公司的控股股东减持时受到的约束较少，更多地从公司业绩、市场表现等角度减持，其减持的力度更大。因此，从股权结构调整对公司价值的影响程度来看，国家控制公司的影响较少，而非国家控制的影响更大。因此，我们可以预计非国家控制公司的上市公司价值优于国家控制公司。据此，本章提出：

假设2：国家控制公司控股股东减持后的公司价值低于非国家控制公司的价值。

第三节 研究设计

一、样本选取

"大小非"减持开始于2006年6月，据统计，到2009年12月31日发生减持的上市公司有610家，由于数据取得的原因，本章以深圳证券交易所网站上提供的"限售股份解限与减持"数据为基础，选择其中"持有解除限售存量股份占总股本5%以上股东减持1%"的样本作为研究对象，样本期间从2006年1月1日至2009年12月31日共四年时间，其间共有194家上市公司累计发生了753次控股股东减持行为，本章将其作为试验组。跟踪减持的进程，至2009年12月31日，深市还有414家上市公司未发生减持。此外，样本删除以下公司：①金融类公司；②ST公司；③实际控制人不详的公司；④个别异常值的公司；⑤数据缺失的公司；⑥同时发行B股的公司。最后得到试验组的样本为158家，控制组样本为203家。剔除ST公司和部分数据缺失样本之后，还有203家公司作为控制组。

本章分别观察试验组和控制组在2005年和2009年的公司价值。在2005年，试验组和控制组都没有发生减持。在2009年，试验组发生减值，控制组还没有发生减持。这样不仅考察了时间维度（减持前后）的差异，而且控制了公司维度（是否减持）的影响。

研究过程中涉及的其他数据分别来自CSMAR数据库与WIND数据库或通过巨潮资讯网的公司公告手工收集和整理。

二、变量定义

（一）被解释变量：公司价值（TobinQ）

TobinQ 是指企业资产的市场价值与重置成本的比值。资产的重置成本用资产的账面价值代替。市场价值为公司债务资本的市场价值与权益资本的市场价值之和，债务资本的市场价值用负债的账面价值计算。后股权分置时代的权益资本的市场价值为公司普通股市值，即普通股股价与股数的乘积。本章在计算 2009 年时使用的 TobinQ 与 Claessens 等（2002）的计算公式相同，即 TobinQ=（普通股市值+负债账面价值）/总资产账面价值。但是，由于我国股改前存在非流通股，如果对于 2005 年的 TobinQ 的计算也采用市值计算则存在一定问题，夏立军、方轶强（2005）在计算非流通股时用每股净资产去代替。本章采用夏立军、方轶强的方法用账面价值去计算非流通股的价值，即 TobinQ =（流通股市值 + 非流通股账面价值 + 负债账面价值）/总资产账面价值，公式中所有数据均为当年年末数。因此，本章将 TobinQ 作分段函数处理。即

$$TobinQ = \begin{cases} (普通股市值-负债账面价值)/总资产账面价值 & 2009\ 的样本公司 \\ (流通股市值+非流通股账面价值+负债账面价值)/总资产账面价值 & 2005\ 的样本公司 \end{cases}$$

（二）解释变量

①年度（Year）。Year 是虚拟变量，2009 年取值为 1，2005 年取值为 0。②控股股东减持（Reduction）。Reduction 是虚拟变量，样本公司属于试验组时为 1，属于控制组时为 0。③公司实际控制人属性（Attribute）。由于我国上市公司对实际控制人的披露有不完善之处，本章在上市公司实际披露的基础上通过查阅公司在相应年度披露的"股本变动及股权情况"确定实际控制人，对实际披露情况做部分调整。调整后将实际控制人界定为国家控制主体和非国家控制。上市公司实际控制人是国家控制主体时为 1，否则为 0。该处理方法与万立全（2010）处理方法相同。

（三）控制变量

①公司规模（Lnasset）。为公司年末总资产的自然对数，公司规模越小，发展前景越大，企业的相对价值越高，因此，假定公司规模影响为负。②主营业务增长率（Growth）。用当期主营业务收入/上一期主营业务收入衡量，主营业务增长率越高，说明公司的成长性越好，则公司价值越高，因此预期为正。③负债水

平（Leverage）。用年末资产负债率衡量，负债具有抵税效应。而且，债权人作为公司的利益相关者有动机提高公司的治理水平，从而提高公司价值，因此假定负债水平影响为正。④行业类型（Type）。证监会2001年颁布的《上市公司行业分类指引》中将上市公司分为13个行业，剔除金融业后，样本公司的行业类型共12类，以综合类上市公司为参照系，设置11个虚拟变量。由于篇幅关系，本章在实证结果中未列示这些控制变量的回归系数及显著性水平。

第四节 实证检验

一、描述性分析

表7-1 公司价值水平回归结果分析

		样本数	均值	最大值	最小值	标准差	t值
实验组	2005年	158	1.030725	2.984031	0.720128	0.222108	3.97***
	2009年	158	3.005500	33.27007	1.078316	3.017583	
控制组	2005年	203	1.042056	2.786153	0.684043	0.247804	1.16
	2009年	203	1.575673	5.364002	0.943830	1.294176	

注：***、**和*分别表示在1%、5%、10%的水平上统计显著。

从表7-1中可见对于实验组而言，2009年的TobinQ比2005年的TobinQ高，均值差异检验的t值在1%的水平上统计显著。和控制组比较，实验组价值整体较高。而对于控制组而言，2005年和2009年的均值差异检验不显著，初步验证了假设1。

表7-2 变量的描述性统计

	TobinQ	Year	Reduction	Attribute	Lnasset	Leverage	Growth
均值	1.9004	0.5000	0.4376	0.7212	21.5184	0.5345	1.4420
中位数	1.3124	0.5000	0.0000	1.0000	21.4678	0.54491	0.0872
最大值	33.270	1.0000	1.0000	1.0000	25.3551	3.13549	27.202
最小值	0.6840	0.0000	0.0000	0.0000	18.265	0.0125	−0.9990
标准差	1.8025	0.5003	0.4964	0.4487	1.0629	0.2499	5.867
样本数	722	722	722	722	722	722	722

从表 7–2 中可见，上市公司大多仍然是国家控制的，平均的 TobinQ 低于实验组 2009 年的数值。

在多元回归之前，为防止可能出现的共线性问题，计算各变量之间的相关系数矩阵，从表 7–3 中可见，各变量之间的相关系数不高，说明上述变量不存在多重共线性。

表 7–3 解释变量的相关系数矩阵

	Year	Reduction	Attribute	Lnasset	Leverage	Growth
Year	1.0000	0.0023	–0.0784	0.2153	–0.0600	0.0427
Reduction	0.0023	1.0000	–0.1494	–0.1735	–0.0207	–0.0377
Attribute	–0.0784	–0.1494	1.0000	0.1956	–0.0310	–0.0597
Lnasset	0.2153	–0.1735	0.1956	1.0000	0.0525	0.0292
Leverage	–0.0600	–0.0207	–0.0310	0.0525	1.0000	0.0242
Growth	0.0427	–0.0377	–0.0597	0.0292	0.0242	1.0000

二、多元回归分析

回归模型为：

$$TobinQ_{it} = \beta_0 + \beta_1 \times Year_{it} + \beta_2 \times Reduction_{it} + \beta_3 \times (Year_{it} \times Reduction_{it}) + \beta_4 \times Attribute_{it} + \beta_5 \times (Year_{it} \times Reduction_{it} \times Attribute_{it}) + \sum \omega_j \times Con_{it} + \varepsilon_{it}$$

其中，Con_{it} 代表控制变量。回归分析采用 OLS 和 TSLS 方法，同时用 White 的异方差一致估计控制可能的异方差。

（一）对全体样本公司的多元回归分析

表 7–4 全部样本公司的多元回归分析

变量	预期符号	模型 (1)	模型 (2)	模型 (3)	模型 (4)
C		1.0421*** (3.8959)	2.4516*** (4.0412)	1.1324*** (3.0062)	2.5275*** (4.3213)
Year	+	1.5336*** (3.577)	1.8464*** (3.8234)	1.7179*** (3.2432)	1.9275*** (3.2995)
Reduction	+	0.2113*** (2.570)	0.1698*** (2.6544)	0.1731*** (2.2620)	0.2815*** (2.8445)
Year×Reduction	+	0.4411*** (2.7113)	0.3233*** (2.4852)		
Attribute	–			–0.2280*** (2.7108)	

续表

变量	预期符号	模型（1）	模型（2）	模型（3）	模型（4）
Year×Reduction×Attribute	-				-0.2383***
					(2.6634)
Lnasset	-		-0.5685***		-0.5739***
			(3.2964)		(4.2105)
Growth	+		0.4436**		0.4453***
			(2.2619)		(2.2429)
Leverage	+		0.2607**		0.2756***
			(2.2018)		(2.8679)
样本数		722	722	722	722
F 值		70.2305***	73.2787***	74.2768***	74.0450***
调整的 R^2		0.3335	0.3413	0.3039	0.3428

注：括号内数值为 t 值，***、** 和 * 分别表示在 1%、5%、10%的水平上统计显著。

可见，模型的 F 值都在 1%水平上显著，调整的 R^2 在 0.30 以上，说明模型的整体拟合效果较好。模型（1）和模型（2）中，Year×Reduction 的系数为正，且在 1%的水平上显著，验证了假设 1。说明控股股东减持确实能够提高上市公司的价值。控股股东减持有助于股权结构的分散，优化了股权结构。而且，按照我国目前对减持的规定，减持的对象是一些机构投资者，进一步增加了制衡力量。股权制衡在减持后发挥了一定的作用，说明控股股东减持是我国上市公司一次疏导股东关系、优化股权结构的行为。减持后，控股股东与中小股东的利益对立关系得到调整，上市公司成为所有股东的利益共同体，股价成为联系两者利益趋向一致的纽带，控股股东和中小股东的目标函数统一为共同追求资产市值的最大化，以实现各自利益的最大化，如此，有助于缓解控股股东和中小股东的代理冲突。实际上，有资料显示控股股东减持的资金并未"离场"，而是"转身再战"，进入打新、增发融资市场。减持资金用来改善公司的生产经营，如此则有助于公司资源的优化配置，从而提高公司的整体价值。而且，股权的流动性也会带来公司价值的提高。模型（3）和模型（4）中，Attribute 和 Year×Attribute×Reduction 的系数为负，且在 1%的水平上显著，说明在不同控股性质的上市公司中，控股股东减持的效果有所差异，国家控制公司控股股东减持后的公司价值低于非国家控制公司的价值。虽然有不少地方国资委和一些地方国资委控制的国资经营公司参与了减持行为。但是，整体上，国家控制公司的减持比例和减持次数均受到较大的限制，减持的规模有限。而在非国家控制公司中，控股股东的减持更多的是出于市场行为，对公司价值的影响更大，验证了假设 2。

模型（1）到模型（4）中控制变量均较为显著，公司规模越小，主营业务增长率越高，负债水平越高，公司价值越高，与假设相符。

(二) 对国家控制和非国家控制的公司的单独分析

表 7-5 对国家控制公司和非国家控制公司的单独分析

	国家控制公司		非国家控制公司	
	模型 (5)	模型 (6)	模型 (7)	模型 (8)
C	2.3488*** (2.0344)	2.0877*** (2.5433)	1.0927*** (2.5476)	1.2538*** (3.9826)
Year	0.1760** (2.1605)	0.1772*** (2.4588)	0.5385*** (2.9531)	0.3851*** (2.6563)
Reduction	1.0881*** (2.2864)	1.6769*** (2.2544)	1.0275*** (2.3941)	1.1004** (2.7409)
Year×Reduction	0.2465** (2.0062)	0.2095*** (2.3495)	0.3051** (2.3114)	0.3574** (2.3852)
Lnasset		−0.5091** (2.1669)		−0.5187* (1.8433)
Growth		1.8807*** (2.4165)		0.1467** (2.0461)
Leverage		0.8491*** (2.7624)		0.7312*** (2.3308)
样本数	520	520	202	202
F 值	21.0675***	27.5188***	35.3075***	31.1067***
调整的 R^2	0.2297	0.2751	0.3397	0.4232

注：括号内数值为 t 值，***、** 和 * 分别表示在 1%、5%、10% 的水平上统计显著。

为进一步检验本章的假设，本章对国家控制的上市公司和非国家控制的上市公司进行单独分析。模型（5）和模型（6）是对国家控制公司单独分析的结果，模型（7）和模型（8）是对非国家控制公司单独分析的结果。模型（5）到模型（8）中，Year×Reduction 的系数为正，且在 1% 的水平上显著，说明无论是在国家控制的公司还是在非国家控制的公司中，控股股东减持均能够提高上市公司的价值，但是国家控制公司的影响系数小于非国家控制公司的系数，进一步验证了假设 2。

三、内生性检验

Demsetz 和 Lehn (1985)、宋敏等（2004）、曹廷求等（2007）指出股权结构具有内生性。表现在控股股东减持上的特点是，业绩越好的公司越可能减持，即公司价值可能影响控股股东的减持行为。朱茶芬等（2010）指出，大股东凭借对公司估值和业绩前景的优势信息进行选择性减持，高估值且业绩前景差的公司更

第七章 控股股东减持的经济后果分析

可能成为减持的对象。即"控股股东减持"变量在以上回归方程中可能具有内生性。为此,本章选择工具变量法(TSLS)进行两阶段回归,该方法的关键是选择恰当的工具变量。俞红海和徐龙炳(2010)指出,上市公司年末十大流通股股东总持股占总股本的比例影响控股股东的减持行为。也就是说,流通股股东对控股股东能否顺利减持有重要影响。如果流通股股东持股结构较为集中,控股股东出于对保持控制权的考虑可能会减少减持次数和规模。另外,在后股权分置时代,流通股股东持股比例通常较低,掌握公司控制权的控股股东通常持股比例很大,流通股股东持股结构很难对公司治理产生显著影响,也就不会影响公司价值。因此,本章选择流通股股权结构作为"控股股东减持"变量的工具变量,重新检验上述结论。

对于流通股股权结构,本章选取前十大流通股股东持股比例的 Herfindah 指数,指数越高表明流通股持股结构越集中,更容易影响控股股东减持。内生性检验的结果表明"控股股东减持"确实具有显著的内生性,见表 7-6。

表 7-6　全部样本公司的多元回归分析:工具变量检验

变量	模型 (1′)	模型 (2′)	模型 (3′)	模型 (4′)
C	0.9501*** (2.9290)	1.7574*** (2.1105)	1.2242*** (2.1483)	2.3580*** (2.3195)
Year	1.7774*** (2.2514)	1.73606*** (2.6586)	1.1503*** (2.2088)	1.4823*** (2.3043)
Reduction	0.9877*** (3.8566)	0.4098*** (2.5044)	0.4092*** (2.2847)	0.6176*** (2.9295)
Year×Reduction	0.6577** (2.0451)	0.5594*** (2.8966)		
Attribute			−0.2909*** (2.9372)	
Year×Reduction×Attribute				−0.2217*** (2.4685)
Lnasset		−0.6755** (1.7824)		−0.5329** (1.8587)
Growth		0.3079*** (2.2461)		0.4453*** (2.2429)
Leverage		0.1271** (2.2018)		0.1656*** (2.8679)
样本数	722	722	722	722
F 值	70.5774***	70.8693***	71.1819***	76.3991***
调整的 R^2	0.3256	0.3824	0.3575	0.3341

注:①括号内数值为 t 值,***、** 和 * 分别表示在 1%、5%、10%的水平上统计显著。②模型 (1′)、模型 (2′)、模型 (3′)、模型 (4′) 与表 7-4 中的模型 (1)、模型 (2)、模型 (3)、模型 (4) 相对应。

四、稳健性检验

在稳健性检验中，本章对 TobinQ 进行调整，具体来说，对于 2005 年和 2009 年，TobinQ 均采用市值计算，即 TobinQ =（普通股市值 + 负债账面价值）/总资产账面价值，回归结果没有实质性的改变。

第五节　本章结论

良好的股权结构是公司治理的基础，而公司治理水平的高低直接影响公司的价值。本章以深圳交易所上市公司"大小非"减持为例，实证研究控股股东减持对公司价值的影响。实证结果表明无论是国家控制的上市公司还是非国家控制的上市公司，控股股东减持都可以有效地提升上市公司价值。但是，比较不同控制性质公司的减持效果发现，国家控制公司控股股东减持后所带来的公司价值提高低于非国家控制公司的价值提高。对于国家控制公司，在不影响控制权的前提下，可适当考虑加大控股股东减持的力度。因此，后股权分置时代控股股东减持是一次疏导上市公司股权关系、调整股权结构的行为，有利于公司股权结构的优化，控股股东和制衡股东并存的相对集中的股权结构应该成为后股权分置时代上市公司股权结构调整的方向。

基于上述实证分析，本章认为：①对于"大小非"减持尤其是控股股东减持，应该正确地引导，不能将其视为影响资本市场发展的洪水猛兽。要区别对待不同控制性质公司所发生的控股股东的减持，分类引导与规范其减持的时间和减持的比例。对于国家控制公司，在不影响国家控制权的前提下，在明确减持时间表的基础上可考虑适当加大减持力度。②坚持制度创新，完善技术手段化解市场的担忧，从而稳定投资者的信心。交易所要强化对异常波动证券的监管，加强对出现异常交易行为的证券账户的监控。③完善大宗交易系统，引导控股股东减持更多地采用大宗交易方式。注意"0.99%"现象，《上市公司解除限售存量股份转让指导意见》明确"大小非"在一个月内减持占上市公司股本 1%比例的股票必须通过大宗交易方式完成。但现实中有控股股东每月减持的股份低于 1%，从而避免大宗交易，直接在二级市场减持。我们可借鉴国外大股东配售老股的做法，从买方和卖方两个方面着手完善大宗交易。④加强控股股东减持信息披露的及时性，建立预披露制度，动态披露减持数据。在分析减持数据时发现有的公司在控股股东减持 3 年之后才予以披露，披露的信息严重滞后。同时，强调控股股东的主动披露配合义务。当前，限售股解限有明确的日期，对于减持也应该明确减持的大致时间范围，如考虑提前 1 个月披露减持意向。此外，可考虑将"大小非"减持与再融资制度结合起来，拓宽上市公司的融资渠道，并加大对违法减持的处罚力度。对违规减持行为，交易所要严格监管、及时查处，保护中小投资者利益。

第八章 实际控制人股权结构特征与公司负债水平研究

第一节 引 言

公司负债水平与资本结构密切相关,自从 Modigliani 和 Miller 提出 MM 定理以来,公司如何选择资本结构以及资本结构决策是否影响公司价值一直是学术界研究和探讨的热点问题。迄今,已形成的资本结构理论主要包括权衡理论、融资优序理论、择机理论、惰性理论和代理成本下的资本结构理论。在这些理论中,代理成本模型是产生有意义结论的最成功的模型之一。按照该理论,资本结构的理论研究是公司治理的研究范畴。因此,随着公司治理关注焦点的变化,资本结构理论的研究主题也在不断地变化。早期公司治理的研究主要是基于美国、英国等分散的股权结构。因此,资本结构理论主要是研究股东与管理者之间的代理冲突和股东与债权人之间的代理冲突下的最优资本结构的选择,这些研究往往只注重分析管理者或大股东的直接持股如何影响资本结构选择,没有把视野拓展到实际控制人的"间接"持股如何影响资本结构选择。具有代表性的,Berger 等认为经理人员出于自身利益的考虑会选择偏离公司价值最大化的资本结构,资本结构的选择存在代理问题。即早期关于股权结构与资本结构关系的研究主要是基于股权分散假设条件下管理者或第一大股东与公司负债的关系。

随着 LLSV 研究范式的提出和发展,公司治理开始转向股权集中下的控制性股东与中小股东之间的代理冲突。与之相对应,资本结构的研究也开始关注控制性股东主导下的资本结构的选择问题,关注控制性股东的股权结构特征如何影响资本结构。Faccio 等指出,负债的作用依赖于公司的股权结构,股权结构影响公司财务决策进而影响公司的资本结构决策。Du 和 Dai 指出,公司的资本结构决策受控制性大股东偏好的影响。在我国,《中国公司治理报告》(2004)通过对我国上市公司进行大量调查分析,发现我国上市公司投融资决策也严格受制于大股东。

由于我国上市公司关于实际控制人资料取得的难度,目前尚缺少实际控制人的股权结构特征如何影响公司负债水平的系统研究。基于此,本章以我国上市公司 2004~2009 数据为研究对象,实证检验实际控制人的股权结构特征如何影响公司负债水平。

第二节 理论分析与研究假设

股权结构是指公司中不同性质的股份或不同的持股主体所持有的股份在公司总股本中所占的比重。其含义包括:①各股东所持有的股份占公司总股份的比重有多大,说明股权集中或分散的程度;②公司的股份由哪些股东所持有,说明股份持有者的性质。股权结构是公司治理结构的重要组成部分,它对公司的经营激励、收购兼并、代理权竞争、监督等公司治理机制均有着较大的影响。

Bebchuk 等(1999)、La Porta 等(2002)、Claessens 等(2002)在分析上市公司的股权结构时发现,大多数国家上市公司的股权通常集中在控制性股东手中,而且控制性股东对所控制公司的所有权与控制权存在分离,分离的方式主要有三种:金字塔、交叉持股和二元股权结构。具有中国特色的是,我国上市公司的实际控制人既有政府部门等国家控制主体,也有家族等非国家控制主体。因此,我国上市公司实际控制人在所控制的上市公司中的股权结构特征可概括为四个方面:①所有权。是指现金流量权,即依据持股比例享有的剩余索取权。实际控制人对上市公司的所有权比一般股东的所有权复杂,既包括直接享有的权益,也包括间接享有的权益。其大小可用实际控制人与上市公司股权关系链条中每条关系链中直接持有比例乘积之总和来衡量,即所有权 $= \sum_{i=1}^{n} \prod_{i=1}^{t} a_{it}$,其中,$a_{i1}$,…,$a_{it}$ 为第 i 条股权关系链的所有链间直接持股比例。②控制权。是指投票权,即对公司重大事项的决策权。控制权包括直接控制权和间接控制权,其大小为实际控制人与上市公司每条股权关系链中最小值的总和,即控制权 $= \sum_{i=1}^{n} \min(a_{i1}, a_{i2}, \cdots, a_{it})$,$a_{i1}$,…,$a_{it}$ 的含义同上。根据 La Porta 等和 Claessens

第八章 实际控制人股权结构特征与公司负债水平研究

等关于控制权的界定,为了保证实际控制人的有效控制,对于控制权的选择存在一个标准,如控制权至少在10%或20%以上,本章采用10%作为分界点。③所有权与控制权的分离程度。实际控制人对上市公司股权结构的一个显著的特征是所有权与控制权的分离,可用所有权/控制权来衡量。由于金字塔结构的存在,所有权与控制权分离的结果是所有权往往小于控制权,因此,所有权/控制权≥ 1,比值越小说明分离程度越大。④实际控制人属性。是指实际控制人本身的性质。作为一个投资者保护很不健全的转型经济,我国上市公司中存在大量的国有产权性质和私有产权性质的控制性股东(徐莉萍等,2006)。根据我国上市公司目前的实际披露情况,实际控制人可分为国家控制主体与非国家控制主体两类,其中国家控制主体主要是政府部门,非国家控制主体主要是民营企业、集体企业与乡镇企业、外资企业、工会、职工持股会等机构。

基于以上分析,本章主要从控制权、所有权与控制权的分离程度、实际控制人属性以及所有权与控制权的分离程度和实际控制人属性的交叉影响等方面构造假设。

Claessens等指出,从公司治理的角度看,控制权至关重要,因为它能使所有者决定公司政策、项目投资和人事安排等。但是,控制权具有"壁垒效应",存在较大的代理问题。拥有大量控制权的实际控制人会做出有利于实际控制人的决策,从而具有与公司目标不一致的激励。实际控制人控制权越大,其投票权和影响力也随之增大,其对管理者行为控制的能力也越大,追逐控制权私人收益的动机也越强,其与外部投资者(小股东/债权人)之间的代理冲突也越激烈。Dyck和Zingales指出,终极控制股东可以通过控制公司获取大量的控制权私人收益,如某些特权,甚至在某些情况下可以"窃取"公司资源。特别地,实际控制人会利用其在公司决策中的控制权,通过与自己控制的关联公司进行关联交易转移公司资源,如通过高价收购关联公司的产品同时低价将本公司的产品销售给关联公司,控制股东通过这种方式将公司的资源输送给关联公司。

在金字塔式的股权结构下,当控制权低时,负债融资的非稀释效应(Du和Dai,2005)是实际控制人的主要考虑因素。由于负债融资的非稀释效应,为了保持控制权,实际控制人会更多地采用负债方式融资,以避免控制权旁落。反之,当控制权高时,不仅负债融资具有非稀释效应,而且,股权融资也具有非稀释效应。所谓股权融资的非稀释效应是指股权融资并没有改变实际控制人对上市公司的控制权(韩亮亮、李凯,2008)。其原因是因为实际控制人的控制权不是由上市公司直接股东的控制权决定。在这种情况下,实际控制人不担心控制权的转移,从而会更多采用股权融资以取得更多的资金,相应的负债可能会少些。而且，控制权的提高增加了负债的代理成本。因此，实际控制人会根据其控制权的大小选择有利于其自身利益的负债水平。

我国上市公司股权高度集中，大部分公司存在单一实际控制人主体，几乎没有管理者能从股权控制中分离出来。因此，我国上市公司的代理问题主要是实际控制人与外部投资者（中小股东和债权人）之间的利益冲突。实际控制人往往会利用手中的控制权去掏空公司资源，侵占中小股东和债权人的利益。同时，中国缺乏健全的投资者法律保护和其他外部治理机制的现状进一步加剧了实际控制人与外部投资者（小股东/债权人）之间的代理冲突。此外，我国上市公司存在股权融资偏好，上市公司具有发行股份的冲动。因此，在我国，实际控制人控制权高的公司会使用较少的债务。据此，本章提出：

假设1：实际控制人的控制权与公司负债水平负相关。

所有权和控制权的分离程度反映了实际控制人基于股份和通过掠夺获取控制权私人收益的差异。所有权和控制权的分离程度越大，实际控制人越有动机和能力掠夺外部投资者。Bebchuk等指出，在其他条件相同的情况下，代理成本随着所有权和控制权分离程度的增大而增大。Claessens等指出，在东亚9个国家和地区，当控制权和所有权分离程度较大时，壁垒效应和攫取控制权私人收益等代理问题尤为严重。所有权和控制权分离程度越大，意味着实际控制人拥有较大的控制权和较低的所有权。而较大的控制权使实际控制人产生了"壕沟"效应，并赋予了他们掠夺公司财富的权力。较低的所有权减少了因掠夺行为造成的由实际控制人承担的公司损失份额。其结果是，在其他情况相同的情况下，所有权和控制权的分离程度越大，实际控制人的掠夺动机越强，其与外部投资者的代理冲突越严重，股权融资偏好越强烈，债务水平越低。因此，可以预期，所有权和控制权的分离程度与债务水平负相关。

而且，所有权和控制权的分离导致实际控制人对于负债的治理效应产生"壕沟"反应。负债的治理效应表现在负债具有"利益转移限制"效应和"破产威胁"效应。"利益转移限制"效应是指债务到期还本付息限制了大股东对公司自由现金流的占用，降低了大股东对公司其他股东利益的侵害。"破产威胁"效应是指债务到期时，如果公司没有能力还本付息，债权人可以通过司法程序申请公司破产，导致大股东面临丧失公司控制权的威胁。由于债权和股权的不同特点，债权人对利息的要求比股东对股息的要求更强烈。债权人和股东对收益索取权要求的差异加之实际控制人所有权与控制权的分离，促使实际控制人对自由现金流产生了操纵动机。实际控制人的所有权与控制权的分离程度越大，实际控制人通过支配上市公司自由现金流来转移上市公司利益的动机也越强。而债务的到期偿还特点限制了实际控制人对公司自由现金流的支配,并且,债务比率越高,用于支付债务本息所占用的自由现金流也越多。因此,在公司资本结构决策时,实际控制人倾向采用较低的负债水平,以规避负债的"利益转移限制"效应。此外,由于所有权与控制权的分离,实际控制人能够以较低的成本获得较高的控制权私人收益。但其前提是实际控制人对上市公司拥有稳定的控制权。一旦上市公司破产,控制权丧失,实际控制人将失去控制权私人收益。因此,实际控制人对上市公司负债的破产威胁格外关注。考虑到负债的"破产威胁"效应,实际控制人的所有权与控制权的分离程度越大,实际控制人越有可能选择较低的负债水平,以削弱负债融资的"破产威胁"效应。

由于我国缺乏健全的投资者法律保护机制,所有权和控制权的分离加剧了外部投资者(中小股东/债权人)被实际控制人掠夺的程度。控制权超过所有权越多,实际控制人攫取控制权私人收益和掠夺公司财富的动机就越强烈。这是因为更大的控制权增强了实际控制人的"壕沟"效应和赋予他们更大的掠夺公司财富的控制力,更低的所有权减少了源于掠夺行为而产生的实际控制人所应承担的损失份额。Du 和 Dai(2005)指出,所有权和控制权的分离程度越大,实际控制人承担损失与获取收益的不对称性会导致较低的负债水平。而且,分离程度越大,实际控制人所控制的公司可能就越多,当需要资金时,实际控制人可以通过集团内部公司之间的交易如关联交易筹集资金,而不需要通过外部筹集,以防止股权的分散。因此,在我国,随着所有权和控制权分离程度的提高,上市公司会使用较低的负债。据此,本章提出:

假设 2:实际控制人所有权与控制权的分离程度与公司负债水平负相关。

实际控制人的身份不同,其负债融资的能力强弱、融资渠道的多寡也会有所不同。与以私有产权为主导的发达国家和其他转型国家和地区相比,我国大多数上市公司的控制权掌握在政府手中。研究表明,实际控制人属性不同的上市公司均会受到政府干预,只是程度有所不同而已。方军雄(2007)指出,由于政府干预以及国有企业相比非国有企业所具有的信息成本优势和违约风险优势,相比"三资"工业企业,银行发放给国有工业企业更多的贷款以及期限更长的贷款。肖作平(2010)指出,政府干预对公司融资行为的影响主要体现在四个方面:①通过财政补贴降低公司违约的可能性,从而使公司更容易从银行获得贷款;②直接通过对银行借贷决策的影响,帮助公司获得贷款;③通过维持货币的可预测值为债务的发行提供便利;④具有政治关系的企业即使在没有陷入困境的情况下,也会得到政府的优惠补助,尤其是当银行也被国家控制时,政府通过银行贷款对企业进行补助的现象普遍存在。

我国当前企业普遍存在政府干预公司行为的现象。其中，国家控制公司的政府干预现象更为严重，存在银行信贷的所有制"金融歧视"。与非国家控制公司相比，由于在要素市场、产品市场等市场中国家控制公司拥有更多的"优待"使得其经营风险相对较低。另外，国家控制公司因为拥有更多正式的政治关系，在其陷入财务困境时容易获得政府的救济，导致国家控制公司的债务违约风险较低。此外，在我国，银行决策常常受到政府的干预。政府为了实现其政治和社会目标，使国家控制公司承担了过多的政策性负担，而承担了过多政策性负担的国家控制公司自然会得到额外的政策扶持，如得到成本低廉的资金。特别是，当银行为国家控制时，具有政治关系的国有企业更容易得到银行信贷资金。孙铮等研究发现上市公司债务期限结构与国有股权显著正相关。江伟、李斌发现，国有上市公司相比民营上市公司具有更多的长期债务融资。Faccio发现，有政治关系公司的债务水平显著高于没有政治关系的公司，政治关联强度越大，债务水平越高。Boubakri等认为，具有政治关联企业的资产负债率显著高于没有政治关联的企业。总之，在投资者法律保护不健全和公司治理机制不完善的制度环境中，政府干预有助于国家控制公司获得更多的优惠待遇（如银行贷款的担保等）。因此，国家控制公司更容易从银行获得贷款，尤其是长期银行贷款。

在国家控制公司中，分离程度不同时，负债水平也会有所差异。分离程度越大，负债水平越高，即所有权和控制权的分离程度与公司负债水平之间的负相关关系受实际控制人属性的影响。据此，本章提出如下两个假设：

假设3：国家控制公司的负债水平高于非国家控制公司的负债水平。

假设4：实际控制人属性会减弱所有权和控制权的分离程度与公司负债水平之间的负相关关系。

第三节 研究设计

一、变量定义

（一）被解释变量：债务水平

本章选择如下两个变量作为债务水平的代理变量：①资产负债率（LEV_1）。LEV_1=总负债/总资产；② 长期借款与总资产比（LEV_2）。LEV_2=长期借款/总资

第八章 实际控制人股权结构特征与公司负债水平研究

产。总负债、长期借款和总资产的价值有两种选择,由于市场价值经常会发生戏剧性的变化,加之我国资本市场的不健全,市场价值在我国实证研究中存在一些弊端。因此,本章采用账面价值计算。

(二) 解释变量

解释变量为反映实际控制人股权结构特征的变量,包括控制权、所有权与控制权的分离程度、实际控制人属性、所有权与控制权的分离程度、实际控制人属性的交叉项,分别用 Control、Separation、Attribute、Separation×Attribute 表示。其中,实际控制人属性为虚拟变量,Attribute 为 1 时代表国家控制主体,否则为非国家控制主体。

(三) 控制变量

参照大多数文献的做法,选择如下控制变量:公司规模、债务担保能力、财务杠杆系数、营业收入增长率、盈利能力、发展机会、行业变量等。

表 8–1 变量名称及定义

变量名称	变量符号	变量定义
资产负债率	LEV_1	总负债/总资产
长期借款与总资产比	LEV_2	长期借款/总资产
控制权	Control	$\sum_{i=1}^{n} \min(a_{i1}, a_{i2}, \cdots, a_{it})$,其中,$a_{i1}, \cdots, a_{it}$ 为第 i 条股权关系链的所有链间直接持股比例
所有权	Ownership	$\sum_{i=1}^{n} \prod_{i=1}^{t} a_{it}$,其中,$a_{i1}, \cdots, a_{it}$ 为第 i 条股权关系链的所有链间直接持股比例
所有权与控制权的分离程度	Separation	所有权/控制权
实际控制人属性	Attribute	虚拟变量,实际控制人本身的性质,实际控制人是国家控制主体时取 1,否则取 0
公司规模	Lnasset	公司年末总资产的自然对数
债务担保能力	TANG	固定资产净值/总资产
财务杠杆系数	DFL	(利润总额+财务费用)/利润总额
营业收入增长率	Grow	当期主营业务收入/上期主营业务收入
总资产净利润率	ROA	净利润/总资产
发展机会	Tobin Q	普通股市值+负债账面价值/总资产账面价值
行业	Industry	虚拟变量,按照证监会(2001 年)的分类标准,剔除金融类后,行业类型共计 12 类,以综合类上市公司为参照系,设置 11 个行业虚拟变量

二、样本选择

由于我国上市公司从 2004 年才具有比较完善的实际控制人资料,本章的研究期间为 2004~2009 年,然后以 2004 年 12 月 31 日之前在深沪上市的所有公司为原始样本的基础上,剔除以下公司:①金融类上市公司;②ST 或 PT 类上市公司;③资产负债率大于 1,以及长期债务占总资产比重小于 0 的上市公司;④同时发行 A 股、B 股和 H 股的公司;⑤实际控制人不详或没有实际控制人的公司;⑥个别有异常值的公司;⑦数据缺失的上市公司。最终,本章共选取了 635 家在深沪上市的非金融公司,根据它们在 2004~2009 年 3810 个观察值组成的平衡面板数据为研究对象。

在计算实际控制人的控制权、所有权和控制权的分离程度时,本章根据上市公司在 2004~2009 年度报告中"股本变动及股权情况"披露情况,采用上述公式计算 635 家公司的控制权、所有权与控制权的分离程度,并对实际控制人属性重新进行分类。统计时发现一些上市公司对实际控制人的披露情况存在不完善之处,如个别公司对实际控制人的披露标准不统一,我们针对出现的情况进行相应调整,对于法人控股,根据上市公司发布的相关报告追溯到政府部门或个人,对部属院校和地方政府教育部门所属院校控制的上市公司,认定为政府控制。如方正科技(600601)年报披露实际控制人为北京大学,而北京大学为教育部直属院校,教育部被界定为政府部门,因此认定方正科技的实际控制人属性为国家控制主体,在计算实际控制人对方正科技的控制权、所有权和控制权的分离程度时采用本章计算公式重新计算。

分析中所用的其他相关资料还来自 CSMAR 数据库和巨潮资讯网(www.cninfo.com.cn)。

第四节 实证检验

一、描述性分析

由表 8-2 中可见,资产负债率(LEV_1)的均值是 0.5251,而长期借款与总资产比(LEV_2)的均值是 0.0676,中位数为 0.0283,说明我国上市公司长期负债所占比重较低,与韩亮亮、李凯(2008)、肖作平(2010)的结果表现出相同的特

第八章 实际控制人股权结构特征与公司负债水平研究

表 8-2 变量的描述性统计

变量符号	均值	中位数	最大值	最小值	标准差
LEV_1	0.5251	0.5377	0.9940	0.0207	0.1656
LEV_2	0.0676	0.0283	0.7172	0.0000	0.0969
Ownership	31.7335	29.3176	92.0000	0.5304	17.2141
Control	37.9545	36.1450	100.0000	10.0500	14.9830
Separation	0.8125	1.0000	1.0000	0.0207	0.2525
Attribute	0.6720	1.0000	1.0000	0.0000	0.4696
Lnassset	21.4899	21.4076	26.0273	18.0716	1.0188
TANG	0.3061	0.2808	0.9600	0.0000	0.1853
DFL	1.7882	1.2593	175.1435	−29.9990	4.7188
Grow	0.7883	0.1132	496.1890	−2.8970	10.2275
ROA	0.0258	0.0260	0.3999	−2.7463	0.0790
Tobin Q	1.5109	1.1948	16.0061	0.6325	0.9123

征。所有权的均值（31.7335%）小于控制权的均值（37.9545%），所有权/控制权的均值是 0.8125，表明我国上市公司实际控制人的所有权与控制权的分离程度较大，实际控制人以较小的持股比例掌握着较大的控制权。实际控制人属性均值是 0.6720，说明在上市公司中国家控制主体占较大比重。

在多元回归之前为防止可能出现的共线性问题，计算各解释变量之间的相关系数矩阵，从表 8-3 中可见，各变量之间的相关系数不高，说明上述变量不存在多重共线性。

表 8-3 解释变量的相关系数矩阵

	Control	Attribute	Separation	Lnassset	TANG	DFL	GROW	ROA	Tobin Q
Control	1.0000	0.2819	0.2355	0.2395	0.1177	−0.0450	−0.0183	0.0747	−0.1461
Attribute	0.2819	1.0000	0.4778	0.2470	0.1644	0.0333	−0.0488	−0.0230	−0.1399
Separation	0.2355	0.4778	1.0000	0.1305	0.0627	0.0329	−0.0205	0.0207	−0.0523
Lnassset	0.2395	0.2470	0.1305	1.0000	0.1141	−0.0045	−0.0450	0.1445	−0.2224
TANG	0.1177	0.1644	0.0627	0.1141	1.0000	0.0532	−0.0715	−0.0163	−0.0876
DFL	−0.0450	0.0333	0.0329	0.0045	0.0532	1.0000	−0.0006	−0.0237	−0.0264
Grow	−0.0183	−0.0488	−0.0205	0.0450	−0.0715	−0.0006	1.0000	0.0015	0.0359
ROA	0.0747	−0.0230	0.0207	0.1445	−0.0163	−0.0237	0.0015	1.0000	0.0580
Tobin Q	−0.1461	−0.1399	−0.0523	0.2224	−0.0876	−0.0264	0.0359	0.0580	1.0000

二、多元回归分析

回归模型为：

$$LEV_{1it}(LEV_{2it}) = \beta_0 + \beta_1 \times Control_{it} + \beta_2 \times Separation_{it} + \beta_3 \times Attribute_{it} +$$
$$\beta_4 \times (Separation_{it} \times Attribute_{it}) + \sum \omega_j \times Con_{it} + \lambda_{it} + \varepsilon_{it}$$

其中，Con_{it} 代表上述控制变量。此外，苏冬蔚、曾海舰指出宏观经济状况是影响我国上市公司资本结构的重要因素，资本结构呈现显著的反经济周期变化特征。考虑到利息率、通货膨胀、经济周期等可观察和不可观察的宏观经济因素对所有的公司都是相同的，但随时间变化。为此，本章加入时间特征效应（λ）控制宏观经济因素的影响。

通过 LM 检验和 Hausman 检验，本章采用 GLS 方法进行估计。估计结果见表 8-4。

表 8-4　实际控制人股权结构特征与公司资本结构

变量符号	预期符号	LEV_1		LEV_2	
		模型（1）	模型（2）	模型（3）	模型（4）
C	?	-0.3644*** (-6.9959)	-1.4646*** (-8.921)	-0.6535*** (-22.0443)	-0.6614*** (-22.7745)
Control	-	-0.1007*** (-3.7973)	-0.1004*** (-2.4888)	-0.1002*** (-2.6122)	-0.1032*** (-2.5722)
Separation	-	-0.0138*** (2.2632)	-0.0349*** (7.1047)	-0.0251*** (2.8669)	-0.0338*** (6.7357)
Attribute	+	0.1027*** (2.9424)	0.1344*** (3.617)	0.1149*** (2.6591)	0.1024*** (3.3474)
Separation×Attribute	+		0.0127*** (2.8236)		0.0167*** (3.1806)
Lnassset	+	0.0459*** (17.3815)	0.0933*** (13.5044)	0.0321*** (22.7174)	0.0322*** (23.1614)
TANG	+	0.1038*** (10.7288)	0.0615*** (3.4256)	0.1187*** (30.0219)	0.1193*** (29.3359)
DFL	+	0.002* (1.878)	0.1367* (1.7219)	0.0011* (1.8358)	0.0011* (1.7388)
Grow	-	-0.0003 (-1.149)	-0.0005 (-1.1712)	-0.0002 (-1.4007)	-0.0004 (-1.2635)
ROA	-	-0.6315*** (-4.1622)	-0.419*** (-5.9354)	-0.0948*** (-5.5251)	-0.0949*** (-5.6411)
Tobin Q	-	-0.0213*** (-6.4862)	-0.0111*** (-2.0542)	-0.004*** (-7.1377)	-0.0042*** (-7.695)

续表

变量符号	预期符号	LEV₁		LEV₂	
		模型（1）	模型（2）	模型（3）	模型（4）
F 值		83.9354***	79.9794***	82.7900***	74.6684***
调整的 R²		0.2845	0.2814	0.2826	0.2829
Wald 检验 1		1436.623（11）	2398.292（11）	1326.087（11）	2437.534（11）
Wald 检验 2		30.185（5）	35.651（5）	31.045（5）	37.747（5）

注：①估计系数的括号内数值为 t 值，***、** 和 * 分别表示在 1%、5%、10% 的水平上统计显著；②Wald 检验 1 是行业的联合显著性检验，Wald 检验 2 是年度的联合显著性检验，括号中为自由度。

由表 8-4 可见，模型的 F 值都在 1% 水平上显著，调整的 R² 在 0.25 以上，说明模型的整体拟合效果较好。从模型（1）到模型（4）中，控制权的系数为负，且都在 1% 的水平上显著，验证了研究假设 1，说明实际控制人控制权高的公司具有相对低的债务水平，实际控制人的控制权越高，其与外部投资者之间的代理冲突越严重，实际控制人的掠夺动机越强，股权融资偏好越强烈。由于我国上市公司的实际控制人的控制权较高，股权融资的非稀释效应是公司考虑是否负债融资的主导因素，导致债务水平下降。说明控制权是实际控制人"掏空"公司资源、侵占债权人利益的一种工具，这种现象不利于公司控制权市场的健康发展。所有权和控制权分离程度的系数为负，且都在 1% 的水平上显著，说明所有权和控制权分离程度高的公司具有相对低的债务水平和长期负债，验证了研究假设 2。这一研究结果表明，所有权和控制权的分离程度越大，实际控制人越有动机和能力掠夺外部投资者（包括债权人）的利益，加重了实际控制人和外部投资者（包括债权人）之间的代理冲突，股权融资偏好强化，债务融资偏好弱化。在负债融资上，实际控制人的"壕沟"反应表现为规避负债的"利益转移限制"效应和"破产威胁"效应，债务治理功能失效。实际控制人属性的系数为正，且都在 1% 的水平上显著，说明国家控制主体的上市公司具有相对高的债务水平，验证了研究假设 3。与非国家控制公司相比，国家控制公司能够获得更多的银行贷款、更长的长期贷款，存在银行贷款的"金融歧视"现象。究其原因，实际控制人属性不同的上市公司所受到的政府干预程度不同，而政府干预程度的不同显著影响公司的融资决策。在政府干预下，银行等金融机构的借贷行为的独立性下降，这些金融机构的资金，尤其是长期信贷资金会更多地流入国家控制公司。信贷资金过多地投放给国家控制公司的现象意味着资金配置的低效率，不利于资金的优化配置。模型（2）和模型（4）中所有权和控制权的分离程度与实际控制人属性的交叉项的系数为正，且在 1% 的水平上显著，验证了假设 4，说明所有权和控制权的分离程度与公司负债之间关系受实际控制人属性的影响。在国家控制公司中，所有权和控制权的分离程度与资本结构之间的负相关关系变弱。政府干预使得债权人包括银行等金融机构会给所有权和控制权分离程度高的国家控制公司提供较多的贷款，包括长期信贷资金。即使银行等金融机构意识到实际控制人与外部投资者的代理冲突，也不得不给予国家控制公司较多的贷款。

控制变量的结果基本与先前的文献一致，本章不再赘述。

三、稳健性检验

在稳健性检验中，本章将控制权的下限定为20%。同时对所有权与控制权的分离程度采用减法，即所有权与控制权的分离程度等于（控制权−所有权）/控制权。回归结论没有实质性的改变。

第五节 本章结论

本章以635家深沪股市的非金融公司在2004~2009年可获得连续相关信息的3810个观察值组成的平衡面板数据为研究对象，应用GLS方法实证分析控制权、所有权和控制权的分离程度、实际控制人属性等股权结构特征对公司负债水平的影响。研究发现：①控制权与公司负债呈现负相关关系，控制权高的公司具有相对低的债务水平。控制权越高，实际控制人的掠夺动机越强，股权融资偏好越强烈，股权融资的非稀释效应成为公司负债融资水平的主要考虑因素。控制权是实际控制人"掏空"公司资源、侵占债权人利益的一种工具。②所有权和控制权的分离程度与公司负债水平和长期负债水平显著负相关，表明所有权和控制权的分离程度越大，实际控制人掠夺外部投资者的动机和能力越强，股权融资偏好越强烈，债务水平下降得越多，实际控制人对负债的"利益转移限制"效应和"破产威胁"效应产生"壕沟"效应，债务治理功能失效。因此，实际控制人所有权与控制权的分离加大了实际控制人对外部投资者利益的侵占。③实际控制人属性与公司负债水平呈现正相关关系，国家控制公司的负债水平高于非国家控制公司的负债水平。实际控制人属性不同的上市公司所受到的政府干预程度有所不同，在中国特殊的制度环境下，由于政府干预是一种弱产权保护机制的替代机制，政府干预有助于国家控制公司从银行或其他国有金融机构获得信贷资金。④所有权和控制权的分离程度与公司负债水平之间的关系受实际控制人属性的影响，即所

第八章 实际控制人股权结构特征与公司负债水平研究

有权和控制权的分离程度与债务水平之间的负相关关系在国家控制公司中变弱。在国家控制公司,政府干预使得债务资本的供给方,包括银行等金融机构,会给所有权和控制权分离程度高的国家控制公司提供较多的信贷资金。

基于上述研究,本章认为实际控制人的控制权以及所有权与控制权的分离是其侵占债权人利益的工具。为了提高我国上市公司资本结构的合理性,优化资源配置,有必要加强债权人权益的保护。为此,本章提出以下两项政策建议:①改变上市公司不合理的股权结构。控制权太高以及所有权与控制权的分离程度太大使得实际控制人掠夺外部投资者利益更加容易,可考虑适当降低实际控制人的控制权,并缩小实际控制人所有权与控制权的分离程度。当前我国正在进行的"大小非"减持是一次疏导上市公司股权关系、调整股权结构的行为,有利于公司股权结构的优化。因此,要通过正确的引导和制度创新完善"大小非"减持的各项措施,包括完善技术手段、改进大宗交易系统、采用合理的交易方式、加强减持信息披露的及时性等方面。②加强银行等金融机构的独立性,提高债权人保护水平。继续降低政府对银行等金融机构的干预,完善银行的独立法人地位,降低银行自身的不良贷款,运用市场机制促进银行系统提高效率和强化风险管理能力。合理确立银行等债权人在公司治理中的参与权,加强银行对公司现金流量的日常监督。在创新公司治理机制方面,可考虑在外部董事中引入债权人代表,赋予重要债权人出席公司重要会议的权力。同时,完善债权人法律救济机制和偿债保障机制,在《公司法》与《破产法》中进一步明确保护债权人利益的立法宗旨,进一步明确实践中如何执行、怎样执行债权人保护的措施。

第九章 实际控制人股权特征与控制权私人收益研究

第一节 控制权私人收益的定性分析与计量方法改进

一、控制权私人收益的定性分析

(一) 两种观点的冲突

根据本书第二章对国内外控制权私人收益文献的综述,可以把对控制权私人收益的定性分析归纳为两种相互冲突的观点。

第一种观点可概括为利益侵占说。基本上认为控制权私人收益是控制性股东对中小股东利益的侵占,是对公司的一种掏空行为,应该加以约束,相关学者如Grossman 和 Hart (1988) Ehrhardt 和 Nowak (2003)、Dyck 和 Zingales (2004)、唐宗明、蒋位 (2002)。但是贾明等 (2007) 指出:"由于缺乏对控制权私人收益的进一步细分,使得目前的研究涉及的面虽广但不够深入,特别是对非货币的控制权私人收益的相关研究还有待深入。强调货币化的控制权私人收益将内部人和外部人的利益对立起来而突出控制权私人收益对公司价值的负面影响,这种判断过于绝对。按照这样的逻辑得到的结论应该是设法让控制权私人收益为零才是最佳的,而这显然是不可能也是不实际的。因此,强调合理范围内的控制权私人收益的可接受性是比较可取的。"

第二种观点可称之为成本补偿说。与上述观点不同,也有一些学者认为控制权私人收益是对控制权成本的补偿。Dyck 和 Zingales (2004) 指出控制权并不仅仅意味着收益,有时也会涉及成本,如丧失多元化投资的收益、公司名誉的损失等。刘少波（2007）提出控制权收益的三个悖论，针对这些悖论，他认为控制权收益是控制权成本的补偿，是控制权的风险溢价，它的实现载体是控制权作用于公司治理绩效改进所产生的增量收益，它与大股东侵害无关。

（二）控制性股东的二重性与控制权私人收益的重新分类

以上两种观点对我们正确认识控制权私人收益的性质很有帮助，本书认为，分析控制权私人收益的性质可以从控制性股东监督行为的二重性入手，通过剖析其所带来的治理效应的两面性加以解释。

1. 监督行为的二重性

哈特指出，在上市公司中，控制性股东的出现不是偶然的，分散的股东很少有或没有激励监督经营者，因为监督是公共物品。由于监督是有代价的，所以每个股东都会"搭便车"，希望其他股东作出监督。在控制性股东获得公司的大量股权并接管公司时，这个"搭便车"问题就能够被克服，即控制性股东有监督经营者的激励。

由于控制性股东在公司中拥有大量股份，所以它在公司扮演双重角色。一方面，控制性股东是公司的实际控制人，承担着代表所有股东利益监督经营者的责任，即他是所有股东的代理人。另一方面，作为理性的经济人，控制性股东与其他中小股东一样，追求个人利益的最大化，是自利的经济人。角色的二重性使控制性股东在作出融资、投资、股利分配、重组等重大决策时面临是以自身利益的最大化为目标还是以公司利益最大化为目标的权衡。作为经济人，自身利益最大化无疑是第一选择。在最大化自身利益的行为中，如果某项决策能够使其受益，他就会投赞成票；否则，他会持反对意见，此时可能会发生其对中小股东的侵占。

申尊焕、龙建成（2005）把控制性股东对公司的监督活动可分为两种：①显性的监督活动，如控制性股东或其代理人参与公司董事会会议、为企业发展提出建议等，这类显性的监督活动属于控制性股东或其代理人的工作范围，其费用由企业支付；②隐性的监督活动，表现为控制性股东为企业长期发展所进行的相应的调查研究与精心考虑。控制性股东为上市公司提供的这种隐性监督服务具有非抗争性的特点，即额外增加某个股东的消费不会引起任何监督成本的增加。同时，它又具有非排他性的特点，即任何股东对控制性股东监督服务的消费也不会排斥其他股东对此监督服务的消费。此外，这类监督具有不可观察性，只有控制性股东自己才有监督成本方面的信息。由于隐藏信息可能产生事后的道德风险，相对于显性监督活动，控制性股东的隐性监督在形式上并没有得到中小股东的承认，公司没有对其监督活动进行相应的补偿。当控制性股东不能获取相对于其监督服务行为相应的收益时，他就会通过侵害中小股东利益的方式来进行监督成本的自我补偿，从而发生控制性股东对中小股东的侵害行为。

2. 治理效应的两面性

控制性股东监督行为的二重性带来治理效应的两面性：利益协同效应与利益侵占效应。

Shleifer 和 Vishny 指出，控制性股东有动力去收集信息并监督经理行为，因此避免了传统的"搭便车"问题；同时，控制性股东也有足够的投票权对经理施加压力，甚至通过代理权争夺或接管来替换经理层，因此，控制性股东在公司治理中发挥积极作用。Kaplan 和 Minton 发现，控制性股东在促进董事会变革中发挥重要作用。Gorton 和 Schmid 发现，银行大量持股改善了德国公司的业绩。Shleifer 和 Vishny 甚至断言，当大股东持有 51% 以上股权并因此对企业和经理层具有完全的控制权时，大股东能够解决代理问题。Dyck 和 Zingales 指出控制性股东可能是最有效的创造公司价值的方式，其存在能够使得一些有价值的接管发生。此外，控制性股东可对经理层施加可置信的威胁，甚至替换不称职的管理人员。

但另一方面，控制性股东对公司亦存在利益侵占效应。控制性股东与中小股东之间存在严重的代理问题，在缺乏外部控制威胁以及外部股东分散时，控制性股东可能以其他股东的利益为代价来谋求自身利益。哈特指出，在一个大股东持股不到 100% 的情况下，代理问题只会减轻却不会消失。原因在于：①大股东对经理的监督和干预仍然是效果欠佳的，因为他得不到公司的全部利润；②大股东会利用权力牺牲其他股东利益以利己；③大股东可能直接成为经理，即他亲自经营公司。Johnson 等更是用"Tunnelling"一词表述控制性股东对公司的掏空行为和对中小股东的利益侵占。

我国学者在研究控制性股东在中国上市公司治理中的作用与效率时，发现两种效应均不同程度地存在。孙永祥、黄祖辉指出股权的集中或大股东的存在在一定程度上有利于公司的经营激励，特别是在最大股东拥有绝对控股权的情况下更是如此。徐晓东、陈小悦认为在公司治理对外部投资者利益缺乏保护的情况下，随着第一大股东持股比例的提高，企业经营业绩朝好的方向发展。刘峰等指出：在我国资本市场上，由于缺乏对中小股东利益加以保护的法律，加之相应约束大股东的市场机制尚未建立，大股东控制更多地导致侵害中小股东利益的利益输送现象。

总之，控制性股东对公司绩效的影响比较复杂，既会提高公司的经营效率，从而给中小股东带来相应的收益，又会利用其手中的控制权掠夺中小股东的利益,导致公司绩效的下降。

3. 控制权正常收益与控制权超额收益——控制权私人收益的重新分类

基于以上控制性股东监督行为的二重性以及其所带来的治理效应的两面性,我们试图将控制权私人收益分为控制权正常收益和控制权超额收益两部分,其中,控制权正常收益是对上市公司增量收益的分享,而控制权超额收益是对上市公司存量收益的攫取。具体分析如下:

(1) 控制权正常收益与控制权成本的补偿

控制性股东要获得和维护控制权要付出很大的成本,具体由以下几部分构成。①获得成本:主要指为获得控制权而支付的各类成本,如在公司设立并上市后认购其所持股份而支付的成本和为公司设立并上市所支付的相关成本以及在股份集中时为收购股份所支付的股权价格和收购过程中的交易费用;②机会成本:由于投资集中于一家公司而丧失的多样化投资可能获得的利益;③监督成本:如前所述,在显性与隐性监督活动中支付的成本;④防御成本:由于控制权市场的争夺有时很激烈,控制权转移的事件也经常发生,为了防止可能的敌意接管,控制性股东需要支付相应的费用。此外,法律诉讼风险和声誉损失,如经理和员工对企业投入的人力资本的减少,银行、供应商、消费者等利益相关者的抛弃等,也是控制性股东的一种隐性成本。

按照经济学成本与收益匹配原理,成本是需要补偿的,否则控制性股东"只求奉献,不求索取"的行为是很难理解的,即控制性股东投资于受控公司要获得正常的投资收益,此种收益即为控制权正常收益,它是一种合理的收益,是对控制权成本的正常回报,是控制权私人收益的一部分。

(2) 控制权超额收益与隧道效应

虽然控制性股东会通过股权获得现金流权收益,但由于现金股利的外在性,控制性股东仅仅通过持股比例分享公司利润不能使自身收益最大化,因此,控制性股东就可能选择其他获利方式。诸如:①利用关联交易将上市公司的利润或资产转移至控制性股东属下的其他公司;②非法占有上市公司资金并为其旗下其他公司所用;③要求上市公司为其旗下的其他公司提供担保;④利用控制权转移事件进行内幕交易等。

控制性股东对公司实施控制的方式有两类:绝对控股和相对控股。在绝对控股方式下,控制性股东通过在公司股东大会中的投票权优势控制了股东大会,在股权分散以及法律监管不严格的情况下,控制性股东可能利用自己的表决权优势使公司的经营决策服从控制性股东的意志,从而损害上市公司、中小股东的利益。在相对控股方式下,控制性股东所获得的现金流量权小于控制性股东在公司中所拥有的投票权,由于控制性股东对上市公司的所有权相对较少,一旦公司出现亏损,其所承担的损失比例也少。在这种情况下,控制性股东转移上市公司利益的动机要远高于绝对控制性股东模式。此外,在这两种方式下,控制性股东会依托控制权的行为能力获取收益,这种收益即为控制权超额收益,它与控制权成本补偿无关,是对公司存量收益的再分配,是对中小股东利益的侵害,是一种掏空行为,其大小取决于控制性股东对中小股东的剥削程度。

因此,控制权私人收益是两类不同性质收益的混合与交织,其中控股权正常收益具有相对稳定性,对控制性股东具有激励效应,其载体为由于控制权的存在而使公司价值增值的部分。而控制权超额收益具有"状态依存性",缺乏合理的载体,对公司具有负效应,它随法律保护完善程度而呈现变化。在这两部分收益中,控制性股东所能得到的控制权正常收益相对有限,控制性股东主要通过控股权超额收益去寻求成本的补偿以及自身利益的最大化,这也就是我们从表面上所看到的控制权私人收益的表现形式,即控制性股东对中小股东利益的侵占。正因为如此,无论是在法律保护相对完备的国家,还是法律保护缺失的国家,也无论是我们多么强调保护投资者尤其是中小投资者的利益,控制权私人收益都会存在,而且具有持久性。

二、控制权私人收益的计量方法改进

从我国学者关于控制权私人收益的计量公式的应用中可以看出,股权转让溢价法应用得最多,相对也较为合理。股权转让溢价法的关键是要找到一个合适的基准价格,并用基准价格与控制权转移交易价格进行比较。在我国,应用该方法的关键是用什么指标去代替控制权转移事件宣告后股票的市场价格和如何理解我国被转让的非流通股的市场价值。在第二章的文献综述中可以看到,由于我国股权分置现象的存在,从唐宗明、蒋位(2002)到马磊、徐向艺(2007),在应用股权转让溢价法时,他们均是用每股净资产去调整股权转让宣告后股票价格。Benosa 和 Weisbach 在分析大宗股权交易溢价时指出,在控制权转让过程中,股权受让方所支付的每股价格反映了预期的现金流的价值和控制权的收益,而股票的市场价格只是反映了现金流收益。实际上,对未来预期的现金流的价值包括三部分内容:购买时资产的剩余价值;持有资产期间所得的现金流入(主要以股利的形式流入);出售时资产的增值部分。每股净资产只反映了转让时资产的剩余价值,不能完全反映对未来现金流的预期价值,因此,仅仅用每股净资产去替代股票的市场价格是不完整的。

此外,随着股权分置改革的完成,在后股权分置时代,控制权私人收益有什么新的特点？与之相对应的股权转让出现什么新动向？上述文献并未涉及。

实际上，上述文献所述的调整方法可能与我国当时对非流通股价值的规定有关。上述观点基本上认为每股净资产是我国大多数有偿转让协议中重要的参考指标，主要依据是中国证监会2002年9月28日公布的《上市公司收购管理办法》第34条的规定：要约收购未挂牌交易股票的价格不低于"被收购公司最近一期经审计的每股净资产值"。但是，关于非流通股价值的确认原则，在我国目前的环境下已经发生了变化。2005年6月29日发布的《股份有限公司国有股股东行使股权行为规范意见》第17条规定："转让股份的价格必须依据公司的每股净资产值、净资产收益率、实际投资价值（投资回报率）、近期市场价格以及合理的市盈率等因素来确定，但不得低于每股净资产值。"2007年6月30日发布的《国有股东转让所持上市公司股份管理暂行办法》第24条规定："国有股东协议转让上市公司股份的价格应当以上市公司股份转让信息公告日前30个交易日的每日加权平均价格的算术平均值确定，但不得低于该算术平均值的90%。"这些规定意味着，国有股转让价格将改变以每股净资产为基础的定价机制。因此，现在我们不能仅仅用每股净资产作为非流通股的价值评价指标，而应该考虑对每股净资产进行调整。具体来说，可以用预期的股利和资产增值部分来调整每股净资产，而预期的股利和资产增值部分可用控制权转移前3年的平均净资产收益率来替代。因此，可用每股净资产与控制权转移前3年的平均净资产收益率之和作为调整后的每股净资产，然后用控制权转让价格与调整后的每股净资产之间的溢价来测量控制权私人收益的大小。在调整时，分子分母都应该调整，否则将出现分子与分母的不一致。经改进的控制权私人收益的计量公式为：

$$PBC = \frac{P - (V + C_F)}{(V + C_F)} \times \frac{N_B}{N}$$

式中，P为非流通股转让时的每股支付价格，V为转让的非流通股每股净资产，C_F为控制权转移前3年的平均净资产收益率，N_B为转让的非流通股股数，N为转让公司的普通股总股数。

可以证明该公式的计算原理与Barchay和Holderness（1989）的公式原理相同，推导如下：

$$PBC = \left(\frac{P_b - P_e}{P_e}\right) \times \frac{N_b}{N_e} \Rightarrow PBC = \left(\frac{P_b}{P_e} - 1\right) \times \frac{N_b}{N_e} \tag{9.1}$$

本书改进公式（9.1）：

$$PBC = \frac{P - (V + C_F)}{(V + C_F)} \times \frac{N_B}{N} \Rightarrow PBC = \left[\frac{P}{(V + C_F)} - 1\right] \times \frac{N_B}{N} \tag{9.2}$$

可见公式（9.2）是用（V + C_F）去代替公式（9.1）中的 P_e，而第二章文献中所列举的现有方法并未做到这一点。

第二节　中国上市公司控制权私人收益的计量及影响因素分析

一、研究假设

我国证券市场设立的初衷是为国有企业解困和改革服务，因此，在我国证券市场上，上市公司大部分由国有企业改制而来，为了保持国家对上市公司的控制力，国有股权在上市公司中占据了很大比例。因此，很大一部分上市公司的实际控制人为政府部门。Lin 等（1998）指出转型经济中国有企业的一个主要问题是其承担了政府的经济发展战略、就业、税收、社会稳定等多重目标，由此造成了国有企业的政策性负担。李增泉等（2005）发现，控股股东或地方政府具有支持或掏空上市公司的动机，支持是为了获得配股资格，而掏空则是赤裸裸的利益侵占行为。实际上，在现有的制度环境下，支持的最终目的很可能还是为了掏空，即所谓的"放长线钓大鱼"。夏立军、方轶强（2005）指出由于政府更可能将其社会性负担转嫁给其控制的上市公司，而监管力量和法律约束更难以限制政府权力，从而使得政府对其控制的上市公司具有更强的侵害能力。因此，相对于非政府控制的上市公司而言，政府控制的上市公司的控制权私人收益更高。综合以上分析，本章提出：

假设 1：相对于非政府控制的上市公司来说，政府控制的上市公司的控制权私人收益更高。

Zingales（1994）在分析控制权私人收益的决定因素时指出，法律对小股东权利保护越好，控制权私人收益越小，加强对小股东的法律保护和司法体系的质量，可以在很大程度上减少控制权私人收益，有效地制约控股股东对小股东利益的侵害。La Porta 等（1998、2000）通过对各国的法系研究指出，处于民法系的国家与处于普通法系的国家相比，对中小投资者的保护更为不力，控制权私人收益的水平也更高，大股东侵占行为更为普遍。Nenova（2003）认为，法律对小股东权利保护越好，控制权私有收益越少，这意味着，加强对小股东的法律保护和司法体系的质量可以在很大程度上减少控制权私有收益，有效地制约控股股东对小股东利益的侵害。Dyck和Zingales（2004）的跨国比较研究表明，小股东的法律保护水平越高，司法体系越有效，控制权私人收益水平越低，这个结果进一步支持了La Porta等（2000b）关于法律及司法体系对小股东保护的重要性的结论；此外，新闻和其他传播媒体对大股东的信息披露、投资者受教育水平以及产品市场的竞争性等都有利于抑制控股股东攫取控制权私人收益。

夏立军、方轶强（2005）将La Porta等的跨国比较框架应用到中国各地区的研究中发现，如果上市公司所处地区的市场化进程越快、政府干预越少、法治水平越高，其受到的政府干预程度将会越低，中小股东可能越少受到侵害。因此，他们认为，公司所处地区的市场化进程越快、政府干预越少、法治水平越高，其公司价值越高，并且这种关系在政府控制的公司中更为明显。马磊、徐向艺（2007）认为，我国现行的法律制度对中小投资者的保护程度比法国法系的国家对中小投资者的保护程度还要低，因此必然会导致我国上市公司的控制权具有较高的私有收益。因此，当某地区投资者保护较好、政府干预程度较低时，控制权私人收益就会较低，而且这种好的治理环境会降低政府控制公司的控制权私人收益。由此，本章提出：

假设2：上市公司所处地区的治理环境越好，则控制权私人收益水平越低，并且这种关系在政府控制的上市公司中更为明显。

股权分置改革完成后，实际控制人因支付对价使其拥有的股票获得了流通权，同时导致其持股比例减少，控制权削弱，从而降低对公司的控制地位，减少了控制权私人收益。但是，正如胡天存指出，股权分置改革所解决的只是非流通股的流通性问题，不涉及股权的性质，虽然原来的非流通股东持股比例会有所下降，流通股东持股比例有所上升，但是由于流通股东持股很分散，股权集中度变化很小，一般不会影响公司控制权的基础，上市公司的控股股东仍然掌握公司控制权。而且，在股票全流通的背景下，控股股东乃至实际控制人可以作为投资者进入二级市场，通过操作股价、虚假陈述以及更加隐蔽的关联交易去侵占中小股东的利益。由此，控制权私人收益仍将存在。但总的来说，随着股权分置改革的推进及完成，控制权私人收益应该呈现逐渐降低趋势，两者表现为负相关关系。据此，本章提出：

假设3：控制权私人收益的大小与目标企业是否完成股权分置改革负相关。

二、研究设计

（一）样本选取

本书采用股权转让溢价法研究控制权私人收益的测量问题，该方法的关键是大宗协议转让必须伴随着企业控制权的转移，控制权转移的标准主要是控制权转移所需的转让比例的大小，由于各国的股权集中度不同，获得控制权所需的持股比例也各不相同。Barclay 和 Holderness（1989）要求样本公司的股权转让比例超过被转让企业发行在外的股份总数的 5%。Dyck 和 Zingales（2004）要求转让比例大于或等于企业总股份的 10%，受让方在交易前持有目标企业股份的比例小于 20%，交易完成后持有比例超过 20%。他们对转让比例做如此严格的限制主要是为了保证所选取的大宗股权转让事件能够使企业的控制权从出让方转移到受让方，使得受让方在交易中支付的价格能够真正反映其为获得企业的控制权而支付的价格。

我国上市公司的股权集中度相对较高，要获得企业的实际控制权需要的持股比例也相应的比较高。本书在确认控制权是否转移时基本的要求是：转让比例大于 10%，转让前受让方不是目标企业的第一大股东；持股比例低于 20%，转让后成为目标企业的第一大股东，持股比例高于 20%，即要求该转让使受让方成为第一大股东，从转让前的不掌握控制权到转让后掌握控制权。有些股权转让事件也符合这两个比例要求，但通过查阅其发布的转让公告及股权转让前后十大股东情况，发现并未涉及控制权的转移，对此类股权转让事件予以剔除。因此，本书在选取样本时在上述两个比例的基础上剔除一些比例虽然达到要求，但并未使受让方从非第一大股东变为第一大股东、转让方从第一大股东变为非第一大股东的交易事件。

此外，本章所选取的样本还必须满足以下条件：①股权转让必须是协议转让，不包括通过无偿划拨等形式实现的转让；②由于关联交易显失公允，要求转让交易不是关联交易；③转让事件只是在我国沪深两地 A 股市场发生的控制权转移事件，同时发行 B 股、H 股的上市公司所发生的股权转让事件不作为样本；④转让交易成功；⑤转让交易有明确的交易价格；⑥不包括金融类公司的股权转让交易。

本书利用 CSMAR 中国上市公司治理结构研究数据库（2008 版），选择 2003~2007 年所发生的股权转让事件，共选择了 151 个协议转让事件为研究对象。此外，相关的数据还来自 CSMAR 中国股权分置改革研究数据库（2008 版）、CSMAR 中国上市公司财务指标分析数据库（2008 版）以及公开披露在巨潮资讯网等相关网站的股权转让公告。

（二）模型设计及变量定义

回归分析采用 OLS 方法，同时用 White 的异方差一致估计控制可能的异方差。回归模型为：

$$PBC = \alpha + \beta_1 \times GOV + \beta_2 \times Iedex + \beta_3 \times EDA + \sum \omega_j \times Gontrol\text{-}variables + \varepsilon$$

其中，GOV、Iedex、EDA 为解释变量，Control-variables 代表控制变量。

1. 被解释变量（控制权私人收益，PBC）

$$PBC = \frac{P - (V + C_F)}{V + C_F} \times \frac{N_B}{N}$$

符号含义如前所述，需要说明的是，如果部分公司缺乏 3 年的平均净资产收益率数据，则只取前 2 年或 1 年的数据替代。如果平均净资产收益率为负，则在调整每股净资产时，其值取为 0。此外，为了消除个别异常观测值对回归分析的影响，剔除每股净资产极小的公司。

2. 解释变量

(1) 实际控制人属性变量（GOV）

正如本书第五章指出的，按照中国证监会的要求，我国上市公司从 2001 年开始披露实际控制人资料，对于所选取的样本公司，通过查阅其在相应年度披露的"股本变动及股权情况"确定其实际控制人，按照与第五章相同的做法，在对所披露的实际控制人做部分调整后将实际控制人分为国家控制和非国家控制两类。GOV 为 1 时代表国家控制，GOV 为 0 时表示非国家控制。

(2) 治理环境变量（Iedex）

樊纲等（2001、2003、2004、2006）共发表 4 个关于我国各省、自治区、直辖市的市场化相对进程报告，他们采用政府与市场的关系、非国有经济的发展、产品市场的发育程度、要素市场的发育程度以及市场中介发育和法律制度环境五个指标衡量各地区市场化指数。该指数可以作为一个"制度变量"，在许多理论研究中作为解释体制变革在中国经济效绩的改进中的作用的有效工具。夏立军、方轶强（2005）指出公司治理环境至少包括产权保护、政府治理、法治水平、市场竞争、信用体系、契约文化等方面，并利用樊纲和王小鲁（2003）编制的中国各地区市场化进程数据及其子数据（包括政府干预指数和法制水平指数）构建各地区公司治理环境指数。辛宇、徐莉萍分别使用市场化指数和政府有效性指数作为治理环境的替代变量。借鉴上述做法，同时考虑到资料获取的难易程度，本书选择樊纲等（2006）研究报告中各地区的市场化指数作为治理环境变量，对于股改前的样本公司取 2003 年到 2004 的各地区的市场化指数的平均数，对于股改后的公司取 2005 年的数据，市场化指数越大表示公司治理环境越好。

(3) 股权分置改革变量（EDA）

此变量为虚拟变量，EDA 为 1 时代表转让交易发生在股权分置改革前，EDA

第九章 实际控制人股权特征与控制权私人收益研究

表 9-1 各地区公司治理环境指数

地区	股改前市场化指数	股改后市场化指数	地区	股改前市场化指数	股改后市场化指数	地区	股改前市场化指数	股改后市场化指数
安徽	5.265	6.56	黑龙江	4.33	5.26	山东	6.555	8.21
北京	7.195	8.62	湖北	5.12	6.65	山西	4.2725	5.26
福建	7.83	8.62	湖南	4.8725	6.55	陕西	3.96	4.80
甘肃	3.34	4.44	吉林	4.69	5.89	上海	8.78	10.41
广东	8.79	10.06	江苏	7.7075	9.07	四川	5.645	6.86
广西	4.775	5.82	江西	4.8625	6.22	天津	7.0525	8.34
贵州	3.4575	4.57	辽宁	6.375	7.84	新疆	3.9025	5.02
海南	5.2975	5.54	内蒙古	4.26	5.52	云南	4.165	5.15
河北	5.465	6.41	宁夏	3.685	4.85	浙江	8.72	9.90
河南	4.7425	6.20	青海	2.63	3.84	重庆	6.145	7.23

注：西藏得分分别为 0.825 和 2.50。
数据来源：樊纲、王小鲁、朱恒鹏主编的《中国市场化指数——各省区市场化相对进程 2006 年报告》。

为 0 时表示转让交易发生在股权分置改革后。

3. 控制变量

（1）股权转让比例（BLO）

转让的股份占上市公司总股本的比例越高，它所代表的对该公司的控制权就越高。因此，假定控制权私人收益与股权转让比例呈正向变动关系。

（2）公司规模（Lnassets）

公司规模越大，控制性股东所能控制的资源就越多，从公司资源和其他股东利益中获得的私人收益也会随之增加。另外，公司规模越大，控股股东所付出的管理、监督成本会越高，遭受到法律诉讼风险和声誉损失的可能性会增大。本书假设后者的影响程度大于前者，预计控制权私人收益的大小与公司的规模呈负相关关系。

（3）净资产收益率（ROE）

ROE 用来衡量公司的财务状况。目标公司的财务状况越好，公司的获利越强，受让方就有可能获得较高的控制权私人收益。反之，处于财务困境的公司，受让方要付出更多的时间、精力去监督管理人员和参与企业决策。因此，预计控制权私人收益与目标公司的财务状况呈正相关关系。

（4）资产负债率（Leverage）

资产负债率用来衡量公司的负债水平。债务还本付息的强制性约束会导致企业持续的现金流出，这会减少企业持有的自由现金流，使控股股东无法把更多的现金投向有利于他获取私人收益的项目上，从而在一定程度上限制控股股东对中小股东的侵害。因此，假设控制权私人收益与企业的负债水平负相关。

(5) 年度 (Yeari)

年度变量主要是为了控制公司年度间差异,将 2003 年度选为参照系,i 取 1 表示 2004 年度的样本公司,i 取 2 表示 2005 年度的样本公司,i 取 3 表示 2006 年度的样本公司,i 取 4 表示 2007 年度的样本公司。

(6) 行业类型 (Industryi)

行业类型用以控制行业因素对公司价值的影响。中国证监会 2001 年颁布的《上市公司行业分类指引》中将上市公司分为 13 个行业,剔除金融类后,样本公司的行业类型共计 12 类,以综合类上市公司为参照系,设置 11 个行业控制虚拟变量,即 $Industry_1 \sim Industry_{11}$。当然,本章中所选的样本并没有在所有行业中都有代表。

由于篇幅关系,本章在结果中未列示年度和行业控制变量的回归系数及显著性水平。

三、实证分析

(一) 描述性分析

表 9-2 全部样本的描述性统计

变量	均值	中位数	最大值	最小值	标准差
转让比例 (%)	30.20004	28.68000	69.77000	12.77000	10.90854
每股转让价格	2.567299	2.150000	7.969000	0.145000	1.477951
转让前每股净资产 (元)	2.190101	1.770932	6.415914	-2.511875	1.440693
转让前净资产收益率	-0.038971	0.031234	0.711753	-2.450578	0.310980
转让前持股比例 (%)	38.57774	35.00000	84.97000	13.25000	15.37248
转让后持股比例 (%)	32.39204	29.04000	73.28000	20.00000	10.99911
流通股比例 (%)	37.96432	36.84000	79.71000	7.210000	13.08310
转让前最近一期的总资产 (元)	1.18E+09	7.88E+08	8.68E+09	55794125	1.47E+09
治理环境指数	5.918105	5.53	10.41	0.825	1.584231
控制权私人收益	0.086423	0.004485	1.112617	-1.358298	0.278892
每股控制权私人收益	0.261824	0.015764	3.937822	-2.713391	0.812264
样本数	151	151	151	151	151

从表 9-2 中可见,控制权转移所需的股权转让比例平均为 30.2%,最小为 12.77%,最高为 69.77%,超过国外控制权转移比例,Barchay 和 Holderness 估算的控制权转移比例平均为 20.7%,最高为 63.4%,说明我国上市公司的股权比例尤其是在股权分置改革前的股权比例比较集中。每股控制权私人收益平均为 26.18%,总的控制权私人收益平均为 8.64%,均高于发达国家水平,说明我国控

股股东侵害中小股东权益的现象还是很严重。净资产收益率平均值为-3.897%，业绩较差的公司更可能被转让。

表 9–3　不同类型、不同时期公司的控制权私人收益

类型	均值	中位数	最大值	最小值	标准差	样本量
国家控制	0.317214	0.052895	3.817822	-1.335641	0.876847	73
非国家控制	0.148786	0.011658	2.039779	-2.534349	0.975198	78
股改前	0.298214	0.022497	2.937822	-1.527941	0.766247	72
股改后	0.168986	0.018254	2.357744	-2.713341	1.145102	79

从表 9–3 中可见，国家控制公司的控制权私人收益平均为 0.317214，非国家控制公司的控制权私人收益平均为 0.148786，国家控制公司的控制权私人收益大于非国家控制公司的控制权私人收益。股权分置改革后的控制权私人收益低于改革前的控制权私人收益水平，说明我国现在推行的股权分置改革对中小投资者的保护程度有所提高。比较股权转让前后控股股东的持股比例，发现转让后控股股东持股比例有所降低，"一股独大"现象有所缓解，股权分置改革及国家颁布的一系列法规法律开始生效。

为防止可能出现的共线性问题，我们计算各变量之间的相关系数矩阵，如表 9–4 所示。

表 9–4　解释变量的相关系数矩阵

变量	GOV	Index	BLO	Lnassets	ROE	Leverage	EDA
GOV	1.000000	0.10084	0.170290	0.166870	0.138835	0.165198	0.251493
Index	0.10084	1.000000	0.280662	0.281597	0.245544	0.284829	0.189888
BLO	0.170290	0.280662	1.000000	0.199434	0.104274	0.198503	0.269670
Lnassets	0.166870	0.281597	0.199434	1.000000	0.104118	0.197693	0.267005
ROE	0.138835	0.245544	0.104274	0.104118	1.000000	0.116765	0.139015
Leverage	0.165198	0.284829	0.198503	0.197693	0.116765	1.000000	0.175157
EDA	0.251493	0.189888	0.269670	0.267005	0.139015	0.175157	1.000000

可见，各变量之间的相关系数不高，不存在变量的多重共线性问题，能够用来作为解释控制权私人收益的影响因素。

（二）回归分析

回归分析采用 OLS 方法，同时用 White 的异方差一致估计控制可能的异方差。模型 1 中解释变量为 GOV，模型 2 中解释变量为 Index，模型 3 中解释变量

是 EDA，模型 4 中解释变量是 GOV、Index 和 EDA，控制变量均为 BLO、Lnassets、ROE、Leverage、Year 和 Industry 六个变量。

表 9-5　样本公司的多元回归分析

变量	预期符号	模型 1	模型 2	模型 3	模型 4
常数项	?	21.46704*** (3.150285)	20.60943*** (3.326236)	21.33339*** (3.07803)	20.69993*** (4.40366)
GOV	+	0.018585*** (3.25923)			0.026892*** (4.815715)
Index	−		0.027890*** (5.013489)		0.388759** (1.062166)
EDA	+			0.671404*** (2.898398)	0.204941*** (3.721358)
BLO	+	0.027904*** (5.004906)	0.343323** (0.827758)	−0.715516*** (−4.072588)	−0.702009*** (−4.233924)
Lnassets	−	−0.838392*** (−12.81158)	−0.907198*** (−14.22416)	−0.862969*** (−13.36588)	−0.838855*** (−12.82929)
ROE	+	−0.146758*** (3.260874)	−0.149336*** (3.323194)	−0.142679*** (3.188347)	−0.838855*** (−12.82929)
Leverage	−	0.849035 (0.205571)	0.849836 (0.214402)	0.870711 (0.309056)	0.876213 (0.335023)
Year	?	控制	控制	控制	控制
Industry	?	控制	控制	控制	控制
样本数		151	151	151	151
F 值		47.55910***	48.40202***	45.30761***	41.60251***
调整的 R^2		0.497903	0.486653	0.406645	0.494669

注：括号内数值为 t 值，***、** 和 * 分别表示在 1%、5%、10%的水平上统计显著。

结果分析：模型的调整的 R^2 在 0.40 以上，F 值都在 1%水平上显著，DW 检验通过，说明模型的整体拟合效果较好，模型能够解释控制权私人收益的变化。在模型 1 和模型 4 中，GOV 的系数为正，且在 1%的水平上显著，说明国家控制公司的控制权私人收益大于非国家控制公司的控制权私人收益。而且，根据本书对控制权私人收益的计算方法，控制权私人收益由控制权转让溢价衡量，在国有股的协议转让中，与非国有收购方相比，国有收购方的收购决策可能受到更多的行政干预，收购的比例更接近原控股方的持股比例，因此出价会更高，表现出较高的股权转让溢价。因此，假设 1 成立。在模型 2 和模型 4 中，Iedex 的系数为负数，且均在 1%的水平上显著，说明上市公司所处地区的治理环境越好，公司的控制权私人收益越低，符合理论预期。在模型 3 和模型 4 中，股权分置改革的系数为负，且均在1%的水平上显著，说明股权分置改革能够有效地遏制控股股东的私人收益，股权分置改革的推行降低了控股股东的持股比例，控股股东的控制权溢价减小，假设3成立。

关于控制变量，在模型1到模型4中，股权转让比例的系数为正，且在1%的水平上显著，说明股权转让比例越高，转让方即新的控股股东从控制权中所能获得的私人收益就越大，股权转让比例与控制权私人收益之间呈现正相关关系。公司规模的系数为负，且均在1%的水平上显著，说明公司的规模与控制权私人收益之间呈负相关关系，公司规模越大，公司运作相对比较规范，信息相对透明，中小股东面临的信息不对称现象不是太严重，控制权私人收益相对较少。净资产收益率的系数为负，且均在1%的水平上显著，表明公司的净资产收益率与控制权私人收益负相关，结果与假设相反。对样本公司进行分析，发现越是财务状况不佳的公司越是可能被转让，且可能出现多次控制权易手现象，在多次转让过程中，控股股东攫取到相当多的私人收益。而且在我国资本市场上，通过收购财务状况不佳的上市公司可以获得上市公司的壳资源，通过资产置换和二级市场的操作获取超额回报。因此，由于我国特殊的上市发行制度，上市公司壳资源的紧缺状况导致绝大多数公司"买壳上市"，使得受让方可以通过关联交易、配股或增发资格等获得较高的私人收益。资产负债率的系数为负，但t统计量偏低，相应的P值较高。即公司的负债状况与控制权私人收益之间不存在显著的负相关关系表明在我国债务约束没有起到限制控股股东对中小股东利益侵占的作用，债务治理功能无效。

（三）稳健性分析

为了增强结论的可靠性，对控制权转移的标准做如下规定：转让比例大于10%，转让前受让方不是目标企业的第一大股东；持股比例低于30%，转让后成为目标企业的第一大股东，持股比例高于30%。并且把樊纲等（2003、2004、2006）研究报告中所披露的各地区的政府干预指数和法治水平指数作为治理环境的替代变量。采用OLS方法进行回归分析，结果表明表9-4中的结论没有实质性改变。

第三节 本章结论

本章以2003~2007年我国上市公司发生的协议转让中所涉及的控制权转移事

件为研究对象,应用大宗股权转让溢价法估计我国上市公司的控制权私人收益水平,并分析其影响因素。实证结果表明我国上市公司控制权私人收益的规模较大,平均每股控制权私人收益为 26.18%,总的控制权私人收益平均为 8.64%,均高于发达国家。随着股权分置改革的推进,控制权私人收益有所降低,说明股权分置改革后控股股东的持股比例有所降低,削弱了控股股东对公司的控制地位,使其控制权私人收益减小,股权分置改革有助于遏制控股股东对中小股东的利益侵占,这一制度设计是好的。控制权私人收益的大小与实际控制人的属性有关,国家控制公司的控制权私人收益大于非国家控制公司的控制权私人收益,而且,控制权私人收益与公司所处地区的治理环境有关,治理环境越好,控制权私人收益越低。这一结论说明遏制控制权私人收益需要从根本上改善我国上市公司的治理环境,减少政府对企业的干预,加强中小投资者的法律保护。对于理论研究来说,有必要把研究重心转移到影响控制权私人收益的根本因素上来,加强对公司治理环境的分析。此外,控制权私人收益的大小也与股权转让比例、公司的规模与公司的财务状况相关,股权转让比例越高,公司规模越大,财务状况越差,控制权私人收益越高。而公司的负债状况与控制权私人收益不存在显著的相关关系,说明我国目前公司治理中债务治理功能弱化。

第十章　我国上市公司股权结构的优化路径

第一节　后股权分置时代对实际控制人监管的新思路

从前面章节对实际控制人的实证分析可知,我国实际控制人从大的方面来说分为国家控制和非国家控制两类。在国家控制中,国资委是目前主要的实际控制人,相对于其他国家实际控制人而言,它的运作也较为规范。在非国家控制中具有代表性的且占大多数的是民营企业。因此,本章主要对这两类实际控制人的监管提出一些监管建议。

各级国有资产管理部门,特别是地方国资委和地方其他政府部门出于促进地方经济发展,扩大税收和安置就业,提高地区GDP水平的考虑,往往乐于增加上市公司的数量,因此,在多数情况下对于公司上市以支持为主,并给予税收等优惠政策,对面临困境的上市公司采取如资产重组、债务重组等拯救措施。在"三级架构"的国有资产管理体制中,国有资产中介经营公司大多是所出资企业的直接控股股东,对于国有资产中介经营公司来说,可能更注重上市公司的融资功能,希望把融通的资金在企业集团范围内统筹安排,因此更有可能存在占用上市公司资源的动机。

随着股权分置改革的完成、资本市场价值发现功能的挖掘以及国资管理体制改革的深化,市值考核将成为今后国资管理的发展方向。在市值考核的压力下,国资管理部门与控股股东之间可能出现"博弈"情况,由此可能导致国有控股股东利用或创造各种条件拉抬股价,实现既定的市值目标,以达到国资管理部门的要求。从这个角度讲,作为实际控制人的国资管理部门与国有控股股东之间的利益和行为可能发生一定的偏离。因此,对于国资委的监管重心主要是规范其机构建设，完善其激励机制，明确其职能定位，防止出现新的政企不分、政资不分。

民营上市公司的实际控制人一般为自然人，其对所控制的上市公司大多采用高度集权的管理模式，实际控制人是说一不二的领导者和控制者，因此即使上市公司与实际控制人之间相隔有直接控股股东，这些直接控股股东也是完全受实际控制人控制。也就是说，民营企业的实际控制人和控股股东在动机和行为模式方面基本一致。因此，对于民营上市公司实际控制人的监管重心主要是防范其侵占广大中小股东的权益。

一、后股权分置时代实际控制人的不当行为

（一）后股权分置时代实际控制人与上市公司关系的变化

股权分置改革完成后，我国资本市场不再存在流通股与非流通股的区分，这一深刻的制度变革给资本市场中的主体带来相当大的影响，作为资本市场重要参与主体之一的实际控制人的行为也难免发生改变。但作为理性经济人的实际控制人，其追求自身利益最大化的目标并未改变。在后股权分置时代，实际控制人的获利方式较股权分置前有了改变，其获利方式主要有以下三种：①分红。基于所持股权从上市公司经营成果中所取得的投资性权益或回报。在这种方式下，实际控制人通过选派管理层，控制公司经营管理，按照持股比例获得分红收益。在这种方式下，中小股东实际上也能分享企业的经营成果。②资本利得。基于所持股权本身的增值或溢价转让所获取的资本利得。这种方式是股改后实际控制人新增的盈利方式。由于信息不对称的客观存在，巨大的经济利益促使实际控制人有强烈的通过操纵股价获得收益的冲动，而其可能的虚假披露恶意炒作的行为会对中小股东利益造成损害。③控制权私人收益。基于所持股权对上市公司的控制权转移所控制的公司资源，获取超过股权比例的收益。在这种方式下，实际控制人可能会违规滥用其控制地位，掏空上市公司，损害中小股东利益。

由于获利渠道的改变，实际控制人与中小股东以及上市公司的关系发生重大变化，表现在以下方面：

1. 后股权分置时代实际控制人与上市公司股价关系的变化

后股权分置时代实际控制人的股份在满足限售条件后可以在二级市场上流通，从而使其对二级市场股价具有较高的敏感度。出于不同的动机，实际控制人在不同的市场情况下与上市公司股价关系的变化呈现出复杂化的特点。根据实际

控制人意愿与股价走势的关系，可以分为如下三类：

（1）实际控制人希望"做多"上市公司，抬升二级市场股价

不同类别实际控制人"做多"上市公司的动机可能有差异：作为国有股东实际控制人的国有资产管理部门可能出于国有资产考核的目的，希望实现国有上市公司市值的扩大；而作为非国家控制公司实际控制人的自然人等则可能希望私有财富在二级市场实现迅速膨胀，或希望做高股价后在高位减持牟利。

做多股价的行为和动机有合法与非法之分：合法的"做多"包括整体上市、资产注入、增资扩股、高比例送配等；非法的"做多"则包括市场操纵、虚假陈述、关联交易、财务造假等。值得注意的是，合法与非法的"做多"与实际控制人的国有或民营身份并不具有必然联系，例如，普遍认为国有股东以整体上市、资产注入等方式做多上市公司是值得赞许的，但并不能排除某些觊觎国有资产的主体，通过内外勾结，做高国有上市公司市值，做大"蛋糕"，实现其瓜分或侵吞国有资产的非法目的。

（2）实际控制人希望上市公司股价下跌或在低位运行

在以下情形下，实际控制人希望股价下跌或至少保持在低位运行：①实际控制人希望在低价位增持上市公司股份；②实际控制人在高位减持套现后希望在低位接回筹码；③实际控制人出于并购重组的特殊目的希望压低股价；④在实施股权激励的上市公司，实际控制人希望以低价授予高管股权；等等。

实际控制人可以采取多种方式做低股价：大量减持股份；操纵盈余管理；发布利空消息；与其他主体勾结，在二级市场从事操纵活动，等等。

（3）实际控制人希望股价保持稳定

在特殊情况下，实际控制人希望股价保持稳定，既不希望其过度上涨，也不愿意其过分下跌。例如在以定向增发等方式向上市公司注入资产时，实际控制人希望股价稳定在增发价附近，如果过度下跌，则实际控制人和增发对象会遭受损失；如果股价过分上涨，则增发方案被监管机构否决的可能性很大（如高盛入股美的电器、华远入主ST幸福相继被否）。又如在借壳上市、重大资产重组或兼并收购的情况下，实际控制人不希望股价有异动，以免引起监管机构或公众的关注，导致上市、重组或并购方案遭遇波折。

2. 股权分置时代实际控制人与上市公司关联交易的变化

股改之前实际控制人持有的股份不能在二级市场上直接流通，因此其获取收益的渠道只能是股权的协议转让。受协议转让的成本、程序、受让方、流动性等因素的制约，股改前实际控制人几乎不能获取到股权收益。在这样的背景下，实

际控制人只能通过关联交易等隐蔽途径来获取收益①。

后股权分置时代,实际控制人和上市公司的关联交易不会因实际控制人股份流通性质的变化而消失,但是,由于实际控制人盈利方式的变化,关联交易本身在形式和手段上出现若干变化:①资本市场的盈利放大作用将刺激实际控制人通过关联交易等方式向上市公司输送利润,以拉升二级市场股价,获得超额资本利得。②上市公司向实际控制人增发股份,用以收购实际控制人资产,成为一种普遍的关联交易模式。增发与收购的"买"与"卖",形成了双重关联交易,其增发价格、增发时机、资产素质、资产定价、资产评估等诸环节可能存在诸多猫腻,可能形成新型的隐蔽的利益输送或掏空模式。③无法通过股改的公司被边缘化,丧失再融资资格,实际控制人通过关联交易掏空上市公司,再伺机将"烂包袱"抛给下家或市场的风险可能增加。通过股改的公司的实际控制人可以关联交易方式操纵公司盈余管理,如在禁售期通过关联交易减少利润,禁售期结束通过关联交易放大利润,从而影响二级市场股价,减持套利。④为了规避公司法和新会计准则对关联交易的规制,实际控制人刻意将关联交易复杂化、隐蔽化,如增加关联方的控制层次,将原先为直接控制或影响的关联方,转变为由中间企业间接影响和控制关联方,甚至出现表面上没有关联关系的一方或多方从中间衔接,使关联交易更加难以辨认。

3. 后股权分置时代实际控制人市场交易行为的变化

股份全流通后,二级市场交易成为实际控制人谋利的主要手段,实际控制人在交易方向、交易动机和交易方式等方面,与全流通前存在质的区别:

(1) 交易方向的变化

股改之前,实际控制人所持股份不能在二级市场流通,因此实际控制人股份不能直接在二级市场出售,但并未禁止实际控制人在二级市场的买入行为,因此实际控制人在二级市场的交易以买入为主。进入全流通时代,实际控制人解除限售条件的股份可以在二级市场出售,实际控制人也仍然可以根据需要在二级市场买入股份,因此实际控制人在二级市场与其他主体一样,处于买卖自由的状态,但从既有的数据来看,由于我国上市公司的实际控制人持股比例较高,没有为维系控制权而增持股份的必要,因此除非在爆发并购战的情况下,实际控制人在二级市场的增持行为较少,交易方向以卖出的减持行为为主。

---

① 具体来说,股改前实际控制人通过关联交易获取利益的方式主要有:上市公司通过实际控制人销售商品,销售后实际控制人将货款滞留形成对上市公司的应付账款;实际控制人将实物资产、无形资产、土地使用权、股权等以高价出售给上市公司;实际控制人与上市公司之间进行不公平的资产置换或资产重组,从上市公司攫取金钱收益;实际控制人通过委托贷款或理财的方式从上市公司拆借资金;等等。

据统计，我国 A 股市场 2007 年前三季度实际控制人在二级市场的股份增持量为 54233.6963 万股，股份减持量则高达 440184.7812 万股，减持数量是增持数量的 9 倍，创下历史新高。

表 10-1　A 股市场实际控制人的二级市场交易情况

时间 \ 项目	增持股份数（万股）	减持股份数（万股）	交易总量（万股）
2005 年前三季度	90026.1678	4224.1918	94250.3596
2006 年前三季度	658434.6748	33202.8758	691637.5506
2007 年前三季度	54233.6963	440184.7812	49448.4775

（2）交易动机的变化

股改前实际控制人在二级市场的交易以买入为主，交易动机较为单一，多出于保持或增强其在上市公司的控制权。例如，2006 年邯钢股份控股股东邯钢集团公告称，截至 2006 年 9 月 12 日，邯钢集团已累计增持公司股份 141873567 股，占公司总股本的 5.085%，邯钢集团共计持有公司股份比例达 63.58%。舆论普遍认为，邯钢集团的增持行为意在对抗宝钢集团及其两家全资子公司早先在二级市场大量买入邯钢股份及认股权证的行为。

股份全流通后，实际控制人的交易动机趋于多元化。从交易方向看，既有以保持和加强控制权为目的的增持动机，也有套现出局或换筹谋利的减持动机；从行为法律性质看，既有依据法律规则以谋取正当利益的合法动机，也有以内幕交易、操纵市场谋取不正当利益的非法动机；从股价动向看，既有"做多"股价以减持套现的动机，也有砸低股价、低位接筹的操纵动机，还有稳定股价以利再融资的抑价动机。交易动机的多元化反映了全流通时代实际控制人交易行为的复杂性，同样的交易行为，在不同动机的驱使下，可能对市场产生不同的影响。

（3）交易方式的变化

在股权分置时代，实际控制人对二级市场股价不具敏感性，因此其在二级市场的交易多以自身名义直接进行，无须假借其他中介，因为其并不担心二级市场的涨跌对其实际利益的影响。但股份全流通后，情况发生了很大的变化，由于实际控制人与二级市场股价建立了共同的利益关联，其在二级市场的显性交易行为将受到更多关注，对股价具有显著影响，因此实际控制人在二级市场的交易可能更多地采取代理人交易或隐性交易等间接交易方式进行。这些方式可能有：①通过上市公司进行交易。由于上市公司管理层由实际控制人委派，某种程度上是实际控制人意志的具体体现，因此实际控制人的一些交易活动可以通过上市公司的交易行为加以实现。例如,实际控制人若觉得股价低估,欲提升股价,可通过上市公司以公开市场回购等手段推高股价,其效果与实际控制人直接在二级市场增持是类似的。②通过一致行动人进行交易。实际控制人可以通过控股、协议、其他安排,控制或支配与其有利益关联的公司、个人或账户从事间接交易。一致行动人交易可以有效地隐蔽实际控制人的真实交易意图,规避监管机构的监督,使实际控制人的战略意图得以顺利实现,或增加实际控制人的资本利得①。③利用他人账户进行交易。我国证券交易实行账户实名制,证券法明确禁止利用他人名义的证券交易行为,实际控制人利用他人账户的交易行为,往往出现在内幕交易、市场操纵等特殊的违法违规情况下。利用他人账户与一致行动人的差异在于,一致行动人是在与实际控制人的共同通谋下以自身的名义行事,而利用他人账户交易中实际控制人并未假借他人之手,而是借用他人名义直接从事交易行为。两者同样危害市场的健康发展。

(二) 后股权分置时代实际控制人的不当行为表现

上市公司独立运作是公司治理的一项基本要求。目前,我国大部分上市公司在形式上基本与实际控制人和控股股东实现了"五分开"②,但仍有相当一部分上市公司在人事任免、机构设置、重大决策、对外投资等方面直接或间接受制于实际控制人或控股股东,不能完全独立,影响了上市公司的正常经营运作,不利于保护投资者特别是中小投资者的合法权益。根据第五章和第六章的分析,在后股权分置时代,实际控制人对上市公司的不当行为可以概括为以下几个方面:

1. 上市公司的财务决策扭曲

一些上市公司的控股股东及实际控制人利用其优势地位,操控上市公司,实施不符合公司利益和长远发展的对外投资、大比例分红等行为。具体表现在以下方面:①实际控制人或控股股东要求上市公司实施与上市公司主营业务无关联或关联度很低的投资,或要求上市公司对实际控制人或控股股东资产质量不高的控股企业进行增资,变相占用上市公司资产。这种投资行为的目的不是使上市公司利益最大化,极有可能损害上市公司及中小股东的权益。②一些实际控制人(尤

---

① 实践中常见的一致行动交易有:实际控制人通过控股的公司从事交易;实际控制人通过关联公司从事交易;实际控制人通过其董事、监事、高管从事交易;实际控制人通过与其存在融资、合伙、合作、联营等关联的组织和个人从事交易;实际控制人通过其母公司从事交易;实际控制人通过交叉持股的公司从事交易;实际控制人通过其他有利益关联的主体从事交易。

② "五分开"是指上市公司与大股东应实行人员、资产、财务分开,机构、业务独立,各自独立核算,独立承担责任和风险。

其是民营上市公司的实际控制人）借上市公司第一次利润分配的机会，操纵上市公司进行大比例的现金分红，大肆套现。上市公司为此要在以后的经营中支付较高的资金成本，增加融资风险。

2. 上市公司间的关联交易不规范

部分上市公司的实际控制人及其关联企业与上市公司进行不公允的关联交易，或将关联交易非关联化，向上市公司输送利润以抬升股价。部分上市公司与实际控制人及其他关联方关联交易频繁，占用经营性资金情况仍然存在。个别公司主要原材料依赖关联企业供应，持续性关联交易大，公司与实际控制人存在同业竞争关系，对其经营构成不利的影响。

3. 上市公司的独立性缺失

由于管理体制的不完善以及高管市场化选聘机制尚未建立等因素的影响，部分控股股东和实际控制人尤其是国有上市公司的实际控制人对上市公司实施"超强控制"，以行政化方式替代市场化运作，干预上市公司的高管任免和经营运作，甚至实施全面管理控制，导致上市公司独立性严重不足。具体表现为：①高管任免不独立。囿于"党管干部"等人事管理体制，一些国有控股上市公司的高管人员任免需经国资委同意，甚至需要组织部门任命。部分大型国有控股上市公司的高管仍有行政级别，政府在人事任免上发挥决定性作用。由此引发的一个突出问题是高管兼职①。②公司经营运作不独立。公司经营运作严重依附于控股股东乃至实际控制人。一些地方国资部门要求，上市公司的资金运用、重大项目甚至日常经营事务都必须在征得国资管理部门的同意后，董事会才能作出决议。部分上市公司在主营业务方面对实际控制人及关联企业存在较强的依赖性，公司独立运营的能力较弱。

4. 实际控制人的信息披露不完整

在实际控制人的控制下，部分上市公司无视中小股东和潜在投资者最大限度掌握公司治理及公司经营状况的信息需要，仅根据监管部门制定的强制信息披露准则作最低限度的披露，或违规向控股股东或实际控制人提供未公开信息，客观上导致上市公司实际控制人与小股东之间、上市公司与外部投资者之间存在明显的信息不对称。表现为：①定期报告中不按要求对实际控制人情况做真实披露。一些上市公司将实际控制人等同于控股股东进行披露，或将中间控制人、名义控

---

① 高管兼职现象在 2009 年 5 月 1 日即将实施的《企业国有资产法》第二十五条中有新的规定："未经履行出资人职责的机构同意，国有独资企业、国有独资公司的董事、高级管理人员不得在其他企业兼职。未经股东会、股东大会同意，国有资本控股公司、国有资本参股公司的董事、高级管理人员不得在经营同类业务的其他企业兼职。"

制人披露为实际控制人;一些上市公司虽披露了实际控制人,但对其持股情况、在上市公司和其他企业中的任职情况、关联公司业务与上市公司是否有关等重要信息披露不详;在多个自然人共同出资设立目标公司再控制上市公司的情况下,部分上市公司对共同控制人的出资金额、出资比例及其关联关系未做披露,投资者难以判断谁是真正的实际控制人。②重大事项发生后信息披露不及时。比较突出的现象是在重大资产重组或控制权转让过程中信息披露不及时,严重损害投资者的知情权。③选择性信息披露行为突出。由于管理体制、经营模式等原因,一些控股股东和实际控制人要求上市公司定期或不定期地向其提供未公开信息,包括:定期上报未公开披露的财务资料和其他重要经营信息;提前上报年度预算、经营投资计划,重大事项先向实际控制人报批再履行决策程序或信息披露义务;与实际控制人信息系统联网或共用一套财务系统,实际控制人可以直接查阅上市公司内部的财务信息与业务信息。这些行为严重损害信息披露的公平性,引发内幕交易、市场操纵等问题,无法保证相关信息及会计核算的准确性与保密性。

二、后股权分置时代对实际控制人的监管思路

根据本书前面章节对实际控制人的分析以及实际控制人包括控股股东在股改后对上市公司和广大中小股东的不当行为的分析,本节提出"区别对待,分类监管"的监管思路,即不同类型的实际控制人,由于其在国家经济中的地位、作用、比重不同,其对中小股东利益侵占的动机、行为不同,对其监管政策也应该有所差异。国家控制的实际控制人的监管问题关键是规范其机构建设,并完善其激励机制。而对于非国家控制的实际控制人主要是抑制其关联交易等侵占中小股东的行为。目前,国家控制中国资委与所出资企业的关系较之其他政府部门处理得较好,因此,本书主要分析对国资委的监管以作为对其他政府部门的借鉴。

(一)对国家实际控制人的监管

1. 国资委的职能定位

规范国资委的机构建设与对其职能的定位密切相关。关于国资委的职能定位,在《企业国有资产监督管理暂行条例》规定:"国有资产监督管理机构根据授权,依法履行出资人职责;国有资产监督管理机构不行使政府的社会公共管理职能。"代表性的观点有以下两种:一是管理国有资产的特殊法定机构,它不再是政府的行政机关;二是履行出资人职责,行使国家所有权的"老板"。郭复初教授(2005)从分析国民经济中各种组织的性质入手提出国资委的二重属性,本书基本认同该观点。也就是说,分析国资委的职能定位可从经济组织的性质入手。

第十章 我国上市公司股权结构的优化路径

一般来说，国民经济中各种组织按其性质不同可分为经营性组织和行政事业组织（非经营性组织）两类。但正如在公共产品与私人产品之间还存在半公共产品一样，在这两类组织之间，也存在着既具有经营性，又具有行政事业性的二重性机构，这类机构可称为半行政事业单位的特殊经济组织。目前的国资委正属于这类组织，它一方面受国务院及地方各级政府委托行使国有资产监督权利，对违反国有资产管理法律与法规的个人和组织进行检查、揭露与处理，并有权制定一些贯彻国有资产基本法的行政规章制度，这属于行政事业性；另一方面，它又具有一般出资人具有的所有者权利、责任与利益，这属于经营性。当然，国资委的发展方向还是要做"干净的出资人"，做国有股东的控股股东或者是国有股东控股股东的控股股东，甚至是其他股东的控股股东[①]。

2. 国资委的约束机制存在的问题

分析国资委目前的机构设置以及它与其他职能部门的关系，发现在约束国资委方面尚存在一定问题。主要表现在以下方面：

（1）约束主体不到位，内部、外部监督机构不健全

目前，国务院国资委的机构除了管理机构以外，其职能部门主要包括：企业领导人员管理一局、企业领导人员管理二局、政策法规局、业绩考核局、统计评价局、产权管理局、规划发展局、企业改革局、企业改组局（全国企业兼并破产和职工再就业工作办公室）、企业分配局十个部门，尚未建立起权力机构、决策机构、监管机构与执行机构四权分立的相互制衡的公司制的治理结构模式。

（2）行政干预行为时有发生，"越位"现象仍然存在

国资委在"管资产、管人、管事"中，存在一定的行政干预和行政审批式的管理，这是国资委将政府过去分散管理的职能及相应的机构"撮合"起来的结果，其组建过程决定了其难以摆脱体制惯性和思维定式的桎梏，容易把行政机关固有的作风、习惯等带入工作中。同时，国资委由于权力没有受到有效的制约，很容易干预所出资企业的生产经营自主权。2004年，国务院国资委对中国联通、中国移动、中国网通、中国电信四家已经实施股权多元化的国有大型上市公司所作的人事任免被认为是政府行政干预的做法，有违市场法则。

（3）寻租现象存在

当前，国有企业"内部人控制"现象普遍存在，但是，应当看到，"内部人

---

① 2007年《中国上市公司市值年度报告》指出，2007年国有资本参股民营企业取得了惊人回报。在564家民营上市公司中，共有国有资本参股533.25亿，占到民营控股上市公司总股本的22.87%。这部分股权在2007年共实现了1.61万亿元的增值水平，相应增幅为54.43%，是国有控股企业市值增幅的1.8倍。

控制"现象的产生与"外部人控制"有密切关系,"内部人控制"现象没有"外部人控制"是不可能产生的。在国有大中型企业中,外部人在一定程度上是主导力量。因此,外部人可以通过内部人进行寻租活动,在缺乏有效约束机制的情况下,外部人可能抵挡不住"糖衣炮弹"的袭击,通过内部人捞取个人财富,造成国有资产流失。近年来,国资委工作人员腐败案件时有发生,据2007年4月3日《湖南日报》(何淼玲、苗霞,2007)报道:原湖南省国资委党委书记周政坤被免职,其在担任郴州市市长、省国资委党委书记期间,利用职务便利谋取私利,严重违反党的纪律,造成国有资产的严重流失。虽然这只是个例,但它反映出寻租现象在国资委部门内确实存在。

3. 国资委的监督机制的构建

针对以上存在的问题,本书认为应从外部监督和内部监督两个方面入手构建监督国资委的体系,而且,外部监督机制的有效性甚至优于内部监督机制,具体到机构建设,本章提出以下设想:

(1) 外部监督机构的设想

剥离国资委的行政监督职能,整合各种监督资源在人民代表大会下面设立国有资产监督委员会,作为代表全国人民利益的、超越行政部门与集团利益的国有资产所有权处置最高机构,它担当国有资产管理的委托人,行使国有资产的终极监督权。其职责主要是对国资委主要成员的任命、监督和罢免的权力,国资委主任及其主要成员的任命应该实行"政府首脑提名,国有资产监督委员会任命"的制度。同时,国有资产监督委员会负责制定国资监管方面的法律,以便统一评价与考核国有资产业绩,统一向人民报账。此举有助于实现管理与监督分离的原则,并严格保持监督的独立性。

此外,政府也要发挥其他外部监督机构的作用,如审计监督、司法监督,尤其是新闻监督和公民监督。随着我国民主化进程的加快、网络的普及,媒体和舆论对国资委的压力日渐增多。2004年国资委对四大电信运营商所作的高层对调引起媒体和舆论的质疑,媒体和舆论代表的是主体的民意,媒体和舆论的监督体现民众对国家和自身利益的关注。对媒体和舆论的重视和尊重程度体现出国资委是否真正贯彻"执政为民"的思想。近年来,国资委与媒体的互动比以往频繁了一些,如通过新闻发布会和答记者问向公众传达信息的形式正在制度化,但国资委与媒体的事前沟通还可以进一步加强。

(2) 内部监督机构的构建

作为国有资产出资人代表,国资委自身应当进行内部监督机构的设置。在将国资委的监督职能剥离的基础上,强化其管理职能。可考虑在政府下设立若干国有资产管理委员会，国有资产管理委员会不仅仅限于经营性国有资产，它可以包括非经营性国有资产以及资源性国有资产，具体来说可以分别设置国有产业资本、国有土地资本、国有金融资本[①]和其他国有资源性资产管理委员会。各类国有资产管理委员会对国有资本的日常管理负责。在中央与地方的层次上，根据需要可以采用二层次或三层次，既可以直接控股，也可以通过国有资产经营公司间接控股。这样设置的宗旨是坚持国有股东（出资人）的角色还是要由政府及其代理人来担当。

在内部监督机构上，考虑在国资委现有管理职能机构之外将原有内部行使监督职能的部门集中成立国有资产监管局，国有资产监管局履行监督职能，这种监督职能是出资人对其出资资产的监督，与政府部门的监管不同。国有资产监管局对国有资本运营进行宏观管理与监督，对国资委各职能部门履行出资人职责的情况进行监督。国有资产监管局的发展方向是在国资委中形成对国有资产经营者和国资委各职能部门的监督并拥有建议罢免权的"职业化"的监督队伍（相当于监事会）。国有资产监管局的人员构成可从现任相当级别的领导干部、国有大型企业集团的领导者、具有一定身份和名望的专家中产生。国有资产监管局与现有各管理职能部门实行组织、人员、职能严格分开，它们是监督与被监督的关系。同时，现实中，目前国有企业中普遍设有监事会，国有资产监管局也要加强对国有企业监事会的指导与监督。

以上机构设想如图 10-1 所示：

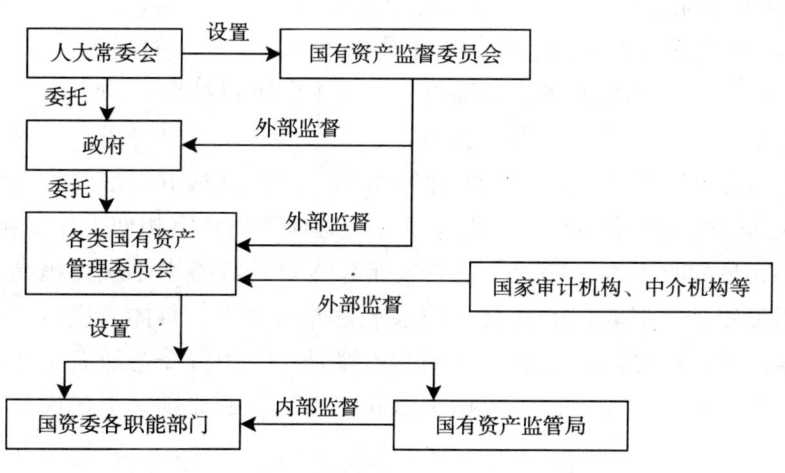

图 10-1 国有资产出资人代表监管机构设置

---

① 尤其是在 2008 年发生的全球金融危机的背景下，如何加强对国有金融资本的监管越发显得重要。

4. 国资委的激励框架体系的构建

在对国有资产出资人代表进行监督的同时，也要注意对其进行激励。实际上，激励与约束是一个问题的两个方面，完善的激励机制有助于发挥国资委在提高国有企业效益中的作用。

国资委的二重属性①决定了国资委工作人员的收入应有别于行政部门人员和国有企业人员的收入，一方面，行政事业性决定其应享有固定的公务员工资收入；另一方面，经营性决定其应享有一定的风险收入。国资委要对所出资企业②履行出资人职责，要做国有企业的"股东"，要行使股东的权利：负责所出资企业负责人的选拔和任免，对重大投资和筹资事项以及利润分配方案进行决策等。因此，其承担的风险较大，根据风险—收益匹配原则，国资委工作人员应获得相应的风险报酬，而且该报酬要足够高。但现实中，国资委工作人员的身份主要还是行政人员，其所取得的收入没有体现出国资委的特殊工作性质，其所代表的控制权与剩余索取权并不直接对应。因此，某些地方国资委工作人员可能没有积极性为了搞好国有企业而努力工作，可能没有尽心尽职地选择优秀的所出资企业的董事及监事成员。因此，由于激励机制滞后，存在着薪酬激励不足、激励方式单一、精神激励与物质激励不协调等问题，从而影响国资委工作人员的工作效率，挫伤其工作的积极性。基于以上分析，我们有必要探讨国有资产出资人代表的激励机制，以调动国资委工作人员的积极性。在激励制度的操作环节，可从以下几个方面构建。

（1）强化物质激励，尝试薪酬制度创新

作为一个新成立的部门，由于其工作繁重并承担一定的国有资本经营风险，国资委工作人员应享有较高的薪酬收入。其工资可以按照目前公务员的工资为标准作为基本保障，同时，为促进国资委工作人员挖掘自身潜力、提升工作绩效，应适当提高国资委工作人员的津贴水平，以提高国资委部门的自身吸引力和对其他部门的薪酬竞争力。总的来说，与其他部门从事相似工作、相近职位、同等学力人员的收入水平相比，国资委工作人员的薪酬水平应以稍高于社会中从事类似工作、类似职位的社会平均水平为准来调整。具体来说，可尝试薪酬制度创新，建立递延津贴制度，其基本思路是：①国资委为所有工作人员在银行设立个人递延津贴账户，并根据贡献和收入对等的原则，考虑岗位及职务级

---

① 当前，国资委的二重性是由国有资产管理体制改革过渡阶段的特殊性所决定的。
② 《条例》第五条指出，"国务院、省、自治区、直辖市人民政府，设区的市、自治州级人民政府履行出资人职责的企业，以下统称为所出资企业"。

别等因素,设定不同的津贴水平。②津贴水平应有较大幅度的提高,为了把即期激励和远期激励结合起来,可以把提高后的职务津贴分为三部分,其中一部分(可考虑为40%)随工资逐月发放;另外一部分(30%)作为抵押金记入国资委为其设立的个人递延津贴账户,根据年终考核结果予以发放;第三部分(30%)只能在将来工作人员退职或正常离职时一次性提取,如果工作人员在任职期内因贪污受贿、渎职失职或违反党纪国法被开除公职,则该款项全部没收上缴国库,此举可体现远期激励的目的。③递延津贴账户一旦建立并启动,国资委工作人员正常退职或离职可以一次性领取记入本人账户的个人递延津贴。当然,除递延津贴外,国资委工作人员同时也应当享受一般公司职工相应的保险等社会保障待遇。

当前,建立这种递延津贴制度是完全有可能的。由于这一办法能较大幅度地提高国资委工作人员的职务津贴,而且还把津贴的大部分记入个人递延津贴账户,这必然会对广大工作人员产生极大的即期与远期激励作用。同时,由于这种提高的职务津贴并没有全部随工资发放,不会引发通货膨胀和物价上涨,也不会对国家财政造成太大的支付压力。

(2) 完善职务晋升机制

逐步完善党管干部原则,对国资委工作人员的选拔、任用、晋升应建立在考核基础上,工作人员的职务晋升要与其个人努力程度和工作业绩挂起钩来,与其所监管的国有资产的保值增值状况以及所从事的国资监管工作的繁简度相关。当然,挂钩的前提是选拔时必须清楚工作人员的私人信息,诸如工作人员的努力、诚信等私人信息要能够成为选拔人员的公共信息,可通过建立竞争性的工作人员职务晋升制度解决信息不对称问题,实现公开考核与任职年限相结合的职务晋升机制。

(3) 适度控制在职消费

在职消费是指国资委工作人员除了货币报酬之外的按照其职位所应该享受的待遇。作为国有资产出资人代表,为了履行其职责可以进行必要的在职消费激励,包括诸如工作用小轿车的配备、良好的办公场所、先进的通信设备、出国考察、外出调研补贴、出差标准补贴。在我国当前情况下,职位消费对国资委的激励作用不可小觑。

(4) 提倡精神激励作用

这是一种对国资委工作人员的荣耀感、成就感、社会认可、自我实现及受人尊重等需求满足的高层次激励,这类激励方式主要包括授予各类荣誉称号、赋予某些特殊政治待遇等。精神激励在激励体系中同样重要,它是一项重要的"无形资产",可以在一定程度上激发工作人员的工作热情,增进工作人员队伍的稳定和团结。

(二) 对非国家实际控制人的监管

对非国家实际控制人的监管主要是防范实际控制人通过内幕交易、关联交易等手段侵占上市公司以及中小股东的利益,加强证监会等监管部门对其的监管力度,针对非国家实际控制人的不当行为可考虑从以下方面着手。

第一,提高上市公司的独立性。降低上市公司来自控股股东与实际控制人方面董事、监事人员数量,积极倡导上市公司引入主要债权人(金融机构)有关人士进入公司监事会参与对公司监督。

第二,防止实际控制人侵占上市公司利益的行为。①对有明确线索的控股股东或实际控制人违法违规行为,采取稽查提前介入的方式,加大执法力度,为查处和落实相关责任奠定基础。②防范实际控制人和控股股东关联关系非关联化。通过现场查证,了解上市公司新进股东的注册资金来源,新进股东与控股股东的股权关系及经济利益关系,新进股东与控股股东在单位任职情况及亲属关系情况,为一致行动人关系的判定提供参考依据。

第三,加强对内幕交易和操纵股价的监管。①出台上市公司控股股东或实际控制人行为准则或指引,为控股股东或实际控制人的日常监管提供法规依据。②强化上市公司控股股东和实际控制人的披露义务,防范和打击实际控制人利用信息控制优势和持股优势,进行虚假披露、内幕交易和市场操纵等违法违规行为。③针对上市公司可能出现选择性信息披露的新动向,明确股价异常波动的标准,强化对股价异常波动与信息披露联动关系的调查与处罚。④出台针对实际控制人违规短线交易和超比例减持的具体监管规程,以增大违规者的违规成本。⑤建立不当收益的追讨机制。对于在上市公司实施股权激励,或是实际控制人在减持上市公司股权的过程中通过虚假信息披露、重大会计差错调整、股价操纵等方式获取了不当收益的,应建立明确、严格的追讨机制。

第四,加强对并购行为的监管。①把好入门关。对以并购重组方式进入市场的控股股东或实际控制人,要通过现场检查,核实控股股东或实际控制人的实力和动机,查实置入上市公司资产的质量,确保重组后上市公司的持续经营能力,防止报表重组等投机性重组。对拟注入资产的实际控制人,应要求其承诺预期目标,并强化对控股股东或实际控制人承诺履行的监管。②采取严格的限制投机措施,防止利用收购概念进行二级市场炒作,将防范恶意收购、掏空上市公司行为作为并购重组监管工作的重点和首要任务。③加强上市公司并购重组等相关信息披露的监管，防止机构或个人利用并购重组等重大事项进行二级市场炒作。

（三）加强实际控制人的信息披露

上市公司清晰完整地披露实际控制人的相关信息，尤其是实际控制人的性质及背景情况，对完善公司治理结构、促进公司规范运作及保护中小股东利益有着非常重要的意义。2002年垮掉的德隆系企业，就是通过复杂的股权设计与资本运作掩盖了其所控制公司的实际控制人真相，从而实现股东层次复杂化和关联交易隐性化并最终通过占用资金、担保和关联交易等手段，严重侵害上市公司与中小投资者的利益，造成了极其严重的后果。针对近几年尤其是2007年上市公司年度报告中实际控制人披露中存在的问题，本章就完善年度报告中实际控制人的披露要求提出如下建议：

1. 明确实际控制人的认定标准

由于实际控制人对上市公司控制的形式多样化，有必要明确实际控制人的认定标准。

《公司法》第217条指出："实际控制人，是指虽不是公司的股东，但通过投资关系、协议或者其他安排，能够实际支配公司行为的人。"但是正如第五章分析的那样，《公司法》对实际控制人的界定值得商榷。通常，只要持有一个公司发行在外有表决权的绝对多数股份，就可以控制股东大会，并通过股东大会选择董事会成员并决定公司重大决策。因此，股权控制是实际控制人对上市公司进行控制的基本手段，将股权控制视为实际控制人的判断标准较为客观，但是，持股数量之多少是判断"控制"的重要而非唯一因素，股权控制并不能将实践中许多实际控制上市公司的机制包括在内，如实际控制人通过一致行动、金字塔结构、交叉持股、董事会形成机制、董事提名机制等方式，也可以通过协议或者其他安排来实际控制上市公司。从实际控制人的法律定义可以看出，其所称的"实际控制"，是指"能够实际支配公司行为"。但对于实际控制的含义和实际支配公司行为的表现形式尚未进一步明确。

我们建议《公司法》对实际控制人的含义作如下修正：实际控制人，是指公司的直接控股股东，或者是间接控股股东，但通过投资关系、协议或者其他安排，能够最终实际支配公司行为。在确定实际控制人的实际支配公司行为时，既要考虑定量因素，也要考虑定性因素；既要考虑股东持股比例也要考虑董事会人员构成，还要考虑股东之间的持股比例对比。

一是在仅从持股数量上难以判断实际控制情况或者主要股东持股数量相当时，应当借助董事会成员的构成，适当参考董事会成员的提名甚至公司高级管理人员的背景等来准确揭示上市公司的实际控制人。

二是在第一大股东持股不足30%，且与第二大股东或者第三大股东等持股比例较为接近（持股相差5%以内）的，应当同时披露上述股东对董事会成员的提名情况，为投资者判断公司实际控制人提供更多的相关信息。如果董事会构成相对均衡，应当结合股东持股情况和董事会提名情况找出有关控制人；如果难以确定某一方为控制人的，应当作为共同控制披露，此时会出现多个实际控制人，在所披露的方框图中应披露除第一大股东以外的第二大股东或者第三大股东甚至更多股东的信息。

三是明确实际控制人的属性，实际控制人的属性从大的方面分为国家控制和非国家控制，在两个大类下可适当再细分若干小类，同时要区分控股股东与实际控制人的异同。

2. 细化实际控制人的披露内容

一是提高对控制层面的披露要求，尤其是对于法人控股股东与法人实际控制人之间存在多层次的情况下，要求公司披露相应的控制脉络，尤其是完善中间控制主体和层面的披露，以加强其脉络清晰度。公司实际控制人的信息必须从底层开始向上层层进行披露，既不能越层披露，也不能人为增加披露层次。在披露的技术要求上，应要求公司以文字形式明确披露公司的实际控制人，以认真落实《年报准则》的同时以"方框图"及"文字"的形式披露公司与实际控制人之间的产权和控制关系。

二是对实际控制人为自然人的，应当进一步披露该自然人的简历，该自然人直接或者间接投资的其他上市公司情况，以及该自然人配偶、子女、父母直接或者间接投资的其他上市公司情况。

三是对于部分公司披露的实际控制人属于镇政府、村民委员会、集体企业、职工持股会、工会等特殊机构的，应要求上市公司进一步披露这些机构的内部组织架构、内部管理程序、决策方式和成员的表决权比例。如果这些机构实行的是一人一票、成员表决权平等的决策机制或者成员的表决权高度分散、不存在其他能支配该机构意志的个人或团体，那么，将该机构披露为实际控制人是可以的。如果这些机构的决策机制不民主，或者是因为表决权集中而存在某个个人或团体控制了决策过程，那么这些机构就不是最终的实际控制人，其背后还潜藏着真正的控制实体，将其披露为公司的实际控制人则不够妥当，甚至可能成为其规避信息披露义务的手段。

3. 增加实际控制人的披露形式

除了在定期报告中详细披露实际控制人的内容外，增加在临时公告中对实际控制人披露的内容,以了解实际控制人的可能变化。在后股权分置时代,实际控制人可能利用信息优势、股权优势操纵股价,因此要强化对实际控制人关联交易、增持、减持股份及承诺事项的履行情况等的披露。

4. 明确上市公司及实际控制人的披露责任

为提高有关实际控制人情况的披露质量,应要求上市公司在年报披露前向其控股股东与实际控制人履行书面查证程序并承担相应的查证责任。在实际披露年度报告时,上市公司应将其书面查证材料包括核查对象的书面反馈资料提交证券交易所备案,以明确上市公司准确、及时披露实际控制人情况的披露责任,同时强化对控股股东及实际控制人的信息披露义务要求。从《上市公司信息披露管理办法》的规定来看,目前对控股股东及实际控制人信息披露责任的定位是以配合为主,这种定位不利于控股股东和实际控制人履行信息披露义务。控股股东及实际控制人在信息披露中应占据主动地位,若其不向上市公司主动告知,上市公司便无法知悉相关信息并进行相应披露。因此,政府应进一步提高上市公司实际控制人及实际控制人信息披露要求,明确实际控制人或实际控制人在有关事项中承担的配合义务。

(四) 完善公司治理环境

对实际控制人的监管也要考虑公司的治理环境,完善的治理环境有助于防止实际控制人对上市公司及中小股东的利益侵占,对于上市公司价值的提高具有重要意义。La Porta 等(1997、1999、2000、2002)提出的法与金融学指出一个国家法律体系在很大程度上决定了其公司治理结构和水平,良好的公司治理必定要以有效的投资者法律保护为基础。近年来,我国学者也开始关注法律等公司治理环境在公司治理中的作用。樊纲等从 2001 开始编制"我国各地区市场化相对进程报告",截止到 2006 年共编制 4 个报告,分别评价我国各地区的市场化指数。张翼、马光对公司治理结构与公司丑闻之间关系的实证研究表明,一个公司发生丑闻的可能性与当地的信用和法制发展水平相关,一个地区的信用水平越高,当地公司发生丑闻的可能性越小。夏立军、方轶强的研究表明,如果上市公司所处地区的市场化进程越快、政府干预越少、法治水平越高,上市公司受到的政府干预程度将会越低,中小股东可能越少受到侵害,并且,由于政府控制的公司受到的政府干预更多,法律约束更难对其发挥作用,从而在政府控制的公司中治理环境对公司价值的影响更为明显,即公司治理环境的改善有助于减轻政府控制尤其是县级和市级政府控制对公司价值产生的负面影响。王鹏(2008)根据 2001~2004 年我国 A 股市场上市公司的数据以及我国资本市场上投资者法律保护条款,同时考虑法律条款的执行力度，构造综合法律指数，研究该指数与公司绩效的关系。结果发现，投资者的法律保护水平与公司绩效正相关，并且国有控股上市公司的投资者保护水平与公司绩效的关系更显著，投资者的法律保护水平能够减弱控股股东的控制权和公司绩效的关系，降低控股股东对上市公司的资金占用。

本书认为与实际控制人监管相关的法律目前主要有《企业国有资产法》、《中小板上市公司实际控制人、实际控制人行为指引》等。当前政府应继续完善这些法律，并考虑制定《上市公司实际控制人、实际控制人行为指引》及《中小股东权益保护法》。

1. 完善《企业国有资产法》

国有资产的立法过程历经漫长的15年之久。早在1993年，第八届全国人大常委会即将国有资产法列入立法规划，但国有资产法一直未能出台。2003年，十届全国人大将国有资产立法列入五年立法规划，并成立了阵容强大的国有资产立法起草小组，着手任务繁重的立法工作。2008年10月，《企业国有资产法》最终颁布，《企业国有资产法》确立了六大方面的制度①，有了重大突破。但站在实际控制人监管的角度；有些问题仍然尚未明确：

第一，中央与地方履行出资人职责机构的职责界定与协调。《企业国有资产法》承袭《监管条例》的规定，指出："国务院国有资产监督管理机构和地方人民政府按照国务院的规定设立的国有资产监督管理机构，根据本级人民政府的授权，代表本级人民政府对国家出资企业履行出资人职责。国务院和地方人民政府根据需要，可以授权其他部门、机构代表本级人民政府对国家出资企业履行出资人职责。"但是，目前还没有对两级监管机构的权责界限予以明确的规定，尤其是没有设计两级监管机构相互协调的可操作性机制。能否考虑对于国有资产控制的范围采用目录的形式明确确定？

第二，非经营性国有资产的法律界定。《企业国有资产法》中没有把非经营性国有资产包括在内，但是，非经营性国有资产尤其是资源性国有资产在国有资产中占很大的比重，而且非经营性国有资产兼有纯公益性、准公益性和非公益性的

---

① 李曙光（2008）指出《企业国有资产法》实现了六大创新与突破：第一，它确立了国有资产法的适用范围是经营性国有资产。第二，它扩大解释了企业国有资产的范围，明确规定金融企业国有资产也属于企业国资法调整的范围。第三，它界定了国资委作为"干净"出资人的法律地位。新法明确界定了国资委作为"干净"出资人的法律地位，规定国有资产监督管理机构根据本级人民政府的授权，代表本级人民政府对国家出资企业履行出资人职责。第四，它严格界定了国家出资企业及其管理者。第五，它使国有企业改制与资产转让有了较明确的法律依据。第六，它正式建立了国有资本经营预算制度，并使其有了操作的基础。

特点，其成分更加复杂，因此，我们有必要研究对非经营性国有资产的监督、管理与营运体制。在构建非经营性管理体制时，既要做到统一监管，又要因地制宜。对于行政单位和事业单位的实际控制人的代表应该有所不同，行政单位可考虑在财政部门设立专门从事非经营性国有资产管理的机构，而事业单位可考虑分级授权的三层次的管理体制：第一个层次是在国资委内部设立一个全国统一的非经营性国有资产管理部门，该部门是非经营性国有资产的所有者；第二个层次是在财政部门内部设立一个专门从事"事业单位"的非经营性国有资产管理的行政机构；第三个层次是具体使用国有资产的各事业单位。

第三，国有资本经营预算的编制主体尚未明确。《企业国有资产法》中规定："国务院和有关地方人民政府财政部门负责国有资本经营预算草案的编制工作，履行出资人职责的机构向财政部门提出由其履行出资人职责的国有资本经营预算建议草案。"这种做法是将国有资本经营预算纳入财政预算体系，会导致财务资金的投入不能由市场决定，资本营运、调整的时间和规模需要"刚性"地由每年的人民代表大会开会决定，国有资本的配置会受到财政掣肘，产生新的政企不分。目前的国有资产管理体制包括履行出资人职责的机构（主要是各级国资委）、国有资产中介经营公司、国家出资企业三个层次，从中央和地方两级国有资本经营的总预算来看，中央和地方两级国资委可以作为独立的预算编制主体编制国有资产的总预算，总预算以国有资产中介经营公司编制的财务预算为基础，而国家出资企业编制的是各个公司自身的全面业务预算，所以不能作为国有资本经营预算编制的主体。因此，国资委和国有资产中介经营公司应该是国有资本经营预算的编制主体。

2. 制定《上市公司控股股东、实际控制人行为指引》

深圳出台了《中小板上市公司控股股东、实际控制人行为指引》，但该指引主要是从恪守承诺和善意行使控制权、买卖公司股份行为、信息披露管理三个方面作规范，并不能完全说明实际控制人的财务特征。从整个资本市场来说，有必要制定《上市公司控股股东、实际控制人行为指引》，对实际控制人的行为作出规定。

3. 出台《中小股东权益保护法》

在《中小股东权益保护法》中明确证监会为中小板上市公司的控股股东与实际控制人的监管主体。同时，将若干保护中小股东的措施制度化，维护中小股东权利。①完善网络投票机制。网络投票能以尽量小的成本，保障中小股东表决权的实现。从目前情况来看，这是调动中小股东参与公司治理的有效措施。②完善征集投票权机制。扩大征集投票权主体的范围，完善征集程序，这需要监管部

（五）改进公司治理结构

改进上市公司的治理结构，提高上市公司本身的质量是整个监管工作的重中之重，目前，应从以下几个方面入手。

1. 推动股权多元化

推动上市公司股权多元化，充分发挥股东之间的制衡作用。上市公司"一股独大"的股权结构，仅靠公司内部治理无法形成对大股东的制衡力量。因此，应进一步推动国有控股上市公司通过股权转让、不同层级国资主体交叉持股、引入战略投资者等方式，推进股权多元化，优化股权结构，强化对实际控制人的制衡，以减少地方政府部门对上市公司的行政化干预，约束实际控制人的行为。

2. 引导整体上市

整体上市是集团公司将其全部资产或主要经营性资产证券化的过程，最终体现为一家整合上市的上市公司。与非整体上市相比，整体上市无疑具有优越性：①有助于消除上市公司与股东资产、人员、财务、机构、业务不能有效分离的弊端；②有助于规范上市公司的经营管理，解决我国资本市场长期存在的同业竞争和不正当关联交易问题；③有助于将优质资产注入上市公司，完善上市公司产业链，提高上市公司质量，为上市公司带来业绩增长和估值溢价的双重收益。整体上市环节可能涉及多次资产注入，还存在着不涉及整体上市的资产注入。资产注入一般指实际控制人将其资产出售或以一定条件让渡给上市公司，一般不改变上市公司和股东的法律地位①。由于整体上市的复杂性，许多整体上市的方案是通过多次资产注入实现的。注入的标的可能是矿产、土地使用权、实物资产、专利商标、专有技术等各类资产。对于林林总总的资产注入，则要细致甄别，制定相应的监管对策。①鼓励企业一次性整体上市。由于以整体上市为目的的资产注入普遍被认为是利好消息，在有条件一次性注入资产整体上市的情况下，许多大股东倾向于分拆为多次资产注入，以调节股价，谋取利益。因此，从提高整体上市效率、防止信息操纵的角度考虑，应鼓励有条件的企业通过一次性的资产注入实现整体上市，尤其是大股东本身并无太多优质资产或资产质量不如上市公司的情况下，更无必要通过多次资产注入实现整体上市。②加强对注入资产的甄别和审查。虚假或不公平的资产注入可能损害上市公司和中小投资者的利益，因此相关

---

① 资产注入和整体上市的关系也可以理解为程度和层次上的差别，资产注入不一定必然导致整体上市，但整体上市必定包含资产注入的环节。

监管机构应建立对注入资产的甄别和审查制度。在以定向增发、换股等方式实施资产注入时应着重审核如下事项：①注入资产是否与上市公司主业相关，是否是上市公司长期发展所需要的重要资产；②注入资产是否属于同一控制人所有；③资产注入的价格和其他条件是否公允合理；④资产注入是否能在上市公司中切实产生绩效；⑤资产注入的程序性事项如董事会、股东会、表决回避等是否合法；⑥各类中介机构对资产注入出具的资产评估报告、财务会计报告、法律意见书、财务顾问意见等是否真实、公允、合理。

3. 建立资产注入的信息敏感期制度，防范和打击与资产注入有关的内幕交易和市场操纵活动

所谓信息敏感期是指从资产注入事项开始洽商、谈判之日起至资产注入信息首次公开止。禁止大股东和相关人员在此期间交易公司股票或泄露内幕消息。如果股价在敏感期内发生异动，可推定资产注入信息被不公平地泄露，监管机构可在资产注入事项审批环节作出相应负面评定，如不予受理、延后审批、附条件审批等，并可启动内幕交易和市场操纵的调查程序。

4. 要求大股东实际履行股改承诺，向上市公司注入资产

股改期间许多上市公司大股东除对价之外，还追加了资产注入承诺，若大股东在合理期间未履行上述承诺，则作为被承诺方的投资者可以追究大股东违反承诺的民事责任，监管机构也可以对大股东施予必要的纪律制裁。

5. 强化机构投资者对控股股东和实际控制人的约束作用

机构投资者可以通过提交股东提案、发动委托投票权争夺和私下协商等积极手段参与公司治理，制衡和监督实际控制人和实际控制人的隧道挖掘行为，从而促进公司治理结构的完善和企业业绩的提高。

第二节 我国上市公司股权结构的优化路径选择

现实中，影响股权结构的因素很多，既有法律规范、国家政策等宏观因素，也有企业规模、所在行业等微观因素。随着这些因素的变化，股权结构会随之调整，因此，股权结构具有动态属性。当前，我国公司的股权结构存在若干弊端：①股权过度集中且很多集中于国家股股东手中；②股东实力分布不均匀，股权制衡失效现象存在。随着在理论和实践中对"一股独大"的反思以及市场化程度的改善，我国上市公司的股权结构在不断地调整之中。

因此，当前，股权结构的相关研究至少还应该包括以下几个方面：①在实际股权比例不是最优的情况下，企业如何根据各种内外环境因素调整其实际股权比例达到最优状态，即企业股权结构的动态调整机制。②建立在股权结构调整机制基础上的股权结构的优化路径。

一、上市公司股权结构的动态调整机制

股权结构的动态调整机制是一种经济调整机制，具有对社会经济活动的调节和控制作用。其构成包括三部分内容：是否调整、如何调整以及调整效应。其中，是否调整涉及主体机制、动力机制和约束机制。如何调整涉及股权结构调整的运行机制，具体包括调整对象、调整方式、调整方向、调整时间、调整比例和调整速度等问题。调整效应包括股权结构动态调整的评价机制和监控机制。

（一）是否调整

首先，股权结构是否调整取决于在股权结构中谁起决定性作用，综观国内外股权结构的理论和实践，大股东、控股股东、显性和隐性的终极股东在公司的重大决策中起着决定性的作用，他们具有超强话语权，因此股权结构的动态调整机制首先涉及主体机制。终极股东基于股权能够直接或间接控制上市公司的业务经营、财务或者人事任免。因此，在股权结构中起决定作用的是终极股东。同时，仅从大股东角度研究上市公司的决策行为，也难以认清股东行为的真正意图。因此，本书认为股权结构的调整主体是终极股东。

其次，终极股东是否有动力去调整股权结构呢？即股权结构动态调整的动力机制。终极股东调整股权结构能给其带来调整收益，具体表现为：吸引外部资金；分散投资风险；套现获利等。因此，终极股东有动力去调整股权结构。但是，由于我国资本市场发展不健全，存在内部交易、关联交易，目前，终极股东主动调整股权结构的动力不足。而且，我国公司股权结构的调整大多属于政策被动型调整。这就启发我们有必要设计激励终极股东调整股权结构的制度。

最后，即使终极股东有调整意愿，调整也会受到各种条件限制，即股权结构调整的约束机制。具体来说，一方面，这种约束机制来自于其对调整成本的考虑以及我国法律、法规对股权结构调整的一些限制性规定。对于终极股东来说，调整股权结构可能会使其丧失控制权，降低其控制权私人收益，导致市场股价波动。另一方面，主流意识形态和传统公司股权文化也会制约股权结构的调整步伐。此外，在我国电网、电力等部分行业中，国有资本被明确要求保持绝对控股，股权调整尤其是股权减少受到明显的约束。

(二) 如何调整

如何调整涉及股权结构调整的运行机制，具体包括调整对象、调整方式、调整方向、调整时间、调整比例和调整速度等问题。

一方面，调整对象是终极股东的股权。股权主要取决于股东持股比例的大小，表现为表决权的大小，也取决于各个股东之间持股比例的比较。在存在隐性股东的情况下，公司的主要大股东看似存在股权制衡，实则是一个利益共同体。因此，在调整股权时要考虑股权关系链。

另一方面，调整方式是指通过什么方式调整股权，协议收购、要约收购、大宗交易、竞价交易等是终极股东调整股权结构的主要方式。调整方向是指终极股东是增加所持比例还是减少所持比例，终极股东根据公司经营实际情况以及股份估值情况决定调增股权还是调减股权。当前，我国股权结构的调整方向主要是终极股东减持所持股份。调整时间取决于终极股东对于自身公司经营状况和公司发展战略的判断。调整比例的大小和调整速度的快慢取决于终极股东的现实需求和国家法律、法规的规定。

(三) 调整效应

股权结构的调整效应包括股权结构动态调整的评价机制和监控机制。股权结构调整的最终出发点是要有助于公司价值的提高，有助于对中小股东权益的保护。因此，我们有必要对终极股东的股权调整行为建立评价机制。此外，政府部门和监管部门要从顶层设计上构建监控机制预防终极股东不合法的股权调整行为，防患于未然。

关于股权结构调整的评价机制涉及评价标准的选择问题，主要可考虑用会计指标如每股收益或净资产收益率，也可考虑市场指标，如托宾 Q 指标。只要是有利于提高每股收益的调整都是可以接受的。虽然目前我国资本市场低迷，但这不能简单地归结于"大小非"减持。此外，在评价股权结构调整的效应时要考虑终极股东的激励效应和壁垒效应。

至于监控机制，政府和监管部门是股权结构调整的监控主体，政府部门要完善股权结构调整规则，对调整行为的异象要提前预防，以免出现重大不利事件。当前，主要是完善大宗交易系统，规范终极股东减持的大宗交易方式，规避"0.99%"现象的发生。对披露的股权结构调整事件进行跟踪监控，既要关注终极股东的单个调整行为，也要关注其在整个 3~5 年的较长期间内的调整行为。尤其是对于国有企业，要确保四类国有企业中国有股权的主体地位。同时，完善股权结构调整的信息披露制度，对公司股权结构的调整行为实施实时监控。对不同类型上市公司制定分类监管机制，建立公司治理结构评价制度，引导证券市场将股权结构因素纳入股价估值体系，形成良好股权结构、良好价格的股价形成机制，使那些参与促进公司股权结构改善的大宗交易双方都能获得市场的"奖励"。此外，发挥市场调节作用的基础作用，正确处理政府调节和市场调节的关系。

基于股权结构动态调整机制理论，股权结构不仅仅是经济问题，更多的是体现了一个国家的政治、法律、投资者保护水平等问题，其调整具有明显的路径依赖特征。在调整股权结构时，要以市场化选择为原则，以股权多元化和股权均衡为方向，适当降低终极股东的持股比例，增加机构投资者的持股比重，并区别对待不同性质控股公司渐进优化。具体来说，优化路径包括外部和内部路径。外部路径包括：调整、修订完善相关法律规定；从结构、功能等方面完善资本市场体系。内部优化路径包括：终极股东主动出击，采取多种股权调整策略；培育多元化机构投资者，增加机构投资者持股。

二、外部优化路径

（一）调整、修订完善相关法律规定

首先，适时修订《公司法》。股权结构的法律理论认为股权结构取决于一个国家的法律体系对股东的保护力度，LLSV 的系列研究表明，和投资者保护较强的国家相比，投资者保护较弱的国家中的公司股权更集中。在英美法系国家，法律制度强调对投资者利益的保护，因此在这一法律环境下，股权结构倾向于分散化。国美电器控制权争夺的案例更是凸显了创始股东对于丧失公司控制权的担忧。如果在法律、法规上能考虑创始股东和终极股东的利益，就能促进股权结构的顺利调整。因此，有必要在《公司法》中明确创始股东的话语权问题，即明确创始股东在股东（大）会上的表决权。鉴于创始股东对公司的贡献，能否考虑给予创始股东超越股权之外的一定的话语权。如《公司法》做一些授权性规定，采取双重股权机制，将股票分为 A、B 两类；《公司法》不做详尽规定，具体操作授权公司章程规定等。此外，为了避免对我国资本市场的冲击，有必要在《公司法》中明确普通股转为优先股的相关条款，推进普通股转化优先股的工作。

其次，针对国有股调整的紧迫性，修订《企业国有资产法》。结合《国有股东转让所持上市公司股份管理暂行办法》和《国有单位受让上市公司股份管理暂行规定》以及《企业国有资产法》的规定，在《企业国有资产法》关于"关系国有资

产出资人权益的重大事项"中明确国有股调整的相关内容：①调整的原则。国有股调整的原则应当有利于国有经济布局和结构的战略性调整，防止国有资产流失，不得损害交易各方的合法权益。②调整的目标。国有股调整的目标是优化国有企业股权结构，完善公司治理结构。③调整的范围。除了关系国家安全和市场不能有效配置资源的经济和社会领域都属于调整的范围。④调整的主体。是否调整、如何调整、调整的实施等由履行出资人职责的机构决策并会同国有公司执行，履行出资人职责的机构对影响国有控股地位的重大调整报请本级人民政府批准。⑤调整的路径。尽量采取多种调整路径，具体包括国有股配售、股票回购、缩股流通、拍卖、股权转债权等，采用列举加概括的方式进行规定。⑥调整的价格。调整价格应当以依法评估的、经履行出资人职责的机构认可或者由履行出资人职责的机构报经本级人民政府核准的价格为依据合理确定。⑦对调整的监督。由包括各级人民代表大会常务委员会、国务院和地方人民政府、国务院和地方人民政府审计机关、社会公众、受委托会计师事务所在内的各处机构对履行出资人职责的机构、国家出资企业进行监督。

(二) 从结构和功能等方面完善资本市场体系

首先，进一步完善多层次资本市场体系，多渠道推动股权融资。要逐步形成包括主板、中小板、创业板和场外市场在内的、功能健全、运行高效的市场体系。在继续完善主板、中小板和创业板市场的同时，继续推进三板股权市场建设。加快完善以机构为主、公开转让的中小企业股权市场，建立健全做市商、定向发行、并购重组等制度安排，丰富融资工具和交易品种，增强服务中小企业的能力。在统一的制度框架下，允许各地结合自身区域经济发展的需要建立区域性股权市场。积极引导风险投资基金、私募股权投资基金健康发展，支持创新型、成长型企业股权融资。建立健全不同层次市场间的差别制度安排和统一的登记结算平台，推动形成有机联系的股权市场体系。

其次，推进股票发行注册制改革。股票发行注册制改革将让那些无资产支持的好公司获得更强的融资能力，抑制公司上市过程中的寻租现象，上市公司的好坏由投资者尤其是专业化的投资者来决定。同时，股票发行注册制改革将让好企业不用再担心无条件上市，"巧妇难为无米之炊"的困境将会改善，经营不佳的上市公司将面临摘牌的危险。股票发行注册制改革的根本目的在于最大限度地满足不同类型公司的融资需求和相应投资者的投资需求，在一定程度上带来公开发行股票公司的数量增加和不同层次股票市场交易需求的增加，对多层次资本市场的建设形成推动力。

三、内部优化路径

（一）主动出击，采取多种股权调整策略

随着"大小非"的解禁，国有大股东和民营大股东一样有减持的冲动，可能对市场带来一些负面影响，其中，国有股的减持对市场的影响可能最大，因此要特别关注国有股的调整策略。世界上大多数国家股权结构的发展趋势都是朝着股权相对分散的方向发展，随着我国市场、法律、政治等因素的发展，终极股东的持股比例下降是大势所趋。因此，终极股东要主动迎合这股潮流，主动调整。当前大多公司主要是减持股份，减持股份时可考虑绝对减持、相对减持、限制减持三种策略。对于原国有股持股比例非常大的公司，可考虑国有股绝对数的减持，即减少国有股的绝对数，股权减持的方式可通过股份回购和转让等。对于原国有股持股比例不是特别大的公司，可考虑国有股相对数的减持，在这种减持策略中，需要增加其他非国有股权的比例，在既定股权结构中，其他非国有股份的增加将会导致国有股数量下降，可通过定向增发股份、再融资等方式实现。对于那些需要保持国家绝对控股的公司，可考虑国有股的限制性减持，这种国有股的限制性减持是指国有股份额的绝对数和相对数都不发生变化，但其权利的行使受到一些特殊的限制，从而使国有公司的影响力发生弱化，如可考虑设置国有优先股。应当注意的是，减持国有股的方法应该与公司的股权现状结合起来，做到"一公司一做法"。在具体的减持过程中，要遵循市场原则，制定适合本公司特点的普通股转为优先股的实施细则。

（二）培育多元化机构投资者，增加机构投资者持股

近年来，为了改善上市公司的治理状况，我国大力培育和发展机构投资者，包括证券投资基金、QFII、保险公司、企业年金、证券公司、一般机构在内的机构投资者持有的股权比例越来越高。但是这些机构投资者的持股比例仍然不是很高，持股比例的偏低使得他们参与公司治理的动力不足。因此，有必要进一步提高机构投资者的持股比例。而且，在风险可控的前提下，可考虑适当提高机构投资者的平均投资配额，为了防止配额过度分散化、违背有关部门增加参与公司治理激励的初衷，可考虑对那些把配额分配给客户的机构投资者做适当要求。当前，尤其要鼓励具有资金、技术、管理优势的战略投资者以及社保基金、保险基金和股权投资基金等机构投资者参与国有企业改制重组。

总之，我国上市公司股权结构应该朝着股权多元化方向发展，通过多管齐

下,采取多种方式最终形成橄榄形的股权结构。这种橄榄形股权结构中,终极股东持股仍然占多数,但较现在的持股数量有所下降,达到30%~40%左右,仍然保持持股优势,处于相对或绝对控股地位,只是其持股优势不再像以前那么明显。包括机构投资者在内的法人股持股比例上升到20%~30%左右,在股权结构中处于中间地位,与终极股东持股比例的差距缩小。如此,能够增加股权制衡力量,避免"股权制衡失效"现象。其他广大中小股东持股比例在总量上应该与终极股东持股数量相当,他们股东权利的行使可通过股票委托代理权的方式来实现。

第十一章　主要结论、研究不足和未来研究方向

本章对全书进行一个总结，具体的结构安排如下。第一部分对本书所得到的主要研究结论进行归纳和总结。第二部分对本书研究存在的局限性进行分析，并指出未来的研究方向。

第一节　主要结论与启示

本书在借鉴国内外文献的基础上，结合我国上市公司的实际，从实际控制人特征与上市公司价值的关系以及实际控制人特征与控制权私人收益的关系入手，详细分析和检验我国上市公司实际控制人与中小股东的代理成本，并以此为基础探讨后股权分置时代对实际控制人的监管策略。本书得到如下重要结论。

（一）马克思的三权分离理论是西方委托代理理论的理论基础

马克思的三权分离理论认为，随着社会分工的扩大和财产组织形式的变化，财产的所有权、占用使用权与监督管理经营权的分离是一个趋势，表现在货币资本的所有权、占有使用权与监督管理经营权的分离、土地财产的所有权与占有使用权、实际管理经营权的分离以及劳动力的所有权与使用权的分离，这些分离导致了资本主义生产方式中委托代理关系的必然，使得货币资本所有者与银行家之间、借贷资本家与职能资本家之间、职能资本家与企业管理人员之间均存在委托代理关系。这种委托代理关系是大规模分工和协作生产的必然规律。

（二）交叉持股下公司间"全部间接持股"比例能够准确计算

交叉持股下公司间的持股比例应该是直接持股比例和间接持股比例之和，而

现有文献在计算间接持股比例时采用简化的方法。但是，实际上，在计算公司间的间接持股比例时应该综合考虑公司间的递推关系，通过矩阵运算，能够计算出公司的间接持股比例矩阵，从而准确计算"全部间接持股"比例。

（三）实际控制人对所控制上市公司存在激励效应与壁垒效应，新型国有资产监管体制效率较好

本书以到 2007 年末完成股改的公司和股改前即为全流通的"老八股"公司和 2006 年后 IPO 的公司为研究对象，共选取 1312 家公司，根据这些公司 2007 年年度报告中"股本变动及股权情况"披露情况和树状图，逐一整理样本公司的控制权、所有权、控制链，计算所有权与控制权的分离，并对实际控制人重新进行分类。实证检验了实际控制人的特征与所控制公司价值（用 TobinQ 来衡量）的关系。主要结论为：

第一，后股权分置时代，实际控制人的所有权对上市公司存在"激励效应"，当实际控制人持有的所有权比例较大时，公司价值较高。

第二，实际控制人的所有权与控制权的分离对公司存在"壁垒效应"，当实际控制人的所有权与控制权偏离较大时，实际控制人对公司的利益协同效应降低，阻碍公司价值的增长。

第三，由于政府目标的多样化，政府很有可能将一些社会性负担强加给所控制的上市公司，给公司的价值带来负面影响。但国资委控制的上市公司优于非国资委控制的上市公司，特别是地方国资委控制的上市公司优于地方其他政府部门控制的上市公司。这一结论间接说明新型国有资产监管体制是一种较为有效的监管体制，启示我们要继续推行完善国有资产出资人代表制度，切实解决国有企业政企不分、政府干预现象，而且这种制度可以推广到其他非国资委控制的上市公司。

第四，控制链的长短对于不同控制类型公司价值的影响有所不同，对于国家控制的上市公司而言，控制链适当延长，则公司价值相对较高，适度的控制链条有利于公司价值的提高，"放权"假说成立，可以认为增加控制链是政府解决政企不分的一种手段。对于非国家控制的上市公司，控制链的效果尚无定论，对于出现的这种内部资本市场还须加强监管。

（四）上市公司终极控制权与现金流权的两权分离度、控制权比例以及股票回报率、波动率等因素影响股权结构的动态调整

具体结论如下：

第一,上市公司终极控制权与现金流权的两权分离度越大,终极股东的股权越不容易稀释,这表明金字塔形的股权结构限制了终极股东稀释自己的控制权。这可以从终极股东和中小股东两个角度来解释,一方面,较高的两权分离度使终极股东具有较强的获取控制权私利的动机,从而不愿意稀释自己的控制权,而且终极股东利用金字塔结构形成了一个内部市场,当上市公司需要融资时,终极股东可以用金字塔内部其他公司的留存收益来提供,无须发行股票筹集资金进而稀释自己的控制权;另一方面,由于金字塔结构的隐蔽性、复杂性,终极股东掌握了更多的信息,为了避免自身利益被侵犯,中小股东(包括外部股东)不愿意购买该类上市公司的股份。但是在国家控制的上市公司中,这种关系并不显著,这与我国正在进行的国有企业改革有关,国有股东通过金字塔结构对上市公司进行控制是政府履行放权承诺、减少行政干预的一种措施,并非为了获取控制权私利而建立的,因此在进行股权调整时更多考虑国家的政策及上市公司业绩,而非两权分离度的大小。但是,无论在国家控制的上市公司还是在民营上市公司,终极股东的两权分离度与其进行股权集中的概率没有发现显著关系。

第二,上市公司终极股东控制权比例越大,其越倾向于保持甚至集中股权,而不愿意稀释自己的控制权,控制权比例越小越倾向于稀释股权,具体原因我们在实证分析部分已做了解释。

第三,上市公司的股票回报率、波动率与终极股东进行股权稀释的概率不存在显著的正向关系,这表明终极股东可能更加看重上市公司的长期利益,不存在明显的市场时机选择。

第四,公司的规模与终极股东股权稀释呈正相关关系,说明上市公司规模越大,终极股东的股权越可能稀释。对于国有上市公司来说,公司业绩与终极股东股权稀释呈负相关关系,上市公司业绩越好,终极股东的股权越可能稀释,但在民营上市公司这种关系并不显著。

(五)控股股东减持对公司价值造成影响

无论是国家控制的上市公司还是非国家控制的上市公司,控股股东减持都可以提升上市公司价值。但是,国家控制公司控股股东减持所带来的公司价值的提高低于非国家控制公司价值的提高。控股股东减持有利于公司股权结构的优化,对其应该进行正确的引导,既有控股股东又有制衡股东的股权结构应该成为后股权分置时代上市公司股权结构调整的方向。

（六）实际控制人股权结构特征对公司负债具有一定的影响

控制权与公司负债负相关；所有权和控制权的分离程度与公司负债负相关，实际控制人对负债的"利益转移限制"效应和"破产威胁"效应产生"壕沟"反应；实际控制人属性与公司负债正相关，国家控制公司的负债水平高于非国家控制公司的负债水平；所有权和控制权的分离程度与公司负债之间的负相关关系在国家控制公司中变弱。

（七）公司治理环境、股权分置改革有助于减少控制权私人收益

本书以 2003~2007 年所发生的股权转让事件为研究对象，在对控制权转移标准做严格界定后选择了 151 个协议转让事件为研究样本，实证检验了公司治理环境、实际控制人属性、股权分置改革与控制权私人收益的关系，主要结论如下：

第一，在应用股权转让溢价法计算控制权私人收益时，不能仅仅用每股净资产作为非流通股的价值评价指标，而应该考虑用预期的股利和资产增值部分来调整每股净资产，而预期的股利和资产增值部分可用控制权转移前三年的平均净资产收益率来替代。然后用控制权转让价格与调整后的每股净资产之间的溢价来测量控制权私人收益的大小。

第二，相对于非政府控制的上市公司来说，政府控制的上市公司的控制权私人收益更高。在国有股的协议转让中，与非国有收购方相比，国有收购方的收购决策可能受到更多的行政干预，收购的比例更接近原控股方的持股比例，因此出价会更高，表现出较高的股权转让溢价。

第三，控制权私人收益的大小与我国各地区公司治理环境的优劣有关。上市公司所处地区的治理环境越好，则控制权私人收益水平越低，并且这种关系在政府控制的上市公司中更为明显。这一结论说明遏制控制权私人收益需要从根本上改善我国上市公司的治理环境，减少政府对企业的干预，加强中小投资者的法律保护。

第四，随着股权分置改革的推进，控制权私人收益有所降低，说明股权分置改革后，控股股东的持股比例有所降低，削弱了控股股东对公司的控制地位，使其控制权私人收益减小，股权分置改革有助于遏制控股股东对中小股东的利益侵占，这一制度设计是好的。

第五，股权转让比例、公司的规模与公司的财务状况也影响控制权私人收益的大小，股权转让比例越高，公司规模越大，财务状况越差，控制权私人收益越高。而公司的负债状况与控制权私人收益不存在显著的相关关系，说明我国目前公司治理中债务治理功能弱化。

第十一章 主要结论、研究不足和未来研究方向

（八）针对不同类型的实际控制人在国家经济中的地位、作用、比重的差异，应采取"区别对待，分类监管"的监管思路

具体措施如下：

第一，对于国资委的监督体系应从外部监督和内部监督两个方面入手加以构建，在外部监督机构方面，剥离国资委的行政监督职能，整合各种监督资源在人民代表大会下面设立国有资产监督委员会，它担当国有资产管理的委托人，行使国有资产的终极监督权。在内部监督机构上，考虑在国资委现有管理职能机构之外将原有内部行使监督职能的部门集中成立国有资产监管局，国有资产监管局履行监督职能，这种监督职能是出资人对其出资资产的监督，与政府部门的监管不同。国有资产监管局与现有各管理职能部门是监督与被监督的关系。在激励机制方面，建立以物质激励为导向的激励框架体系，尤其要强化物质激励，尝试薪酬制度创新，建立递延津贴制度，为促进国资委工作人员挖掘自身潜力，提升工作绩效，应适当提高国资委工作人员的津贴水平，以提高国资委部门的自身吸引力和对其他部门的薪酬竞争力。

第二，对非国家实际控制人的监管主要是防范实际控制人通过内幕交易、关联交易等手段侵占上市公司以及中小股东的利益，加强证监会等监管部门对其的监管力度，从提高上市公司的独立性入手，降低上市公司来自控股股东与实际控制人方面的董事、监事数量，防止实际控制人侵占上市公司利益的行为，加强对内幕交易、操纵股价和并购行为的监管。

第三，从明确实际控制人的认定标准、细化实际控制人的披露内容、增加实际控制人的披露形式、明确实际控制人的披露责任等方面加强实际控制人的信息披露。此外，对实际控制人的监管还需要完善公司治理环境以及上市公司本身的治理结构。

（九）股权结构具有动态属性，其调整速度取决于调整收益和调整成本的比较

股权结构的调整收益表现为：吸引外部资金；分散投资风险；套现获利。调整成本表现为：控制权丧失风险；控制权私人收益的下降；市场波动风险；主流意识形态和传统公司股权文化的制约。调整收益越大，调整成本越小，调整速度越快。由于我国目前资本市场尚不发达，上市公司的外部环境还比较差，政府干预比较严重，在构建股权结构动态调整模型时，需要考虑市场层面和体制层面的因素，还要考虑这些因素之间的交叉作用。我国上市公司终极股东股权结构的优

化要以市场化选择为原则,以股权多元化和股权均衡为方向,适当降低终极股东的持股比例,增加机构投资者的持股比重,并区别对待不同性质控股公司渐进优化。在大小非减持时根据公司实际情况采用不同的减持手段,完善大宗交易方式,制定鼓励社保基金大宗受让"大小非"减持股份的政策,同时完善外部公司治理机制,包括修订相关法律制度、完善资本市场与经理人市场等。

第二节 未来研究方向

对于后股权分置时代实际控制人的财务特征的治理效应及其监管对策这一全新而又充满挑战性的课题,未来的研究主要方向可能包括以下方面:

第一,实际控制人的财务特征对中小股东的影响还会表现在实际控制人主导下的公司的股利政策、盈余管理以及公司间的关联交易等财务行为。在分析后股权分置时代实际控制人与上市公司关系变化时,本书定性指出实际控制人与上市公司的关联交易发生若干变化,有必要通过实证分析或案例分析具体讨论实际控制人控制下的公司间的关联交易对上市公司价值的影响。此外,在后股权分置时代,上市公司的股利政策有无新的特点?是采取高股利政策还是采取低股利政策?是符合股利政策的信号理论还是代理理论?结果模型和替代模型哪个更符合我国上市公司具体的股利发放情况?股利发放到底迎合了谁的利益?

第二,在对新型国有资产管理体制效率进行评价时,能否比较国务院国资委控制的公司与地方国资委控制的公司的价值差异?事实上,作为中央政府代理人的国务院国资委与作为地方政府代理人的地方国资委对企业价值的影响似乎应该有所不同。

第三,股改对价方案中一个非常重要的内容是股改的承诺,实际控制人对承诺的履行情况有助于了解实际控制人对中小股东利益的重视程度。有必要通过实证分析或案例分析解剖各公司股改承诺的履行情况,以发掘实际控制人的行为特点。此外,限售股的解禁过程是我国资本市场的一个全新的课题,限售期满后,实际控制人是减持还是增持?实际控制人所持股份上市流通后会对资本市场造成怎样的冲击?是否可以引入行为金融的研究成果分析股改前后实际控制人以及中小股东的行为、心理和投资策略在股改前后的变化情况?

参考文献

[1] Admati A. P. fleiderer P. and Zechner J. Large Shareholder Activism, Risk Sharing and Financial Market Equilibrium [J]. Journal of Political Economics, 1994 (6).

[2] Aghion, Philippe, and Patrick Bolton. An Incomplete Contract Approach to Financial Contracting [J]. Review of Economic Studies, 1992 (59).

[3] Agrawal A. and Knoeber C. Firm Performance and Mechanisms to Control Agency Problems between Manager and Shareholders [J]. Journal of Financial and Quantitative Analysis, 1996 (31).

[4] Agrawal A., and G. Mandelker. Large Shareholders and the Monitoring of Managers: The Case of Antitakeover Charter Amendments [J]. Journal of Financial and Quantitative Analysis, 1990 (25).

[5] Albalate, Albalate. Daniel. Lowering Blood Alcohol Content Levels to Save Lives: The European Experience [J]. Journal of Policy Analysis and Management, 2008 (1).

[6] Almeida H., Wolfenzon D. A Theory of Pyramidal Ownership and Family Business Group [D]. New York University Working Paper, 2004 (1).

[7] Anderson J.H., Young L. and M. Peter.Competition and Privatization Amidst Weak Institutions: Evidence from Mongolia [J]. Economic Inquiry, 2002 (4).

[8] Bae K., J. Kang, and Kim J. Tunneling or Value Added? Evidence from Mergers by Korean Business Groups [J]. Journal of Finance, 2002 (57).

[9] Bai Chongen, Qiao Liu and Frank Song.Value of Corporate Control: Evidence from China's Distressed Firms [R]. University of Hong Kong Working Paper, 2002 (3).

[10] Banerjee, Abhijit V., Paul Gertler, Maitreesh Ghatak. Empowerment and Efficiency: Tenancy Reform in West Bengal [J]. Journal of Political Economy, 2002 (2).

［11］Barclay M., Holderness C. Private Benefits from Control of Public Corporations ［J］. Journal of Financial Economics, 1989 (25).

［12］Barclay M., Holderness C. The Law and Large-block Trades ［J］. Journal of Law and Economics, 1992 (35).

［13］Baumol, W. J. Business Behaviour, Value and Growth ［M］. New York: Macmillan Co., 1959.

［14］Bebchuk L. A Rent-protection Theory of Corporate Ownership and Control ［D］. NBER Working Paper, 1999.

［15］Bennedsen M., Fosgerau M., Nielsen K. The Strategic Choice of Control Allocation and Ownership Distribution in Closely Held Corporations ［D］. Working Paper, 2003.

［16］Berger, Phillip, Eli Ofek, David Yermack. Managerial Entrenchment and Capital Structure ［J］. Journal of Finance, 1997 (52).

［17］Berle A.A., G.C. Means.The Modern Corporation and Private Property ［M］. New York, NY: Macmillan Co., 1932.

［18］Boubaker S. On the Relationship between Ownership-control Structure and Debt Financing: New Evidence from France ［J］. Journal of Corporate Ownership and Control, 2007 (1).

［19］Boubakri M., Cosset J.C., Saffar W. Political Connections of Newly Privatized Firms ［J］. Journal of Corporate Finance, 2008 (5).

［20］Chang S.J. Ownership Structure, Expropriation and Performance of Group-affiliated Companies in Korea ［R］. The 2nd Asia Corporate Governance Conference Program, 2002.

［21］Charles P.Himmelberg, R.Glenn Hubbard, Inessa Love. Investor Protection, Ownership, and the Cost of Capital ［D］. Working Paper, 2002 (12).

［22］Cho, M.H. Ownership Structure, Investment and the Corporate Value: an Empirical Analysis ［J］. Journal of Financial Economics, 1998 (47).

［23］Chong, B.S. The Financing Structures of Firms with Poor Corporate Governance ［D］. SSRN Working Paper, 2006.

［24］Claessens S., Djankov S., Lang L. The Separation of Ownership and Control in East Asian Corporations ［J］. Journal of Financial Economics, 2000 (5).

［25］Claessens S., Djankov S., J. Fan, Lang L. Disentangling the Incentive and Entrenchment Effects of Large Shareholdings ［J］. Journal of Finance, 2002

(12).

[26] Coffee, John. Do Norms Matter? A Cross-country Examination of Private Benefits of Control Mimeo [D]. Columbia University Law School, 2001.

[27] Craig Doidge, George Andrew Karolyi, Karl V.Lins, Rene M.Stulz, Darius P.Miller. Private Benefits of Control, Ownership, and the Cross-Listing Decision [J]. Journal of Financial Economic, 2005 (3).

[28] David L. D. A Theory of Ambiguous Property Rights: the Case of the Chinese Non-State Sector [J]. Journal of Comparative Economics, 1996 (1).

[29] De Angelo H., De Angelo L. Managerial Ownership of Voting Rights: A Study of Public Corporations with Dual Classes of Common Stock [J]. Journal of Financial Economics, 1985 (14).

[30] Demsetz H., Lehn K.The Structure of Corporate Ownership: Causes and Consequences [J]. Journal of Political Economy, 1985 (1).

[31] Demsetz H. The Exchange and Enforcement of Property Rights [J]. Journal of Law and Economics, 1964 (3).

[32] Denis D., J. McConnell.International Corporate Governance [J]. Journal of Financial and Quantitative Analys, 2003 (38).

[33] Du J., Dai Y. Ultimate Corporate Ownership Structures and Capital Structures: Evidence from East Asian Economies [J]. Corporate Governance, 2005 (1).

[34] Dyck A., and Zingales L. Private Benefits of Control: An International Comparison [J]. Journal of Finance, 2004 (59).

[35] Ehrhardt, Olaf, Nowak, Eric.Private Benefits and Minority Shareholder Expropriation [D]. Humboldt University Working Paper, 2003.

[36] Evangelos Benosa and Michael S.Weisbach.Private Benefits and Cross-listings in the United States [J]. Emerging Markets Review, 2004 (5).

[37] Faccio M., L. H.P Lang.The Ultimate Ownership of Western European Corporations [J]. Journal of Financial Economics, 2002 (65).

[38] Faccio M., L.H. P. Lang, L. Young.Dividends and Expropriation [J]. American Economic Review, 2001 (91).

[39] Faccio Marra, L.H.P. Lang, LeslieYoung. Debt and Corporate Governance [D]. Working Paper, 2001.

[40] Faccio M. Politically Connected Firms [J]. American Economic Review, 2006 (96).

[41] Fama E. F. and M.C.Jensen. Separation of Ownership and Control [J]. Journal of Law and Economics, 1983 (26).

[42] Fama E. and Jensen M. Agency Problems and Residual Claims [J]. Journal of Law and Economics, 1983 (26).

[43] Fan J. Price Uncertainty and Vertical Integration: An Examination of Petrochemical Firms [J]. Journal of Corporate Finance, 2000 (6).

[44] Fan J., Wong T. Corporate Ownership Structure and the Informativeness of Accounting Earnings in East Asia [J]. Journal of Accounting and Economics, 2002 (33).

[45] Foley F., R. Greenwood. The Evolution of Corporate Ownership After IPO: The Impact of Investor Protection [J]. Review of Financial Studies, 2010 (23).

[46] Friedman E., Johnson S., and Mitton T. Propping and Tunneling [J]. Journal of Comparative Economic, 2003 (31).

[47] Friedman, Eric, Simon Johnson, Todd Mitton.Propping and Tunneling [J]. Journal of Comparartive Economics, 2003 (31).

[48] Frydman R., et al. When Does Privatization Work? The Impact of Private Ownership on Corporate Performance in the Transition Economics [J]. Quarterly Journal of Economics, 1999 (4).

[49] Gedajlovic E., and D.Shapiro.Management and Ownership Effects: Evidence from Five Countries [J]. Strategic Management Journal, 1998 (19).

[50] Grossman S., Hart D. One Share-one Vote and the Market for Corporate Control [J]. Journal of Financial Economics, 1988 (20).

[51] Gruber J., J. Poterba.Tax Incentives and Decision to Purchase Health Insurance: Evidence from the Self-Employed [J]. Quarterly Journal of Economics, 1994.

[52] Hanouna P., A. Sarin and A. Shapiro.Value of Corporate Control: Some International Evidences [D]. USC Finance & Business Economy Working Paper, 2002 (2).

[53] Harris M., Raviv A. Corporate Control Contests and Capital Structure [J]. Journal of Financial Economics, 1988 (20).

[54] Harris Milton, Artur Raviv.Corporate Ggovernance: Voting Rights and Majority Rules [J]. Journal of Financial Economics, 1988 (20).

[55] Harris M., Raviv A.The Theory of Capital Structure [J]. Journal of

Finance, 1991 (46).

[56] Hart O. Fiancial Contracting [J]. Journal of Economic Literature, 2001 (1).

[57] Hart O. Firms, Contracts, and Financial Structure [M]. London: Oxford University Press, 1995.

[58] Helwege J., Pirinsky C., Stulz R. M. Why Do Firms Become Widely Held? An Analysis of the Dynamics of Corporate Ownership [J]. Journal of Finance, 2007 (4).

[59] Hermalin B., and M. Weisbach.The Effects of Board Composition and Direct Incentives on Firm Performance [J]. Financial Management, 1991 (20).

[60] Hill C., and S.Snell.Effects of Ownership Structure and Control on Corporate Productivity [J]. Academy of Management Journal, 1989 (32).

[61] Hill C., and S.Snell.External Control, Corporate Strategy, and Firm Performance in Research–Intensive Industries [J]. Strategic Management Journal, 1988 (9).

[62] Holderness C. and Sheehan D.The Role of Majority Shareholders in Publicly Held Corporations: An Explanatory Analysis [J]. Journal of Financial Economics, 1988 (20).

[63] Holderness C.G., R.S. Kroszner, D. P. Sheehan.Were the Good Old Days that Good? Changes in Managerial Stock Ownership since the Great Depression [J]. The Journal of Finance, 1999 (54).

[64] Holderness, Clifford G.A Survey of Blockholders and Corporate Control [J]. Economic Policy Review, 2003 (4).

[65] Jensen M. C., W. H. Meckling.Theory of the Firm: Managerial Behavior, Agency Cost and Ownership Structure [J]. Journal of Financial Economics, 1976 (3).

[66] Jensen M. C.The Modern Industrial Revolution, Exit, and the Failure of Internal Control Systems [J]. The Journal of Finance, 1993 (48).

[67] Joh, Sung Wook. Corporate Governance and Firm Profitability: Evidence from Korea before the Economic Crisis [J]. Journal of Financial Economics, 2003 (68).

[68] Johnson Simon, La Porta, Florenci, Lopez–de–Silanes, Anderi Shleifer. Tunnelling [J]. American Economic Review, 2000 (90).

[69] Joon Ho Hwang.Private Benefits, Ownership vs Control Kelley School of

Business [D]. Indiana University Working Paper, 2005.

[70] Joseph P.H. Fana, T.J.Wongb, Tianyu Zhang. The Emergence of Corporate Pyramids in China [D]. The Chinese University of Hong Kong Working Paper, 2005 (12).

[71] Kole S. Managerial Ownership and Firm Performance: Incentive or Reward [J]. Advance in Financial Economics, 1996 (2).

[72] La Porta R., Lopez-de-Silanes F., and Vishny R. W. Investor Protection and Corporate Governance [D]. Working Paper, 1999 (b).

[73] La Porta R., F. Lopez-de-Silanes, A.Shleifer, Vishny R. Investor Protection and Corporate Valuation [J]. Journal of Finance, 2002 (57).

[74] La Porta R., F.Lopez-de-Silanes, A. Shleifer, Vishny R.Corporate Ownership Around the World [J]. Journal of Finance, 1999 (54).

[75] La Porta R., L.S. Florencio. The Benefits of Privatization: Evidence from Mexico [J]. Quarterly Journal of Economics, 1999 (4).

[76] La Porta R., F.Lopez-de-Silanes, A. Shleifer, Vishny R. Legal Determinants of External Finance [J]. Journal of Finance, 1997 (52).

[77] La Porta R., F.Lopez-de-Silanes, A. Shleifer, Vishny R. Law and Finance [J]. Journal of Political Economy, 1998 (106).

[78] La Porta R., F. Lopez-de-Silanes, A.Shleifer, and Vishny R. Investor Protection and Corporate Governance [J]. Journal of Financial Economics, 2000 (58).

[79] La Porta R., F.Lopez-de-Silanes, A.Shleifer, Vishny, R. Agency Problems and Dividend Policies Around the World [J]. Journal of Finance, 2000b (55).

[80] La Porta, Lopez F., Shleifer A. Government Ownership of Banks [J]. Journal of Finance, 2002 (57).

[81] Leech D., and J. Leahy. Ownership Structure, Control Type Classifications and the Performance of Large British Companies [J]. The Economic Journal, 1991 (101).

[82] Leland H. and Pyle D.Informational Asymmetries, Financial Structure and Financial Intermediation [J]. Journal of Finance, 1977 (32).

[83] Lins K.V. Equity Ownership and Firm Value in Emerging Markets [J]. Journal of Financial and Quantitative Analysis, 2003 (9).

[84] Lucian Arye Bebchunk.A Rent-protection Theory of Corporate Ownership and Control [D]. Cambridge Working Paper, 1999 (10).

[85] Lucian Aye Bebchuk, Reinier Krakman, George Triantis. Stock Pyramids, Cross-Ownership and Dual Class Equity: The Mechanisms and Agency Costs of Separating Control from Cash-Flow Rights [D]. Working Paper, 1999 (12).

[86] Luigi Zingales. The Value of Voting Right: A Study of the Milan Stock Exchange Experience [J]. The Review of Financial Studies, 1994 (7).

[87] Maki, Dean M.Houshold, Debt and the Tax Reform Act of 1986 [J]. American Economic Review, 2001 (1).

[88] Marcelo Donell, Borja Larrain, Francisco Urzúa.Ownership Dynamics with Large Shareholders: An Empirical Analysis [J]. Journal of Financial and Quantitative Analysis, 2011 (12).

[89] Marco Pagano, Ailsa Roell.The Choice of Stock Ownership Structure: Agency Costs, Monitoring, and Decision To Go Public [J]. Quarterly Journal of Economics, 1998 (8).

[90] McConnell, J.J.H. Servaes, Additional Evidence on Equity Ownership and Corporate Value [J]. Journal of Financial Economics, 1990 (27).

[91] McGuckin, Kobert H. and Sang V. Nguyen.The Impact of Ownership Changes: A View from Labor Markets [J]. International Journal Industrial Organization, 2001 (19).

[92] Michael J. Barclay and Clifford G.Holderness.Private Benefits from Control of Public Corporations [J]. Journal of Financial Economics, 1989 (25).

[93] Morck R. Nakamura M.Banks and Corporate Control in Japan [J]. The Journal of Finance, 1999 (8).

[94] Morck R., A.Shleifer, R.W.Vishny.Management Ownership and Market Valuation: An Empirical Analysis [J]. Journal of Financial Economics, 1988 (20).

[95] Morten Bennedsen, Daniel Wolfenzon. The Balanee of Power in Close Coporations [J]. Joural of Financial Economics, 2000 (58).

[96] Mudamb R., C.Nicosia.Ownership Structure and Firm Performance: Evidence from the UK Financial Services Industry [J]. Applied Financial Economics, 1998 (8).

[97] Myeong-Hyeon Cho. Ownership Structure, Investment, and the Corporate Value: An Empirical Analysis [J]. Journal of Financial Economics, 1998 (47).

[98] Nenova, Tatiana. The Value of Corporate Votes and Control Benefits: A Cross-country Analysis [J]. Journal of Financial Economics, 2003 (3).

[99] Nor F.M., Ariffin B. Does Pyramiding Have an Impact on Firm's Capital Structure Decision among Malaysian Distress Companies [J]. Corporate Ownership and Control, 2005 (2).

[100] Olaf Ehrhardt and Eric Nowak.Private Benefits and Minority Shareholder Expropriation—Empirical Evidence from IPOs of German Family-Owned Firms [D]. CFS Working Paper, 2001 (10).

[101] Pagano M. P. Volpin.The Political Economy of Corporate Governance [J]. The American Economist, 2005 (6).

[102] Shleifer A. and Vishny R.A Survey of Corporate Governance [J]. Journal of Finance, 1997 (52).

[103] Shleifer A., and R.Vishny.Large Shareholders and Corporate Control [J]. Journal of Political Economy, 1986 (94).

[104] Shleifer A., R.Vishny. Politicians and Firms [J]. Quarterly Journal of Economics, 1994 (94).

[105] Stijn Claessens, Simeon Djankov, Joseph P. H. Fan, Larry H. P. Lang. Disentangling the Incentive and Entrenchment Effects of Large Shareholdings [J]. Journal of Finance, 2002 (6).

[106] Stulz R., Williamson R.Culture, Opennessand and Finance [J]. The Journal of Finance, 2003 (5).

[107] Stulz R. Managerial Control of Voting Rights: Financing Policies and the Market for Corporate Control [J]. Journal of Financial Economics, 1988 (20).

[108] Tatiana Nenova. The Value of Corporate Votes and Control Benefits: A Cross-country Analysis.Harvard University [D]. Working Paper, 2000.

[109] Tatiana Nenova.The Value of Corporate Voting Rights and Control: A Cross-country Analysis [J]. Journal of Financial Economics, 2003 (68).

[110] Thomsen Steen, Torbin Pedersen.Industry and Ownership Structure [J]. International Review of Law and Economics, 1998 (18).

[111] Volpin, Paolo.Governance with Poor Investor Protection: Evidence from Top Executive Turnover in Italy [J]. Journal of Financial Economics, 2002 (64).

[112] Xueping Wu, Zheng Wang. Private Benefits of Control and the Choice of Seasoned Equity Flotation Method.Department of Economics and Finance [D]. City

University of HongKong Working Paper, 2004 (6).

[113] Xueping Wu, Zheng Wang. Equity Financing in a Myers-Majluf Framework with Private Benefits of Control [J]. Journal of Corporate Finance, 2005 (11).

[114] Zingales, L., The Value of the Voting Rights: A Study of the Milan Stock Exchange Experience [J]. Review of Financial Studies, 1994 (7).

[115] Zingales, Luig.In Search of New Foundations [J]. Journal of Finance, 2001 (4).

[116] Zingales, Luigi. Insider Ownership and Decision to Go Public [J]. Review of Economic Studies, 1995 (62).

[117] 巴泽尔.产权的经济分析 [M].上海：上海人民出版社，1997.

[118] 蔡宁，魏明海.大小非减持中的盈余管理 [J].审计研究，2009 (2).

[119] 曹廷求，杨秀丽，孙宇光.股权结构与公司绩效：度量方法和内生性 [J].经济研究，2007 (10).

[120] 陈明贺.股权分置改革及股权结构对公司绩效影响的实证研究——基于面板数据的分析 [J].南方经济，2007 (2).

[121] 陈小悦，徐小东.股权结构、企业绩效与投资者利益保护 [J].经济研究，2001 (11).

[122] 陈晓，江东.股权多元化、公司业绩与行业竞争性 [J].经济研究，2000 (8).

[123] 陈信元，陈冬华，朱凯.中国公司治理研究回顾 [R].工作稿，2004.

[124] 陈信元，陈冬华，朱凯.股权结构与公司业绩：文献回顾与未来研究方向 [J].中国会计与财务研究，2004 (4).

[125] 程仲鸣.我国上市公司终极控制人股权特征的经验研究 [J].财政研究，2010 (3).

[126] 崔宏，夏冬林.全流通条件下的股东分散持股结构与公司控制权市场失灵——基于上海兴业房产股份有限公司的案例分析 [J].管理世界，2006 (10).

[127] 党红.关于股改前后现金股利影响因素的实证研究 [J].会计研究，2008 (6).

[128] 邓建平，曾勇.大股东控制和控制权私人利益研究 [J].中国软科学，2004 (10).

[129] 丁守海.股权分置改革效应的实证分析 [J].经济理论与经济管理，2007 (1).

[130] 樊纲,高明华.国资委应该是人大的,还是政府的[J].经济,2005(3).

[131] 樊纲,王小鲁.中国市场化指数——各地区市场化相对进程报告(2000年)[M].北京:经济科学出版社,2001.

[132] 樊纲,王小鲁,朱恒鹏.中国市场化指数——各地区市场化相对进程报告(2001年)[M].北京:经济科学出版社,2003.

[133] 樊纲,王小鲁,朱恒鹏.中国市场化指数——各省区市场化相对进程2006年度报告(2001、2002、2003、2004、2005指数)[R].研究报告,2006.

[134] 樊纲,王小鲁,朱恒鹏.中国市场化指数——各地区市场化相对进程2004年度报告[M].北京:经济科学出版社,2004.

[135] 方军雄.所有制、制度环境与信贷资金配置[J].经济研究,2007(12).

[136] 冯根福,韩冰,闫冰.中国上市公司股权集中度变动的实证研究[J].经济研究,2002(8).

[137] 冯根福.双重委托代理理论:上市公司治理的另一种分析框架——兼论进一步完善中国上市公司治理的新思路[J].经济研究,2004(12).

[138] 高明华.中国企业经营者行为内部制衡与经营绩效的相关性分析——以上市公司为例[J].南开管理评论,2001(5).

[139] 谷祺,邓德强,路倩.现金流权与控制权分离下的公司价值——基于我国家族上市公司的实证研究[J].会计研究,2006(4).

[140] 郭凤琳.国资经营预算制度有望今年建立[N].中国证券报,2007-01-26.

[141] 郭复初,干胜道.国有资本中介经营公司的组建[J].财经科学,1997(4).

[142] 郭复初,罗福凯,华金秋.发展财务学导论[M].北京:清华大学出版社,2005(9).

[143] 郭复初,万立全.国有资产出资人代表激励与约束机制的构建[J].国有资产管理,2008(11).

[144] 郭复初,王建中.资本市场与国有资本监管[M].北京:清华大学出版社,2005.

[145] 郭复初.财政统管论的问题与国家财务的独立[J].财经科学,1992(3).

[146] 郭复初.社会主义财务的三个层次[J].财经科学,1988(3).

[147] 郭复初. 试论国资委的性质、管理范围与职责 [J]. 国有资产管理, 2003 (8).

[148] 郭复初领著. 国有资本经营专论 [M]. 上海：立信会计出版社, 2002.

[149] 郭复初领著. 完善国有资产管理体制问题研究 [M]. 成都：西南财经大学出版社, 2008.

[150] 哈特. 企业、合同与财务结构 [M]. 上海：上海人民出版社, 2006.

[151] 韩德宗, 叶春华. 控制权收益的理论与实证研究 [J]. 统计研究, 2004 (2).

[152] 韩亮亮, 李凯. 控制权、现金流权与资本结构——一项基于我国民营上市公司面板数据的实证分析 [J]. 会计研究, 2008 (3).

[153] 郝颖, 刘星, 林朝南. 上市公司大股东控制下的资本配置行为研究——基于控制权私人收益视角的实证分析 [J]. 财经研究, 2006 (8).

[154] 何诚颖, 李翔. 股权分置改革、扩容预期及市场反应的实证研究 [J]. 金融研究, 2007 (4).

[155] 何浚. 上市公司治理结构的实证分析 [J]. 经济研究, 1998 (5).

[156] 何淼玲, 苗霞. 湖南省国资委党委书记周政坤涉嫌违纪被立案审查 [N]. 湖南日报, 2007-04-03.

[157] 侯宇, 王玉涛. 控制权转移、投资者保护和股权集中度 [J]. 金融研究, 2010 (3).

[158] 黄志忠, 周炜, 谢文丽. 大股东减持股份的动因：理论和证据 [J]. 经济评论, 2009 (6).

[159] 黄志忠等. 大股东减持的动因：理论和证据 [J]. 经济评论, 2009 (6).

[160] 贾明, 张吉吉, 万迪昉. 股改方案, 代理成本与大股东解禁股出售 [J]. 管理世界, 2009 (9).

[161] 贾明, 张喆, 万迪昉. 控制权私人收益相关研究综述 [J]. 会计研究, 2007 (6).

[162] 江伟, 李斌. 制度环境、国有产权与银行差别贷款 [J]. 金融研究, 2006 (11).

[163] 蒋建湘. 我国国有公司股权结构及其法律改革——以公司治理效率为主要视角 [J]. 法律科学, 2012 (6).

[164] 靳庆鲁, 原红旗. 公司治理与股权分置改革对价的确定 [C]. 第二届公司治理青年学者论坛会议论文, 2006.

[165] 敬志勇, 孙培源, 吴志雄, 欧阳令南. 最优股权结构设计的博弈分析 [J]. 中国工业经济, 2003 (9).

[166] 赖建清, 吴世农. 我国上市公司最终控制人的现状研究 [C]. 工作论文, 2005.

[167] 李华. 中国上市公司股权结构及其优化研究 [D]. 上海：复旦大学经济学院, 2003.

[168] 李连仲. 国有资产监管与经营究 [M]. 北京：中国经济出版社, 2005.

[169] 李涛. 混合所有制公司中的国有股权：论国有股减持的理论基础 [J]. 经济研究, 2002 (8)：19-27.

[170] 李维安等. 公司治理评价与指数研究 [M]. 北京：高等教育出版社, 2004.

[171] 李增泉, 孙铮, 王志伟. 掏空与所有权安排 [J]. 会计研究, 2004 (12).

[172] 李增泉, 刘凤委, 于旭辉. 经济制度、控制权私利与股权分置对价 [C]. 第五届实证会计国际研讨会会议论文, 2006.

[173] 李增泉, 余谦, 王晓坤. 掏空、支持与并购重组——来自我国上市公司的经验证据 [J]. 经济研究, 2005 (1).

[174] 廖理, 沈红波, 郦金梁. 股权分置改革与上市公司治理的实证研究 [J]. 中国工业经济, 2008 (5).

[175] 林长泉. 股权集中度的决定、变动及不同股权结构的业绩相关性 [J]. 中国会计评论, 2004 (2).

[176] 林朝南, 刘星, 郝颖. 行业特征与控制权私利：来自中国上市公司的经验证据 [J]. 经济科学, 2006 (3).

[177] 林凡, 陈斌. 股权分置改革中对价确定的影响因素 [J]. 经济管理, 2006 (11).

[178] 刘峰, 贺建刚, 魏明海. 控制权、业绩与利益输送——基于五粮液的案例研究 [J]. 管理世界, 2004 (8).

[179] 刘贵生. 财务科学的新发展——国家财务理论的提出 [J]. 会计学家, 1992 (1).

[180] 刘国亮, 王加胜. 上市公司股权结构、激励制度及绩效的实证研究 [J]. 经济理论与经济管理, 2000 (5).

[181] 刘启亮, 李增泉, 姚易伟. 投资者保护、控制权私利与金字塔结构 [J]. 管理世界, 2008 (12).

[182] 刘睿智，王向阳. 我国上市公司控制权私有收益的规模研究 [J]. 华中科技大学学报（社会科学版），2003（3）.

[183] 刘芍佳，孙霈，刘乃全. 终极产权论、股权结构及公司绩效 [J]. 经济研究，2003（3）.

[184] 刘少波. 控制权收益悖论与超控制权收益 [J]. 经济研究，2007（2）.

[185] 刘志远，毛淑珍. 我国上市公司股权集中度影响因素分析 [N]. 中国证券报，2004（10）.

[186] 马克思. 资本论第三卷（上）[M]. 北京：人民出版社，1975.

[187] 马磊，徐向艺. 中国上市公司控制权私有收益实证研究 [J]. 中国工业经济，2007（5）.

[188] 马立行. 中国公司股权集中度变化趋势及环境条件分析 [J]. 社会科学，2011（10）.

[189] 聂立卯. 股权分置问题的成因及影响 [N]. 证券时报，2004-12-23.

[190] 聂庆平. 股权分置的前生今世 [J]. 当代金融家，2005（10）.

[191] 任光谦. 中国家族企业公司治理的理论与实证研究 [D]. 北京：首都经济贸易大学工商管理学院，2012.

[192] 上海证券交易所研究中心. 中国公司治理报告（2005）：民营上市公司治理 [M]. 上海：复旦大学出版社，2005（10）.

[193] 申尊焕，龙建成. 大股东侵害与中小股东利益保护：一个模型分析 [J]. 财贸研究，2005（6）.

[194] 深圳证券交易所. 股权分置改革的回顾与总结 [R]. 深圳证券交易所综合研究所，2006（12）.

[195] 沈艺峰，许琳，黄娟娟. 我国股权分置中对价水平的群聚现象分析 [J]. 经济研究，2006（11）.

[196] 施东辉. 上市公司控制权价值的实证研究 [J]. 经济科学，2003（6）.

[197] 石水平. 控制权转移、超控制权与大股东利益侵占 [J]. 金融研究，2010（4）.

[198] 史宇鹏，周黎安. 地区放权与经济效率：以计划单列为例 [J]. 经济研究，2007（1）.

[199] 斯蒂格利茨，经济学（第2版）上册 [M]. 北京：中国人民大学出版社，1996.

[200] 宋敏，张俊喜，李春涛. 股权结构的陷阱 [J]. 南开管理评论，2004（1）.

[201] 苏冬蔚, 曾海舰. 宏观经济因素与公司资本结构变动 [J]. 经济研究, 2009 (12).

[202] 苏启林, 朱文. 上市公司家族控制与企业价值 [J]. 经济研究, 2003 (8).

[203] 孙永祥, 黄祖辉. 上市公司的股权结构与绩效 [J]. 经济研究, 1999 (12).

[204] 孙永祥. 公司治理结构：理论与实证研究 [M]. 上海：上海人民出版社, 2000.

[205] 孙铮, 刘凤委, 李增泉. 市场化程度、政府干预与企业债务期限结构 [J]. 经济研究, 2005 (5).

[206] 唐国正, 熊德华, 巫和懋. 股权分置改革中的投资者保护与投资者理性 [J]. 金融研究, 2005 (9).

[207] 唐宗明, 蒋位. 我国上市公司大股东侵害度实证分析 [J]. 经济研究, 2002 (4).

[208] 唐宗明, 余颖, 俞乐. 我国上市公司控制权私有收益的经验研究 [J]. 系统工程理论方法应用, 2005 (12).

[209] 万立全. 后股权分置时代控股股东减持与上市公司价值关系——基于双重差分模型的分析 [J]. 经济经纬, 2012 (3).

[210] 万立全. 后股权分置时代控股股东减持与上市公司价值关系 [J]. 经济经纬, 2012 (3).

[211] 万立全. 上市公司终极控制股东股权结构特征研究 [J]. 财会通讯, 2013 (6).

[212] 万立全. 实际控制人股权结构特征影响公司负债水平吗 [J]. 财经科学, 2012 (4).

[213] 万立全. 实际控制人特征与上市公司价值关系研究——基于股权分置改革后的实证分析 [J]. 南方经济, 2010 (4).

[214] 万立全. 实际控制人特征与上市公司价值关系研究——基于股权分置改革后的实证分析 [J]. 南方经济, 2010 (4).

[215] 万立全. 股权分置改革实证研究综述 [J]. 财会月刊, 2009 (10).

[216] 万立全. 控制权私人收益的定性分析与计量方法改进——基于企业价值的视角 [J]. 财会通讯, 2009 (9).

[217] 万立全. 控制性股东与中小股东的代理成本模型分析 [J]. 财会月刊, 2009 (9).

[218] 万立全. 试析交叉持股下公司间持股比例的计算 [J]. 财会月刊, 2009 (8).

[219] 万立全. 试析马克思主义的委托代理理论与国有资产多层次委托代理关系 [J]. 石家庄经济学院学报, 2009 (3).

[220] 王红领, 李稻葵, 雷鼎鸣. 政府为什么会放弃国有企业的产权 [J]. 经济研究, 2001 (8).

[221] 王化成, 财务管理研究 [M]. 北京: 中国金融出版社, 2006.

[222] 王化成, 胡国柳. 股权结构在公司治理中的作用及效率——文献回顾及基于中国上市公司的未来研究方向 [J]. 湖南大学学报 (社会科学版), 2004 (3).

[223] 王鹏, 周黎安. 控股股东的控制权、所有权与公司——基于中国上市公司的证据 [J]. 金融研究, 2006 (2).

[224] 王鹏. 投资者保护、代理成本与公司绩效 [J]. 经济研究, 2008 (2).

[225] 魏刚. 高级管理层激励与上市公司经营绩效 [J]. 经济研究, 2000 (3).

[226] 吴超鹏, 郑方镳, 林周勇, 李文强, 吴世农. 对价支付影响因素的理论和实证分析 [J]. 经济研究, 2006 (8).

[227] 吴晓求. 股权分置改革的若干理论问题——兼论全流通条件下中国资本市场的若干新变化 [J]. 财贸经济, 2006 (2).

[228] 吴晓求. 股权流动性分裂的八大危害——中国资本市场为什么必须进行全流通变革 [J]. 财贸经济, 2004 (5).

[229] 吴育辉, 吴世农. 股票减持过程中的大股东掏空行为研究 [J]. 中国工业经济, 2010 (5).

[230] 夏立军, 方轶强. 政府控制、治理环境与公司价值——来自中国证券市场的经验证据 [J]. 经济研究, 2005 (5).

[231] 肖作平. 所有权和控制权的分离度、政府干预与资本结构选择——来自中国上市公司的实证证据 [J]. 南开管理评论, 2010 (5).

[232] 徐二明, 王智慧. 我国上市公司治理结构与战略绩效的相关研究 [J]. 南开管理评论, 2000 (4).

[233] 徐莉萍, 辛宇, 陈工孟. 股权集中度和股权制衡及其对公司经营绩效的影响 [J]. 经济研究, 2006 (1).

[234] 徐莉萍, 辛宇, 陈工孟. 控股股东的性质与公司经营绩效 [J]. 世界经济, 2006 (10).

[235] 徐向艺,张立达.上市公司股权结构与公司价值关系研究——一个分组检验的结果[J].中国工业济经,2008(4).

[236] 徐晓东,陈小悦.第一大股东对公司治理、企业业绩的影响分析[J].经济研究,2003(2).

[237] 许年行,吴世农.我国中小投资者法律保护影响股权集中度的变化吗[J].经济学(季刊),2006(4).

[238] 许小年,王燕.中国上市公司的所有制与公司治理[J].经济研究,1998(7).

[239] 晏艳阳,赵大玮.我国股权分置改革中内幕交易的实证研究[J].金融研究,2006(4).

[240] 杨丹,魏韫新,叶建明.股权分置对股票市场实证研究的影响及模型修正[J].经济研究,2008(3).

[241] 姚先国,汪炜.我国上市公司并购动机:治理因素分析[R].上证联合研究课题,2003(1).

[242] 叶康涛.公司控制权的隐性收益——来自中国非流通股转让市场的研究[J].经济科学,2003(5).

[243] 叶勇,胡培,黄登仕.中国上市公司终极控制权及其与东亚、西欧上市公司的比较分析[J].南开管理评论,2005(3).

[244] 于东智.股权结构、治理效率与公司绩效[J].中国工业经济,2001(5).

[245] 余明桂,夏新平,潘红波.控制权私有收益的实证分析[J].管理科学,2006(6).

[246] 俞红海,徐龙炳,陈百助.终极所有权、制度环境与上市公司债务融资——基于控股股东决策视角的研究[J].中国金融评论,2009(9).

[247] 俞红海,徐龙炳.终极股东控制权与全流通背景下的大股东减持[J].财经研究,2010,36(1).

[248] 袁国良,王怀芳,刘明.上市公司股权激励的实证分析及其相关问题[M].北京:社会科学文献出版社,2000.

[249] 袁渊.大股东减持影响因素的理论和实证分析[J].中国会计评论,2010(4).

[250] 张红军.中国上市公司股权结构与公司绩效的理论及实证分析[J].经济科学,2004(4).

[251] 张继袖,陆宇建.股权分置改革的市场反应研究——以中小企业板为

视角 [J]. 南京师大学报（社会科学版），2006（7）.

[252] 张俊喜，王晓坤，夏乐. 实证研究股权分置改革中的政策与策略 [J]. 金融研究，2006（8）.

[253] 张文龙. 中国民营上市公司金字塔结构成因及经济后果研究 [D]. 武汉：华中科技大学工商管理学院，2009.

[254] 张学勇，廖理. 股权分置改革、自愿性信息披露与公司治理 [J]. 经济研究，2010（4）.

[255] 赵昌文，蒲自立，杨安华. 中国上市公司控制权私人收益的度量及影响因素 [J]. 中国工业经济，2004（6）.

[256] 赵俊强，廖士光，李湛. 中国上市公司股权分置改革中的利益分配研究 [J]. 经济研究，2006（11）.

[257] 郑国坚，魏明海. 股权结构的内生性：从我国基于控股股东的内部资本市场得到的证据 [J]. 中国会计评论，2006（12）.

[258] 郑君君，汤芃，范文涛. 基于现代公司治理理论的最优股权结构研究 [J]. 管理科学学报，2007（12）.

[259] 周黎安，陈烨. 中国农村税费改革的政策效果——基于双重差分模型的估计 [J]. 经济研究，2005（8）.

[260] 朱茶芬，陈超，李志文. 信息优势，波动风险与大股东的选择性减持行为 [J]. 浙江大学学报（人文社会科学版），2010（3）.

[261] 朱武祥，宋勇. 股权结构与企业价值 [J]. 经济研究，2001（12）.

[262] 邹怿. 金字塔控制结构特征对终极控制股东行为的影响研究 [D]. 沈阳：东北大学工商管理学院，2010.

后 记

本书是笔者主持的教育部人文社会科学研究一般项目《中国上市公司股权结构的动态调整机制及调整的经济后果》(项目批准号：11YJA630114) 的最终研究成果，从立项研究到最终完成历时将近三年。

本书的完成得益于各个方面的大力支持。研究项目得到教育部人文社科规划基金的资助，同时也得到河南财经政法大学的相关配套资金资助。河南财经政法大学会计学院以及科研处的领导和同事对项目研究工作提供了诸多便利条件。

河南财经政法大学研究生张浩兵和闫姝汀同学在项目的研究过程中收集了大量原始数据，并对书稿进行了仔细校对。经济管理出版社杨雪女士和其他编辑老师为本书的出版做了大量辛勤工作。在此一并表示衷心的感谢！

此外，笔者在书稿的撰写过程中借鉴了很多国内外学者的重要观点和研究成果，在此深表感谢。

限于笔者的理论水平以及时间的有限，书中难免有疏漏和不当之处，恳请学术界的同仁、读者朋友批评指正。

万立全
2014 年 5 月于河南财经政法大学育园

图书在版编目（CIP）数据

中国上市公司股权结构及其动态调整的理论与实证研究/万立全著. —北京：经济管理出版社，2014.6
ISBN 978-7-5096-3159-1

Ⅰ.①中… Ⅱ.①万… Ⅲ.①上市公司—股权结构—研究—中国 Ⅳ.①F279.246

中国版本图书馆 CIP 数据核字（2014）第 125646 号

组稿编辑：杨　雪
责任编辑：杨　雪
责任印制：黄章平
责任校对：张　青

出版发行：	经济管理出版社
	（北京市海淀区北蜂窝 8 号中雅大厦 11 层　100038）
网　　址：	www.E-mp.com.cn
电　　话：	（010）51915602
印　　刷：	三河市延风印装厂
经　　销：	新华书店
开　　本：	720mm×1000mm/16
印　　张：	15.75
字　　数：	334 千字
版　　次：	2014 年 6 月第 1 版　2014 年 6 月第 1 次印刷
书　　号：	ISBN 978-7-5096-3159-1
定　　价：	49.00 元

·版权所有　翻印必究·

凡购本社图书，如有印装错误，由本社读者服务部负责调换。
联系地址：北京阜外月坛北小街 2 号
电　　话：（010）68022974　　邮编：100836